农村金融创新团队系列丛书

农村正规金融发展区域差异研究

——以陕西为例

王磊玲　著

中国金融出版社

责任编辑：王素娟

责任校对：刘　明

责任印制：丁淮宾

图书在版编目（CIP）数据

农村正规金融发展区域差异研究——以陕西为例（Nongcun Zhenggui Jinrong Fazhan Quyu Chayi Yanjiu——Yi Shanxi Weili）/王磊玲著 . —北京：中国金融出版社，2014. 11

（农村金融创新团队系列丛书）

ISBN 978 - 7 - 5049 - 7519 - 5

Ⅰ. ①农… Ⅱ. ①王… Ⅲ. ①农村金融—经济发展—区域差异—研究—陕西省　Ⅳ. ①F832. 35

中国版本图书馆 CIP 数据核字（2014）第 088674 号

出版
发行　**中国金融出版社**

社址　北京市丰台区益泽路 2 号

市场开发部　（010)63266347，63805472，63439533（传真）

网 上 书 店　http://www. chinafph. com

　　　　　　（010)63286832，63365686（传真）

读者服务部　（010)66070833，62568380

邮编　100071

经销　新华书店

印刷　利兴印刷有限公司

尺寸　169 毫米×239 毫米

印张　16. 5

字数　260 千

版次　2014 年 11 月第 1 版

印次　2014 年 11 月第 1 次印刷

定价　38. 00 元

ISBN 978 - 7 - 5049 - 7519 - 5/F. 7079

如出现印装错误本社负责调换　联系电话（010）63263947

序言一

    农村金融是农村经济发展的"润滑剂",农村金融市场是农村市场体系的核心。党和国家历来重视农村金融发展,党的十八届三中全会明确提出了扩大金融业对内对外开放,在加强监管的前提下,允许具备条件的民间资本依法发起设立中小型银行等金融机构,进一步发展普惠金融,鼓励金融创新,丰富农村金融市场层次和产品,同时赋予农民对承包地占有、使用、收益、流转及承包经营权抵押、担保权能,为下一步农村金融改革指明了方向。2004—2014年连续11个中央"一号文件"从不同角度提出了加快农村金融改革、完善农村金融服务、推动农村金融制度创新,这些农村金融改革创新的政策、决定对建立现代农村金融市场体系、完善农村金融服务、提升农村金融市场效率起到了积极的推动作用。但是,当前农村金融发展现状距离发展现代农业、建设社会主义新农村和全面建成小康社会的目标要求仍有较大差距,突出表现在:农村金融有效供给不足且资金外流严重、农村金融需求抑制、市场竞争不充分、市场效率低下、担保抵押物缺乏等,农村金融无法有效满足当前农村发展、农业增产和农民增收的现实需要。进一步推动农村金融改革、缓解农村金融抑制、加快农村金融深化、鼓励农村金融创新以及提升农村金融服务效率,任重道远。

    根据世界各国经济发展的经验,在城市化进程中,伴随着各类生产要素不断向城市和非农产业的流动,农村和农业必然会发生深刻的变化。改革开放以来,中国经济取得了举世瞩目的成就,农村经济体制改革极大地调动了亿万农民的积极性,经济活力显著增强。经济快速发展的同时,城乡发展不平衡、城乡收入差距扩大、农村经济落后等问题也日渐凸显,"三农"问题则是对这些突出矛盾的集中概括。"三农"问题事关国家的发展、安全、稳定和综合国力的提升,历来是党和政府工作的重中之重。金融是现代经济的核心,农村金融发展对农村经济发展至关重要,解决"三农"问题离不开农村金融支持。由于中国农村金融不合理的制度安排,农村金融抑制现象严重,农村金融与农村经济并未形成互动共生、协调发展的局面，农村金融资源配置功能并未真正得到发挥，滞后的农村金融在一定程度上抑制了农村经济的发展。

1978年改革开放至今，农村金融改革的步伐不断加快，经历了农村金融市场组织的多元化和竞争状态的初步形成、分工协作的农村金融体系框架构建、农村信用社主体地位的形成，以及探索试点开放农村金融市场的增量改革四个阶段。农村金融改革取得初步成效，多层次、多元化、广覆盖的农村金融体系基本形成，农村金融供求矛盾逐步缓解，农村金融服务水平显著提高，农村金融机构的经营效率明显提升，农村信用环境得到有效改善。然而，农村金融仍然是农村经济体系中最为薄弱的环节，资金约束仍然是制约现代农业发展和新农村建设的主要的"瓶颈"。在统筹城乡发展、加快建设社会主义新农村以及推进现代农业发展的大背景下，农村金融如何适应农村及农业环境的快速变化、如何形成"多层次、广覆盖、可持续"的农村金融体系、如何破解农村"抵押难、担保难、贷款难"的困境，推动农村金融更好地为农村经济发展服务，让改革的红利惠及6.5亿农民，依然是需要研究和解决的重大课题。

可喜的是，在西北农林科技大学，以罗剑朝教授为带头人的科研创新团队，2011年12月以"西部地区农村金融市场配置效率、供求均衡与产权抵押融资模式研究"为主攻方向，申报并获批教育部"长江学者和创新团队发展计划"创新团队项目（项目编号：IRT1176）。近3年来，该团队紧紧围绕农村金融这一主题，对农村金融领域的相关问题进行长期、深入调查和分析，先后奔赴陕西、宁夏等地开展实地调研10余次，实地调查农户5000余户、涉农企业500余家，走访各类农村金融机构50余家，获得了大量的实地调研数据和第一手材料。同时，还与中国人民银行西安分行、中国人民银行宁夏分行、陕西农村信用社联合社、杨凌示范区金融工作办公室、杨凌示范区农村商业银行、高陵县农村产权交易中心等机构签订了合作协议，目前已拥有杨凌、高陵和宁夏同心、平罗4个农村金融研究固定观察点。针对调查数据和资料，该团队对西部地区农村金融问题展开了系统深入的研究，通过对西部地区农村金融市场开放度与配置效率评价、金融市场供求均衡、农村产权抵押融资试验模式等的研究，提出以农村产权抵押融资、产业链融资为突破口的农村金融工具与金融模式的创新方案，进而形成"可复制、易推广、广覆盖"的现代农村金融体系，能够为提高农村金融市场配置效率及农村金融改革政策的制定和实施提供依据。本项目调查研究取得了比较丰硕的科研成果，其中一部分纳入本套系列丛书以专著的形式出版。虽然其中的部分观点可能还有待探讨和商榷，但作者敏锐的观察视角、务实的研究作风、扎实的逻辑推导、可靠的数据基础，使得研究成果极具原创性和启发性，这些成果的出版，必然会对深刻认识农村金融现实、把握农村金融的运作规律提供有益的依据参考和借鉴。

实现全面建成小康社会的宏伟目标，最繁重、最艰巨的任务在农村。要解决农村发展问题，需要一大批学者投入到农村问题的研究当中，以"忧劳兴国"的精神深入农村，深刻观察和认识农村，以创新的思维发现和分析农村经济发展中的问题，把握农村经济发展的规律，揭示农业、农村、农民问题的真谛，以扎实的研究结论为决策部门提供参考，积极推动农村经济又好又快发展，以不辱时代赋予的历史使命。

我相信，此套农村金融创新团队系列丛书的出版，对于完善西部地区农村金融体系、提高西部地区农村金融市场配置效率，推动西部地区农村经济社会发展具有重要意义。同时我也期待此套丛书的出版，能够引起相关政策的制定者、研究者和实践者对西部地区农村金融及农村金融改革问题的关注、积极参与和探索，共同推进西部地区农村金融改革的创新和金融市场配置效率的提高。

是为序。

国务院发展研究中心副主任、研究员　韩俊

二〇一四年八月三十日

序言二

金融是现代经济的核心，农村金融是现代金融体系的重要组成部分，是中国农业现代化的关键。当前，我国人均国民生产总值（GDP）已超过4000美元，总量超过日本，成为世界第二大经济体。如何在新的发展阶段特别是在工业化、信息化、城镇化深入发展中同步推进农业现代化，构建起由市场配置各种要素、公共资源均衡覆盖、经济社会协调发展的新型工农关系、城乡关系，破解推进农业现代化的金融难题和资金"瓶颈"，是实现"中国梦"绕不过去的难题。

改革开放以来，党中央、国务院先后制定并出台了一系列促进农业和农村发展的政策与文件，在农村金融领域进行了深入地探索，特别是党的十八大、十八届三中全会提出"完善金融市场体系"、"发展普惠金融"、"赋予农民对承包地占有、使用、收益、流转及承包经营权抵押、担保权能"，农村金融产品与服务方式创新变化，农户和农村中小企业金融满足度逐步提高，农村金融引领和推动农村经济社会发展的新格局正在形成。但是，客观地说，农村信贷约束，资金外流，农村金融供给与需求不相适应、不匹配等问题依然存在，高效率的农村资本形成机制还没有形成，农村金融与农村经济良性互动发展的新机制尚待建立，农村金融依然是我国经济社会发展的一块短板，主要表现在以下几个方面：

1. 金融需求不满足与资金外流并存。据调查，农户从正规金融机构获得的信贷服务占30%左右，农村中小企业贷款满足度不到10%。同时，在中西部地区，县域金融机构存贷差较大，资金外流估计在15%～20%。农村资金并未得到有效利用，农村金融促进储蓄有效转化为投资的内生机制并没有形成。

2. 农村金融需求具有层次性、差异性与动态性，不同类型农户和中小企业金融需求存不同，多层次的农村金融机构与农村金融需求主体供求对接的有效机制尚待形成。农户资金需求具有生产性、生活性并重且以生活性为主的特点，农村中小企业多属小规模民营企业，对小额信贷需求强烈，加之都没有符合金融机构要求的抵（质）押品，正规金融服务"断层"现象依然存在。

3. 农村金融市场供求结构性矛盾突出，市场垄断、过度竞争与供给不足同时并存。从供给角度看，农村金融的供给主体以农业银行、农村信用社、邮储银行等正规金融为主，其基本特征是资金的机会成本较高、管理规范，要求的担保条件比较严格；从需求的角度看，农村金融需求主体的收入、资产水平较低，借贷所能产生的利润水平不高，且其金融交易的信息不足。尽管存在着借款意愿和贷款供给，但供求双方的交易却很难达成，金融交易水平较低。因此，要消除这种结构性供求失衡，就要充分考虑不同供给与需求主体的特点及他们之间达成交易可能性，采取更加积极的宏观政策与规范，建立多层次、全方位、高效率、供求均衡的现代农村金融体系。

必须改变用城市金融推动农村金融的理念和做法，以及单方面强调金融机构的调整、重组和监管的政策，从全方位满足"三农"金融需求和充分发挥农村金融功能的视角，建立农村金融供求均衡的、竞争与合作有效耦合的现代农村金融体系。按照农村金融供求均衡理念，对农村金融机构服务"三农"和农村中小企业做适当市场细分，实现四个"有效对接"，推进农村金融均衡发展。

第一，实现正规金融供给与农业产业化龙头企业金融需求的有效对接。由于农村正规金融机构的商业信贷供给与农业产业化龙头企业的金融需求相适应，正规金融机构的商业信贷交易费用较高，交易规模较大，客户不能过于分散，担保条件要求严格，而龙头企业在很大程度上已参与到了城市经济的市场分工中，在利润水平及担保资格都能够符合正规金融机构要求的情况下，有些企业甚至能够得到政府的隐性担保，加之建立有相对完善的会计信息系统，能够提供其经营状况的财务信息，信贷信息不对称现象也能有所缓解，因此，二者具有相互对接的可行性。尽管农村正规金融发展存在诸多问题，但从其本身特点以及龙头企业发展角度看，实现正规金融供给与龙头企业金融需求对接具有必然性。所以，中国农业银行应定位为农村高端商业银行，在坚持商业化经营的前提下，加大对农业产业化龙头企业的支持力度，主要满足大规模的资金需求。通过政策引导，把农业银行在农村吸收的存款拿出一定比例用于农业信贷，把农业银行办成全面支持农业和农村经济发展的综合性银行。

第二，实现正规中小金融机构的信贷供给与市场型农户、乡镇企业、中小型民营企业金融需求的有效对接。正规中小型金融机构的小额信贷与市场型农户、乡镇企业、中小型民营企业的金融需求相相应，市场型农户、乡镇企业、中小型民营企业的金融需求主要用于扩大再生产，所需要的资金数额相对较大，借贷风险较大，不易从非正规金融机构获得贷款；由于其自身在资产水平存在的有限性，使得他们不能像龙头企业那样，从正规金融机构获得商业贷款。而正规中小型金融机构，尤其是农村商业银行、农村合作银行、村镇银行等，相对于大银行，在成本控制上存在较大优势，而且较易了解市场型农户、乡镇企业、中小型民营企业的生产经营状况，可根据其还款的信誉状况来控制贷款额度，降低金融风险；中小型金融机构倾向于通过市场交易过程，发放面向中小企业的贷款，按市场利率取得更高收益，市场型农户、乡镇企业、中小型民营企业是以市场为导向的，接受市场利率，也倾向于通过市场交易过程获得贷款，二者之间交易易于达成。另外，正规中小金融机构具有一定优势：其资金"取之当地、用之当地"；员工是融入到社区生活的成员，熟悉本地客户；组织架构灵活简单，能有效解决信息不对称问题；贷款方式以"零售"为主，成本低廉、创新速度快；决策灵活，能更好地提供金融服务，二者之间实现金融交易对接具有必然性。目前，农村正规中小型金融机构发展较为迅速，应继续鼓励和引导农村商业银行、农村合作银行、村镇银行发展，构建起民营的、独资的、合伙的、外资的正规中小型金融机构，大力开展涉农金融业务。

第三，实现正规金融、非正规金融机构的小额信贷供给与温饱型农户金融需求的有效对接。农村小额信贷，主要指农村信用合作社等正规金融机构、非正规金融机构提供的农户小额信贷，是以农户的信誉状况为根据，在核定的期限内向农户发放的无抵押或少抵押担保的贷款。正规金融机构、非正规金融机构的小额信贷供给与温饱型农户金融需求相应，他们之间的交易对接具有充分的可行性。目前，温饱型农户占整个农户的40%~50%，他们的借贷需求并不高，还贷能力较强，二者之间的信贷交易易于达成。农信社和其他非正规金融机构的比较优势决定其生存空间在农村，从国外银行业的发展情况看，即使服务于弱势群体，也有盈利和发展空间。农信社应牢固树立服务"三农"的宗旨，通过建立良好的公司治理机制、科学的内部激励机制，切实发挥农村金融主力军作用；适应农村温饱型农户金融需求的特点，建立和完善以信用为基础的信贷交易机制，提高农户贷款覆盖面；通过农户小额信贷、联户贷款等方式,不断增加对温饱型农户的信贷支持力度。当前,农户小额信贷存在的问题主要有:资金缺口大、贷款使用方向单一、贷款期限无法适应农业生产周期的需要、小额信贷额度低等。针对这些问题,应采取措施逐步扩大无抵押贷款和联保贷款业务;尝试打破农户小额信贷期限管理的限制,合理确定贷款期限;尝试分等级确定农户的授信额度,适当提高贷款额;拓展农信社小额信贷的领域,由单纯的农业生产扩大到农户的生产、生活、消费、养殖、加工、运输、助学等方面,扩大到农村工业、建筑业、餐饮业、娱乐业等领域。

第四,实现非正规金融机构的小额信贷与温饱型、贫困型农户金融需求的有效对接。民间自由借贷的机会成本相对较低,加上共有的社区信息、共同的价值观、生产交易等社会关系,且可接受的担保物品种类灵活,甚至担保品市场价值不高也能够较好地制约违约,与温饱型、贫困型农户信贷交易易于达成,实现二者之间的有效对接具有必然性。发达地区的非正规金融,其交易规模较大、参与者组织化程度较高,以专业放贷组织和广大民营企业为主,交易方式规范,具备良好的契约信用,对这类非正规金融可予以合法化,使其交易、信用关系及产权形式等非正式制度得到法律的认可和保护,并使其成为农村金融市场的重要参与者和竞争者;欠发达地区的非正规金融,其规模较小、参与者大多是分散的温饱型、贫困型农户,资金主要用于农户生产和生活需要,对此类非正规金融应给予鼓励和合理引导,防止其转化成"高利贷"。同时,积极发展小规模的资金互助组织,通过社员入股方式把资金集中起来实行互助,可以有效解决农民短期融资困难。应鼓励和允许条件成熟的地方通过吸引民间资本、社会资本、外资发展民间借贷,使其在法律框架内开展小额信贷金融服务。

总之,由于商业金融在很大程度上不能完全适应农村发展的实际需求,上述市场细分和四个"有效对接"在不同地区可实现不同形式组合,不同对接之间也可实现适当组合,哪种对接多一点、哪种对接少一点,可根据情况区别对待,其判断标准是以金融资本效率为先,有效率的"有效对接"就优先发展。

为了实现以上四个"有效对接",还必须采取以下配套政策:一是建立新型农村贷款抵押担保机制,分担农业信贷风险。在全面总结农户联保、小组担保、担保公司代为担保等成功经验的基础上,积极探索农村土地使用权抵押担保、农业生物资产(包括农作物收获权、动物活体等)、农业知识产权和专利、大型农业设施、设备抵押担保等新型农村贷款抵押担保方式，降低农贷抵押担保限制性门槛，鼓励引导商业担保机构开展农村抵押担保业务。二是深化政策性金融改革，引导农业发展银行将更多资金投向农村基础设施领域。通过发行农业金融债券、建立农业发展基金、进行境外融资等途径，拓展农业发展银行资金来源，统一国家支农资金的管理，增加农业政策性贷款种类，把农业政策性金融机构办成真正的服务农村基础设施等公共物品、准公共物品投融资的银行。三是建立政府主导的政策性农业保险制度。运用政府和市场相结合的方式，制定统一的农业保险制度框架，允许各种符合资格的保险机构在总框架中经营农业保险和再保险业务，并给予适当财政补贴和税收优惠。四是加强农村金融立法，完善农村金融法律和监管制度。目前，农村金融发展法律体系滞后，亟须加以完善。建议在《中华人民共和国公司法》、《中华人民共和国商业银行法》中增加农村金融准入条款，制定《民间借贷法》，将暗流涌动的农村民间金融纳入法制化轨道。适当修改《中华人民共和国银行业监督管理法》，鼓励农村金融机构充分竞争，防范农村金融风险；以法律形式明晰农业银行支农责任，督促其履行法定义务，确认其正当要求权；明确农业发展银行开展商业性金融业务范围，拓展农村基础设施业务，以法律形式分别规制其商业性、政策性业务，对政策性业务进行补贴；限制邮储银行高昂的利率浮动，加强对其利率执行情况的监督、检查力度。制定《金融机构破产法》，建立农村金融市场退出机制，形成公平、公正的农村金融市场竞争环境。制定《农村合作金融法》，规范农村合作金融机构性质、治理结构、监管办法，促进农村信用社等农村合作金融机构规范运行。

教育部 2011 年度"长江学者和创新团队发展计划"
创新团队（IRT 1176）带头人
西北农林科技大学经管学院教授、博士生导师
西北农林科技大学农村金融研究所所长
二〇一四年八月三十日

目 录

1 导 论

现代经济中金融的作用日益重要，但中观金融发展理论的研究被长期忽视。在经济结构剧烈变动的过程中，中国经济发展区域差异不断扩大，欠发达地区农村经济金融发展的区域差异特征也十分突出。

1.1 研究背景

1.1.1 理论背景

金融在现代经济中的作用日益突出，经济金融化已经成为现代市场经济的显著特征。目前，金融发展理论的研究主要集中在宏观和微观两个层次上，中观金融领域的理论研究被长期忽视（朱建芳，2007）。区域金融是中观金融领域最主要的表现形式，但是目前对其研究尚不充分，研究成果相对较少。

区域金融是国家金融结构和运行状况在空间上的客观体现，在外延上表现为不同形态、不同层次、相对集中的金融活动所构成的若干区域（张军洲，1995；转引自朱建芳，2007），是区域要素差异造成的大国金融呈现出的条块状分布特征。因此，区域金融与区域经济一样，是现代市场经济条件下大国金融发展的一种客观现象。

从国家经济体系的空间结构来看，自然条件、社会文化基础、技术条件和地理区位等要素具有明显的地域差异，反映在经济发展和运行上，即体现出经济的发展和运行呈现出显著的区域不平衡特征。经济发展的区域不平衡反映在经济系统内的重要要素——金融领域上也同样呈现出明显的地域性，而且经济发展存在地域差异的一个重要原因即金融存在显著的地域差异，换句话说，金融发展的区域不平衡是导致经济呈现出明显的区域性特征的重要原因之一。

1.1.2 现实背景

在中国经济改革和发展的现阶段，经济结构处于急剧变动之中，中国已成为世界上经济社会差异特征显著的国家之一。经济结构的变动不仅表现为产业结构的转换升级，还体现在经济结构和发展水平区域差异的扩大上。现阶段，金融发展已经构成了市场经济发展最重要的一面，在推动现代市场经济发展时表现出了巨大的推动力，金融已经渗透到社会经济的各个方面，经济结构和发展水平的区域变动与金融结构和发展水平的区域变动是密切相关的。基于此，探讨区域金融的差异及其变动趋势，研究其背后的深层次原因，不仅有利于区域金融的稳定，而且有利于区域经济的健康运行。

随着农村经济的不断发展，农村金融体制改革步伐加快，农村金融结构也在不断发生变动，区域金融发展差距不断拉大。中国农业银行董事长项俊波（2010）认为，目前农村金融发展面临四大问题：脱农倾向明显、地区发展不平衡、对中低收入农户扶植不足、基础设施落后。显然，农村金融地区发展不平衡、金融条块分割的现象已经成为当前制约农村金融发展的主要问题之一，因此，对区域金融结构和金融发展差异的关注也必须转向农村金融领域。

从已有研究成果来看，目前对农村金融的研究大多还集中在农村金融机构商业化和农村金融供需问题方面，对农村金融地区发展不均衡和农村金融基础设施落后的问题关注较少。将研究视角转向农村地区，对农村金融发展区域间、区域内的差异及支农绩效的差异给予关注，分析造成这一现象的原因，探讨差异的变动趋势，判断农村金融发展区域差异存在的合理性，对于协调农村金融发展、发挥农村金融在经济中的作用、推动农村经济发展、提高农民收入具有重要意义。

欠发达地区陕西地势南北高、中间低，从北到南依次为陕北高原、关中平原、秦巴山地三个地貌区①，独特的地理特征决定了区域经济金融发展的基础差异巨大。陕西省是农业大省，截至2009年底，农业人口占全省总人口的69.83%，第一产业增加值为789.63亿元，占比为9.6%，增长

① 《陕西省省情概况：综合介绍》. http://www.sxsdq.cn/sqgk/ ［2012－03－26］.

了近 5 个百分点，增长速度是第二产业和第三产业的 1/3 左右，农村完成固定资产投资 358.53 亿元，增长 9.3%，农村居民人均纯收入 3 437.6 元。与发达地区相比，农村经济整体相对落后，农村龙头企业数量有限，乡镇企业或中小企业发展速度较快，但发展规模和水平还处于较低层面，对农村经济的带动作用相对有限（胡文莲，2009）。

陕西省农业生产已经开始从传统农业向现代农业过渡，生产方式不仅有传统分散的以初级生产为主的生产方式，还有现代集约型的生产方式。陕西"三农"的总体特征表现为欠发达性、多层次性、差异性和多样性，具体表现为：

1. 以家庭经营为主，第一产业是农村居民家庭主要收入来源，第一产业中农业收入占比最大。从人均总收入和纯收入结构看，2009 年陕西家庭经营总收入中，第一产业收入占比达到 81.3%，第二产业、第三产业收入占比分别为 2.7% 和 16%；2009 年农民人均纯收入为 3 437.6 元，其中，家庭经营纯收入 1 570.2 元，占人均纯收入的 45.7%，虽然这一比重有所下降，但仍然是家庭人均纯收入最主要的构成部分。

2. 工资性收入成为农村居民家庭除经营收入以外最主要的收入来源。陕西农村居民家庭人均工资性收入从 2006 年的 848.26 元提高到 2009 年的 1 428.5 元，工资性收入占农村居民家庭全年纯收入的比例由 2006 年的 37.5% 提升到 2009 年的 41.6%，是农户的第二大收入来源。

3. 转移性收入呈逐年增加趋势，财产性收入占比最小。2009 年农村居民家庭人均纯收入中，转移性收入占 10.1%，较 2006 年增加了 3.91 个百分点；而财产性收入仅占 27%，较 2001 年提高了 0.37 个百分点，变化幅度较小。

4. 乡村就业人员从第一产业向第二产业、第三产业转移趋势明显。2009 年陕西省第一产业就业人数的占比为 59.72%，较 1995 年的 79.17% 下降了 19.45 个百分点；同年，第二产业、第三产业就业人数的占比较 1995 年的 9.58% 和 11.22% 分别增加了 8.85 个和 10.63 个百分点，劳动力向三次产业转移的速度相对更快。

5. 农民纯收入增长加快，城乡差距不断拉大。农村居民人均纯收入 3 437.6 元，从绝对增加值和增长率来看，农户人均纯收入较上年增加了 302 元，增长了 9.6 个百分点，但城乡收入差距、地区收入差距仍然在不断扩大。1995 年之前陕西城乡居民收入比在 3 倍以下，2009 年城乡居民收入比已扩大至 4.11 倍，远高于国内外公认的合理区间：1.5～2 倍。此外，基尼系数由 1980 年的 0.1875 扩大至 2009 年的 0.4085。

6. 农村经济区域特征鲜明，区域差异较大。目前，陕西形成三种不同的经济发展模式：一是资源发展型经济，以陕北地区为主，依托当地资源优势实现了农村经济快速发展，部分地区已经呈现出非农化特征；二是以关中地区为主的传统农区，虽然正在经历从传统农业向现代农业转变的过程，农业产业化正在调整升级，但是农业生产周期长的特性决定了农业产业发展速度相对缓慢；三是位于秦巴山区的陕南，耕地有限且相对贫瘠，经济基础相对较差，凭借良好的自然生态环境，近年来生态农业和特色农业发展态势良好。实际上，农村经济的区域差异不仅体现在区域间，还体现在区域内，以榆林为例，2009 年北部 6 区县农林牧副渔增加值规模是南部 6 县的 1.7 倍。

7. 农村金融发展区域差异显著。陕西金融发展呈现明显的区域特征，金融机构在经济相对发达地区过于集中，西安银行类金融机构营业网点总数 1 406 个，占全省总量的 27.39%，非营业类金融机构营业网点 2 058 个，占比高达 81.44%，其他大部分地区非金融机构营业网点不足 50 个。农村金融机构分布区域特征也十分明显，农村信用社改制为农村商业银行和农村合作银行主要分布在陕北的榆林地区，占 61.19%，其他大部分地区还保留原有形式，农村金融服务空白等问题区域特征突出。

陕西农村经济发展呈现出明显的阶段性和区域性，形成以资源开发为主，经济相对富裕的陕北地区，以传统农业为主的关中地区和资源相对贫瘠、经济发展相对落后的陕南地区三大板块，即使同处于欠发达地区，在不同地区经济发展也呈现出明显的区域性特征。欠发达地区农村经济之所以会出现巨大的差异，不仅与当地的地理位置、资源禀赋等要素有关，如交通条件是否便利，土壤、降水条件是否良好，是否拥有煤、石油、天然气等自然资源等，也与金融发展存在明显区域差异有关。

因此，如何从金融发展的视角，在研究陕西农村正规金融发展的区域总体差异、县域间差距以及对农村经济的影响的基础上，探讨农村正规金融发展区域差异存在的深层次原因，分析其变动趋势，判断差距存在是否合理，对于保持农村金融稳定有序发展、推动欠发达地区农村经济快速发展具有重要的现实意义。

1.2　研究目的和意义

1.2.1　研究目的

本书通过运用金融学、发展经济学等多学科的知识体系，采用实证分析与规范分析相结合的方法，对陕西农村正规金融发展区域差异进行分析。对陕西农村正规金融发展区域差异的研究尝试从整体（区域间）差异和县域间（区域内）差异两个层面展开，运用一定的计量手段进行实证研究，以期实现以下目的：

1. 基于金融发展理论和农村金融发展理论，从决定农村金融系统发展的要素出发，理论上明晰导致农村正规金融发展区域差异形成的原因，分析出造成农村正规金融发展区域差异的内生机制和外生机制。

2. 立足于农村金融发展的现状，构建多维度的农村金融发展衡量指标体系，从金融发展的数量指标体系（机构数、人员、存贷款规模等）和质量指标体系（农村正规金融发展综合指数）两个视角全面分析陕西农村正规金融的差异表现：总体的区域间的和区域内（县域间）的绝对差异和相对差异（采用基尼系数、对数离差均值和泰尔指数等计量方法），明确农村正规金融发展区域间差异的大小以及差异是由组间差异还是组内差异引起的，并对农村正规金融支农绩效的区域差异作出比较。

3. 对造成陕西农村正规金融发展区域差异原因的理论要素进行实证检验，在确定陕西整体和县域间农村正规金融发展决定方程的基础上，运用夏普里值分解方法对整体和县域间固有要素、农村经济发展水平、体制要素、金融创新能力等决定要素进行分解，并对造成陕西整体和县域间差异的原因作出合理解释。

4. 运用 H－P 滤波方法和收敛性检验等计量方法，准确度量出陕西农村正规金融发展整体及县域间差异的变动路径及波动态势，考察现阶段陕西农村正规金融发展整体的差异以及县域间的差异是呈现扩大态势还是收敛态势。

5. 基于陕西农村正规金融区域差异的现状及其变动趋势，对欠发达地区农村正规金融发展区域整体差异和县域间差异的合理性进行判断，并提出提高农村金融发展水平、实现农村金融区域均衡的政策建议。

1.2.2 研究意义

1.2.2.1 理论意义

1. 试图将区域金融、金融发展等相关理论运用于农村金融领域,从区域间(各市间)和区域内(县域间)两个层面对陕西农村正规金融发展差异展开研究,不仅能够拓宽区域金融研究的范围,丰富区域金融理论,而且从农村金融角度提出区域经济协调发展的途径,为实现区域农村经济协调发展提供新的思路和视角。

2. 为农村金融相关领域的研究提供一定的学术启示。农村金融发展区域差异问题的研究需要金融地理学、农村金融学、金融学、发展经济学、宏观经济学等多学科知识理论的支撑,因此,研究农村金融发展的区域金融资源聚集以及对经济增长的影响等,将对农村金融领域的研究提供一定的学术启示。

1.2.2.2 现实意义

1. 农村金融地区发展不均衡是当前农村金融发展中的突出问题之一,陕西农村区域金融发展差距日益显著,表现为农村正规金融机构的组织规模、借贷规模等区域差异的不断拉大,对陕西农村正规金融发展区域间(各市间)和区域内(县域间)的差异进行研究,不仅有利于改革农村金融体制,稳定农村金融市场,促进农村金融发展,而且在发挥农村金融对经济的推动作用方面也具有重要的现实意义。

2. 现阶段陕西农村经济发展呈现出明显的区域性特征,形成以资源开发为主、经济相对富裕的陕北地区,以传统农业为主、经济基础相对较好的关中地区和资源相对贫瘠、经济发展相对落后的陕南地区三大板块,区域差异不断拉大。金融是经济的血液,探索陕西农村正规金融区域差异是否存在以及差异有多大,也是对农村经济发展巨大差异原因的探索。通过实现区域金融发展均衡的角度来实现区域经济均衡,对于陕西区域农村经济均衡发展意义重大。

3. 判断陕西农村正规金融发展差异现状是否合理,明确现阶段陕西农村经济金融的分步走战略是"先增长再均衡",还是"先均衡再发展"抑或二者同步进行,从理论上探讨如何实现区域内农村正规金融均衡,为现阶段欠发达地区金融监管部门加强区域金融指导提供决策基础。

1.3　国内外研究动态综述

1.3.1　国外研究动态综述

1.3.1.1　金融发展水平理论回顾

1. 戈德史密斯的金融发展水平决定

美国经济学家戈德史密斯（1969）认为所有金融现象表现在金融机构、金融工具和金融结构三个方面，金融发展的实质即金融结构的变化，研究金融发展的实质就是对金融结构的变化过程和变动趋势的研究。该理论的提出为金融发展理论奠定了基石。

戈德史密斯的金融结构论开创性地提出了衡量金融发展的金融相关比率指标，运用该指标和其他反映金融结构的指标对 35 个国家 1860—1936 年金融统计资料进行了比较分析，归纳总结了 35 个国家金融发展的共同道路。戈德史密斯认为金融发展水平大致可以分为三个阶段：第一阶段是金融发展初级阶段，金融相关比率大约在 0.2～0.5，该时期金融相关比率指标值相对较低；第二阶段是非工业化国家 20 世纪 50 年代以前的金融发展水平，金融相关比率大约在 0.5～1；第三阶段金融相关比率大约在 1，符合 20 世纪初期工业化国家的金融发展水平。计划经济下的金融工具和金融机构虽然丰富，但由于不属于市场范畴，因此金融发展水平很低。

戈德史密斯认为在金融没有出现之前，资金缺乏流转的中介体，投资经济主体只有将自有资本积累到一定的规模，投资行为才能实现，因此投资活动并不活跃，投资发展十分缓慢。当金融成为储蓄和投资的中介体后，社会资本以储蓄的方式流入中介体内，再以投资的方式流向经济活动，大大缩短了投资经济主体自我积累的时间，投资主体较为便利地获得投资资本，使得投资活动较为活跃，能够实现经济快速发展。正是由于有专门从事投融资的金融机构作为中介，快速地实现了储蓄和投资的分离和重组，资金的余缺调剂，优化了资金配置，实现了经济增长。金融机构通过提供多元化的金融工具来影响社会储蓄和投资，金融机构能够提供的投资金融工具越多，大量的社会闲置资本就越能够被吸引至金融机构，加快社会资本的积累速度，金融机构通过再贷款方式进行社会资本重新配置。

归根结底，戈德史密斯认为金融发展是由一国经济发展的水平、结构、活跃程度，商品流通和转化速度，生产相对集中度以及财富分配是否公平等要素所决定的。严格来说，戈德史密斯的"金融结构论"是以发达国家为研究对象进行的比较研究，结果也主要是对发达国家金融发展规律的总结归纳。一国的经济发展水平和结构是由多种要素决定的内生系统，金融发展的经济决定论解释还是略显笼统。

2. 麦金农—肖模型中的金融发展水平决定

基于传统金融发展理论以发达国家为研究对象，无法解释发展中国家金融发展问题的现实，罗纳德·麦金农和爱德华·肖（1973）选取广大发展中国家为研究样本，认为发展中国家金融发展的问题主要体现在市场落后、货币化程度低、结构二元化、体制效率低下、政府干预过多等方面，以货币与物质资本间可替代为假设基础，基于不同视角论证了金融与经济间的辩证关系，分别提出了"金融抑制论"和"金融深化论"，认为金融部门的有效运行需要政府干预。

麦金农的"金融抑制论"以"互补性假设"为前提，对金融制度和经济发展间的关系进行了论证，认为二者间既相互促进，又相互制约。麦金农认为完善的金融制度能够有效地动员社会储蓄资金，引导资金向生产性投资领域流动，在促进经济发展的同时，也通过提高国民收入和增加经济主体金融服务需求来实现金融发展，形成经济与金融间的良好互动。但发展中国家普遍存在"金融抑制"问题，政府长期实施严格的利率、外汇管制政策，牺牲金融的发展以换取经济的快速增长，导致经济与金融陷入相互制约的恶性循环：金融制度落后，缺乏效率，无法动员社会储蓄或者无法对储蓄资金实现最优配置，制约经济发展，经济的缓慢发展反过来又会影响社会资本的积累和经济主体的活力，金融服务的需求被不断压制。要改变这一局面，麦金农认为必须要解除"金融抑制"，实现金融发展自由化。

肖的"金融深化论"与"金融抑制论"的出发点不同，肖的金融发展理论立足于"债务中介理论"。该理论认为社会实际货币是一种债务中介，实际货币的变化不会影响到社会财富（收入）的变化，储蓄者和投资者通过金融市场相互联结。经济落后的发展中国家，如果资本市场不完善，投资者无法从外部金融市场获得资金，只能通过内部积累来实现投资，这与戈德史密斯的分析思路相似。肖认为这一阶段资本和实物间是互补关系，投资增加和经济发展与金融深化的过程是一致的，金融深化带来的储蓄、投资、就业和收入等一系列积极效应，能够推动经济发展。基于此，发展中国家要发展经济，出发点就是要充分发挥市场的作用，扩大金融活动的广度和深度，放松政府对金融货币体系的管制，放开金融市场监管，提高实际利率，动员社会闲散资金，提高资本存量，通过金融资源配置过程，满足投资主体的资金需求，提高资金的使用效率。因此，国民收入提高的同时又会促使各经济单位对金融服务需求的增加，促进金融发展，形成经济与金融发展的良性循环。

"金融抑制论"和"金融深化论"基于不同的假设条件，研究得出了同样的结论：市场机制能够使金融部门的资金配置自动实现帕累托最优，发展中国家经济增长的重要途径是要政府放开利率和汇率管制，实现金融自由化，市场利率过低和货币被高估等形式的金融抑制都不利于经济发展。麦金农—肖模型的本质是将一般均衡理论运用在金融领域，金融自由化的思想也是经济自由主义在金融方面的延伸，该模型的基本结论与戈德史密斯的金融结构论本质相同，即经济发展水平决定金融发展水平，不同之处在于该模型强调政府在金融体系和金融活动中的作用，考虑到政府政策和行政干预对金融发展的影响。

3. 内生金融发展模型的金融发展水平决定

20 世纪 80 年代兴起的内生经济增长理论为金融发展理论的发展注入了新的活力。20 世纪 90 年代，金融发展理论研究者在汲取内生经济增长理论最新成果的基础上，将内生经济增长和内生金融中介等要素引入金融发展模型，形成了内生金融发展理论。内生金融发展理论认为金融体系能够为经济活动提供交换媒介，在金融发展的过程中，金融机构和金融工具的出现不仅可以提高生产效益，而且能够简化交换方式，提高交换效率，推动经济增长。

内生金融发展模型认为进入金融体系需要一定的成本，在经济落后地区，经济主体由于无力承担进入金融体系的费用，金融市场活动不频繁，金融发展水平长期落后。金融体系的进入成本是固定的交易成本，也即金融发展的门槛，只有当经济发展到一定程度，经济主体具备一定的能力承担这些费用时，金融市场（金融机构）才得以内生形成（发展）（格林伍德和约旺诺维，1990；格林伍德和史密斯，1997；莱文，1992）。莱文（1992）还进一步指出，金融体系的进入成本（固定交易成本）直接取决于金融体系和金融服务的复杂程度。随着人均收入和财富的增加，金融体系会从简单向复杂演变，进入的固定费用和交易成本也会增加。当人均收入很高时，对投资机会论证所运用的调查、论证和资源调动等金融服务就会被需要，而相应的投资银行类的金融中介体系就会产生，如果人均收入很低，边际收益低于边际成本，经济主体就会不需要这些复杂的金融服务，相应的金融中介机构也不会应运而生。

"门槛效应"模型引入了内生经济增长和内生金融中介等新的内容，但本质上仍然是金融发展的经济决定论。

4. 农村金融理论中的金融发展水平决定

农村金融理论主要是针对发展中国家开展的研究，形成和发展相对较为缓慢，主要有农业信贷补贴理论和农村金融市场论。农业信贷补贴理论的出发点在于低收入国家实物资本短缺，导致经济发展迟缓，农村居民收入低引发储蓄不足问题，进一步影响投资和生产效率，造成收入徘徊不前，形成经济的恶性循环。该理论认为应该建立专门的金融机构，以提供低息贷款的方式来为农业"输血"，解决农业资金短缺的问题。20世纪六七十年代亚洲很多发展中国家将该理论用于实际，依赖外源性资金虽然能够推动农业发展和扩大农村部门融资，但往往受资金短缺等诸多问题困扰而难以为继。该理论与传统金融发展决定于经济增长观点的不同之处在于：基于农业弱势的特点，认为农村金融难以依赖金融系统内生发展，需要依赖外部力量来实现。

农村金融市场论十分强调市场的作用，认为农村金融发展应该提倡利率市场化，农村金融市场论实际上是金融深化理论在农村领域的延伸。该理论认为农户具备储蓄能力，农业金融机构应该通过制定高利率（保证实际利率为正）的方式来动员农户储蓄，在资金配置的过程中，将资金投向效益高的项目，推动农业和农村经济发展。如此一来，农村金融机构的贷款收益不仅能够弥补农户的贷款风险和高交易成本，而且也满足了农户的贷款需求（刘仁武，2006），但农村金融市场理论的出发点还是农村金融发展决定于农村经济增长。

1.3.1.2　金融发展区域差异文献综述

目前，国外学者对于区域金融的研究主要集中在区域金融资源配置差异、变动趋势、原因以及区域金融对区域经济影响等几个方面。对这一领域研究的主要代表者是新凯恩斯主义者，这些学者将不完全信息模型运用到区域金融领域，将信贷配给扩展到了区域信贷市场可用性的范围内，对信息不对称如何降低区域资本的流动性导致金融资源配置和信贷配给总体低效等一系列问题展开了研究。

1. 区域金融发展差异及变动趋势表现

国外对区域金融发展差异的研究集中在货币政策效应、货币乘数以及金融资源配置差异等方面。区域金融发展差异是动态演化的（Sheila C. Dow 1998），Moore 等（1985）认为区域货币乘数取决于投资区域内可贷资金的比例，除公开市场操作和储备要求变化外，区域间商品、服务贸易以及金融资本流动差异的存在会引起区域基础货币的变化。Kellee S. Hugh Rockoff（2004）认为 19 世纪美国货币政策传递存在时滞效应，首先对东部金融中心产生重大冲击，随后波及其他地区，但第二次世界大战以后，货币政策传导的时滞效应有所减弱。Davis（1990）对金融服务业进行调研的结果显示，金融集聚地区各个层次的金融服务机构，与金融相关的会计业、保险精算等行业都能够集聚发展。Gehrig（2000）运用市场摩擦理论对区域金融活动的聚集效应进行验证，结果显示在区域内存在集聚效应，在相邻区域会产生分散效应，地理上的集聚与相邻区域内金融活动地理上的分散趋势并存。

有关金融发展区域差异的收敛性研究也有了新进展。Mada Bianco（1997）等选取 6 个国家的金融体制进行了比较分析，结果显示金融体制收敛性是有限的，而且不同的金融体制安排，其均衡结果也是不相同的。Victor Murinde 等（2004）运用 1972—1996 年欧盟成员国的数据对欧共体金融发展趋势进行了检验，结果显示欧盟成员国金融发展存在条件收敛。H. Lz 和 l. Werner（2006）基于制度变迁角度，认为欧洲金融发展存在路径依赖效应。

2. 区域金融资源配置差异的原因解释

Katherine A. Samolyk（1989）对区域银行的结构差异开展研究，认为导致这一结果的原因在于资金配置的区域不平衡。Sheila C. Dow（1997）的研究也支持这一观点，认为区域资金配置规模和效率存在差异的主要原因在于区域金融机构的差异。区域内信贷市场分割特征明显，相较于区外银行，区域内的银行（地方银行）具有方便获取地方投资信息和监督成本低的优势，导致地方投资者主要依赖区域内金融机构（地方银行）。Kellee S. Tsai（2005）通过梳理和比较中、印两个发展中大国非正式金融组织运行的机理，认为农村信贷区域存在差异主要是地方市场经济与政治分割严重和区域信息不对称造成的。

3. 区域金融差异对区域经济发展影响的研究

Katherine A. Samolyk（1991，1994）对美国各州银行经营绩效与经济增长的关系进行检验，结果显示银行经营相对较好的州，地方银行对区域经济增长的解释力度更强，如果金融存在区域分割现象，那么地方银行对区域经济的作用更显著。Rodriguez fuentes（1998）认为区域金融成长方式会影响区域经济，区域经济出现差异的原因在于区域金融成长方式的差异。Luigi Guiso 等（2002）通过分析意大利 8 000 个居民资金借贷的满足度（以满足度来代表区域金融的发展水平），认为借贷满足度高的地区，金融发展能够更好地提高区域内公司成长，形成区域良性竞争。

1.3.2　国内研究动态综述

目前国内对区域金融发展差异的研究主要集中在以下五个方面。

1. 区域金融发展差异表现研究

自 20 世纪 90 年代以来，国内学者开始对区域金融发展差异问题有所关注。研究初期主要运用省际的存贷款数据来反映省际资金配置不平衡的问题，认为区域经济发展差异和信贷资金配置差异是相匹配的，相较于不发达地区，经济发达地区信贷规模会大一些（唐旭，1995）。梁宇峰（1997）通过构建简易的资本自由流动模型，认为改革开放初期，扩大东西部差距的主要原因是资本自由流动，对 1988—1994 年中国国内贷款与外资在不同区域的流量和流向情况考察的结果显示，无论是国内资本还是国外资本，都向东部地区大量流动，而且资本流动的区域差距在东中西部之间还在不断加大。非均衡的区域金融格局是经济市场化的结果，要改变这一现象，必须采用差别化的金融政策来优化金融机构的区域分布。之后张汉林（1999）、胡鞍钢（2000）、魏后凯（2000）等学者分别从外商投资、政府转移支付等视角探讨了资本流动的区域差异以及资本流动区域差异对区域经济发展的影响，一致认为区域金融差异主要表现为金融发展水平和金融结构的差异。张绍基（2000）认为，金融发展的非均衡不仅体现在金融机构信贷资金来源、贷款总量等方面，还体现在资本市场发育程度、利用外资的规模以及动员民间资本等方面。这一阶段的研究工具还相对简单，研究主要采用统计分析方法。

随着计量方法和工具的不断发展，国内对区域金融研究的方法和手段也日益多样化。伍海华（2002）选择外资（中外合资）金融机构代表处、分行数量、非银行金融机构的数量、股份制金融机构分行数量、上市股票数量、全部金融机构存贷款余额、保费收入以及固定资产投资额等9个指标，运用因子分析法将31个省（自治区、直辖市）的金融发展状况分成五个类别：广东属于第一类，北京和上海属于第二类，山东、浙江和江苏属于第三类，辽宁、福建、四川、湖北、河南、河北属于第四类，其余省（自治区、直辖市）被划入第五类。李兴江和赵峰（2003）认为，东、中、西部区域金融的非均衡性特征主要表现为金融机构的存贷款规模、经济货币程度、金融市场发育程度以及居民储蓄等几个方面。罗望和胡国文等（2004）将四川与上海、浙江、广东、山东等沿海省（直辖市），从金融发展总量、速度、结构、效益及环境等方面进行比较分析，结果表明与全国和东部沿海省（直辖市）相比，四川省在金融发展水平、改革及资本市场发育方面仍存在较大的差距。郑长德（2008）运用泰尔指数的方法对中国1978—2005年的经济金融数据进行分解，认为中国金融发展区域差异主要体现为省际的差异。

近几年关于区域金融发展的研究更为广泛，研究视角不仅关注全国整体的金融发展差异，而且关注某一特定区域内的金融发展差距。古学斌等（2009）对珠三角地区和粤西地区金融发展区域差异进行了分析，认为区域金融发展差异主要是金融机构数量、规模、金融交易数量和结构、金融深化和金融经营环境等方面的差异。田霖（2004）、邓向荣等（2011）运用主成分分析方法对全国金融发展的极化现象进行研究，结果显示我国金融发展的极化现象已经出现，而且速度很快，与经济极化呈现负相关，东部地区的极化现象与中西部地区不同。田菁（2011）研究认为我国正处于经济转型时期，金融稳定发展但市场化程度不高，因此区域金融差异主要体现为总量上的差异，而且金融发展与经济增长间的互动也呈现出区域复杂性特征。

2. 关于中国区域金融发展差异变动趋势的研究

目前，对中国区域金融发展差异变动趋势的研究结论并不一致，大致有区域金融发展差异呈现 U 形特征和波浪形特征两种观点。其中，赞同前一种观点的学者较多，周立和胡鞍钢（2002）通过构建金融发展和金融结构指标，对中国各地区 1978—1999 年的金融发展和金融结构状况进行对比，发现金融差距先缩小后扩大，近似于 U 形特征，金融差距超过财政差距和经济差距，认为金融功能财政化是中国渐进式经济改革持续推行的保障。黄桂良（2009）运用泰尔指数对广东 1979—2008 年金融发展的总体差异、区际差异和区内差异进行度量，认为区域内差异是区域总体差异的主要部分，且广东区域金融差异呈现出 U 形特征。严武军（2011）运用该方法对中国区域金融发展水平的差异进行研究，结果显示中国区域金融发展水平差异在 1992—2009 年呈现 U 形特征，出现这一现象是外生要素（政策因素）和内生要素（经济增长）共同作用的结果。金学军和田霖（2004）的研究支持第二种观点，通过对 1978—2003 年我国金融成长差异进行实证分析，显示这一阶段区域金融差异呈现二次变动的特征，区域金融差异会长期存在。龙超和张金昌（2010）也认为中国区域差异呈现的是波浪形曲线特征。

中国区域金融发展的趋势是扩大还是缩小，国内学者运用不同的计量方法进行了大量分析，目前主流观点认为中国区域金融发展是呈现收敛特征的，如陆文喜和李国平（2004）、赵伟和马瑞永（2006）运用 β - 收敛法对我国区域金融发展的收敛性进行了实证检验，结果显示区域金融发展的收敛性存在阶段性和区域性，且区域金融发展还具有俱乐部收敛特征，原因在于地区经济发展不平衡、市场化改革不一致和在资源禀赋等方面存在差异。黄砚玲等（2010）采用空间经济计量方法，认为浙江 1978—2008 年县市间金融发展存在显著的 β 绝对收敛。黄桂良（2011）以 1985—2009 年粤港澳区域金融发展为研究样本，结果显示区域金融发展呈现出显著的 σ 收敛特征，而收敛特征的出现完全得益于金融创新。邓向荣等（2012）采用参数估计和非参数估计两种方法对中国区域差异发展的收敛性进行估计，结果显示 1998—2008 年全国、中西部地区金融发展存在 β 绝对收敛，但东部地区不存在 β 绝对收敛，而龙超和张金昌（2010）采用面板数据对中国区域金融发展随机收敛性检验的结果则显示中国区域金融发展不存在俱乐部随机收敛，而呈现随机发散的特征。

3. 关于区域金融发展差异形成原因的研究

关于区域金融发展差异形成的原因，已有研究认为除了区域资本流动、货币资金配置、经济条件的差异，还有地理条件和国家政策倾斜等方面的差异。潘文卿和张伟（2003）认为中国金融发展与资本配置效率之间弱相关，因此是国有银行和非国有银行运行体制的差异造成区域金融发展差异的。金雪军和田霖（2004）认为区域金融成长差异主要是由地理环境、金融人格和自组织等三方面差异造成的，其中，自组织是地区金融成长差异存在的核心与关键。李敬等（2007）基于劳动分工理论，构建了涵盖教育和创新的金融发展模型，运用夏普里值分解法对1992—2004年区域金融发展差异的要素进行分解，结果显示经济地理条件、国家制度倾斜等差异是区域金融发展差异的主要原因，同时也受到人均受教育年限、商品交易效率与金融交易效率的影响。郑长德（2008）认为，省际差异是经济发展水平、市场化进程、法律环境及政府的金融供给行为和经济行为等多方面差异综合作用的结果。李钊等（2009）也认为东、中、西部地区金融发展差异的原因在于东部地区在地理位置、经济发展水平、政府政策等方面存在优势。姚耀军（2009）对中国非正规金融发展给予关注，认为非正规金融明显的区域差异与商业文化发达程度，正规金融对民营企业的金融支持力度以及民间资金丰裕度等因素有关。除此之外，邓向荣等（2012）认为造成区域金融差异的另一重要原因是金融业开放问题。

4. 对于金融发展与经济增长关系区域差异的研究

金融发展与经济增长关系的研究是金融发展理论的重要组成部分，目前区域金融发展研究也较多集中在金融发展与经济增长关系的区域差异方面。陈刚（2006）对我国东、中、西部三地区1979—2003年金融发展与经济增长关系进行了研究，结果显示金融发展能够促进经济增长，但与实体经济间的良性互动还不存在，金融发展能够促进的仅仅是资本增加，未能提高资本配置效率。冉光和等（2006）运用面板数据的协整检验方法，对东部、西部两地区金融发展与经济增长关系的区域差异进行检验，结果显示，东部和西部金融发展与经济增长间的关系存在明显差异：西部地区只存在金融发展促进经济增长的单向长期因果关系，没有明显的短期因果关系，东部地区金融发展与经济增长之间不仅存在明显的双向长期因果关系，而且还存在双向短期因果关系。尹宗成和丁日佳（2008）运用泰尔指数法对中国 29 个省份 1978—2005 年区域金融发展水平和经济增长差异进行了测度，认为区域金融发展水平的差异会导致区域经济增长的差异。查奇芬（2009）基于同样的分析方法，对区域间经济增长和金融发展作用的差距进行了分析，认为应该制定基于经济发展水平差异化的区域金融发展政策。刘亦文和胡宗义（2010）认为区域金融资源对 GDP 的影响力度依次是东部、中部和西部。李林等（2011）运用空间计量方法对金融集聚对经济增长的空间效应进行分析，结果显示金融集聚对区域经济增长具有空间溢出效应。邓淇中和张晟嘉（2012）研究的结果显示，如果其他要素不变，1991—2009 年金融规模在西部地区是促进经济增长的，在东部则为阻碍经济增长，金融机构和效率在东部显著为正，对中西部经济增长作用不明显，显然东部是需求跟随型的金融发展模式，西部是供给导向型，而中部地区不存在明显的区域金融发展模式。

部分学者对特定区域金融发展与经济增长关系差异进行探讨，如孙国锋和高艳春（2007）以江苏省三大区域为例，在肯定金融发展正向促进经济增长的前提下，对金融发展区域间的贡献率进行了比较，结果表明：存款余额的贡献是苏北大于苏中和苏南，贷款余额的贡献高低依次是苏南、苏中、苏北，投资的贡献苏南大于苏北。杜博等（2009）以甘肃省为例进行了研究，认为金融发展和经济增长差异是存在长期均衡关系的，金融发展能够加大区域经济增长差异。陈灵和徐云松（2011）采用 TSLS 工具变量法对西部大开发战略实施十年来，金融发展与经济增长间的关系进行分析，结果显示金融对经济的贡献率在不同地区是不同的，金融发展对经济的贡献不存在短期效应。

5. 农村金融发展区域差异研究

国内学者近年来也开始对农村金融发展的区域差异有所关注，研究主要集中在农村金融发展与农村经济增长的关系、差距大小、产生原因以及变动态势等方面。高新才和李阳（2008）认为我国农村金融发展水平存在区域差距显著影响农村区域经济的协调发展，而造成农村金融发展区域差异的原因主要是经济发展水平、市场化进程以及政府行为的区域差异。黎翠梅（2009）对我国农村金融与农村经济间的关系进行论证，结果显示与区域金融和区域经济关系的不同之处是东部和中部地区农村金融发展与经济增长间均存在均衡关系，但西部地区则不成立。李喜梅（2009）对农村金融区域差异进行了关注，认为发达地区农村金融的供给充分，金融功能较好；欠发达地区效果十分不明显，与农村经济发展水平一样呈现出阶段性。高沛星和王修华（2011）认为中国农村金融排斥具有明显的区域差异特征，出现这一结果的原因在于收入、金融效率、就业要素和农业化水平的差异。谭力铭和曹建珍（2011）通过泰尔指数分解，认为我国农村金融发展区域差异呈现 U 形特征，即先缩小后扩大，存在 β 绝对收敛，但是不存在 σ 收敛。

1.3.3　国内外研究动态评述

总体来说，国外学者对区域金融领域的研究还集中在货币政策和资金配置领域，主要思路是将宏观经济学模型运用在区域金融研究上，缺乏对区域金融发展差异的度量、成因及变动规律进行系统、深入的研究。

伴随着中国经济区域差异特征的日益突出，20 世纪 90 年代国内对区域金融的研究也开始被关注，近年逐渐兴盛起来。目前，国内学者在区域金融发展差异方面进行了大量有益的探索，研究方法从最初的统计分析到面板协整以及空间计量等较为先进的计量方法，研究的视角也开始从国家整体的区域差异向某一特定区域内的金融发展差异转变，取得的成果对于进一步分析金融区域差异，解释区域经济差异具有重要的指导和借鉴意义。

虽然已有研究为今后研究区域金融发展奠定了一定的基础，但仍存在一些不足之处。

首先是区域金融发展的衡量问题。目前衡量金融发展的指标较为繁杂，对选取指标的准确性缺乏一定的论证，往往基于数据的可得性来选择衡量金融发展的指标，结果导致所选取的指标并不能完全反映出金融发展的真实水平，对金融发展水平的估计可能会出现误差。金融发展水平的度量是反映一地区金融发展的重要指标，是衡量区域金融发展的基础，因此，建立全面科学的金融发展指标体系，对区域内金融发展的水平作出准确的度量，为研究提供良好的分析基础是十分必要的。

其次是研究结论存在明显分歧。例如，由于选择样本以及数据来源的差异，虽然大部分学者研究的结果认为区域金融差异的波动特征是 U 形特征，但也有研究成果认为区域金融差异的波动特征是波浪形曲线。有关金融发展与经济增长关系的区域差异，目前研究结果尚不统一，有的研究结果认为在东部地区金融发展与经济增长之间是相互促进、互为因果的关系，西部地区金融发展与经济增长仅仅存在单向的促进关系，即金融发展能够促进经济增长，反过来经济增长难以促进金融发展，有的研究认为在西部是金融发展能够促进经济增长，在东部是阻碍经济增长，金融机构效率对中西部则不发挥作用。

再次是决定区域金融发展差异的理论模型和形成机制研究还尚未开展。从已有研究来看，目前对于决定区域金融发展差异的要素以及形成原因的分析虽然有所涉及，但是尚不够系统，因此，大部分研究没有基于影响金融发展的要素系统来分析决定区域金融发展差异的要素，没有系统地提出决定区域金融发展的差异，这导致了决定区域金融发展的要素往往是研究者的经验之谈，缺乏计量手段给予佐证，从而使得原因分析显得深度相对不足。

最后对农村区域金融发展的关注不够。目前对于农村金融区域差异问题的研究尚处于初级阶段，主要集中于农村金融发展区域差异的原因，以及与经济增长间的关系，对农村金融区域差异的度量、变动规律及趋势以及对经济增长影响的研究明显不够，统一性的结论尚未形成。此外，对于农村金融发展区域差异合理性判断的研究也没有开展，普遍认为农村金融发展区域存在收敛即是好现象，但实际上脱离了农村经济发展实际的区域收敛和低水平均衡毫无意义，如果区域金融发展与区域经济水平仅仅是处于低水平相互协调的状态，两种均衡状态无法打破，就会使得经济在短期内难以得到较为稳定的发展，也就致使金融的效率难以得到有效的提高。

农村金融是推动农村经济发展的重要手段，探索农村金融区域发展差异不仅能够拓展和丰富区域金融的研究内容，而且有益于农村金融区域差异理论的形成。将农村金融的研究视角从全国整体转向特定区域也是未来的研究方向之一，选取具有典型特征的农村经济金融区域发展进行研究更具有针对性，研究结果也更为可靠。地处欠发达地区的陕西，其经济发展区域特征鲜明，地处黄土高原、依托自然资源开发实现经济快速跨越发展的陕北地区，土地相对肥沃、农业条件相对较好的关中地区以及位于秦巴山区、土地相对贫瘠的陕南地带，地理条件相差较大，形成了截然不同的经济金融发展模式，其农村金融发展区域差距和支农绩效的区域差异如何，决定其区域差异的要素是什么，变动趋势如何，这一系列问题不仅是农村区域金融研究的核心和关键，也是欠发达地区如何实现农村经济发展区域均衡必须要考虑的关键性问题，陕西独特的经济金融发展模式为研究农村金融区域发展提供了良好的素材，也是本书的出发点所在。

1.4 研究思路和方法

1.4.1 研究思路

以陕西农村正规金融发展的区域差异为研究对象，从区域间（各市间）和区域内（县域间）两个层面对陕西农村正规金融发展的区域差距大小、差异存在的原因、变动趋势以及合理性进行分析，具体如下：

首先，从数量指标和质量指标两个方面构建衡量农村金融发展的指标体系，运用统计分析的方法对陕西整体及县域间农村正规金融发展的经济规模、组织规模的绝对差异进行分析，采用基尼系数、对数离差均值和泰尔指数等三种指标方法对陕西整体及县域间农村正规金融深化水平的相对差异进行分析。在对数量指标分析的基础上，建立包含质量指标体系在内的农村正规金融发展综合水平指标，采用主成分分析法对陕西整体正规金融发展水平进行衡量，同时对农村金融发展对经济增长区域差异的影响进行探讨。

其次，从区域固有要素、经济发展水平、体制要素和金融创新能力等方面确定出陕西整体及县域间农村正规金融发展的决定方程，借鉴衡量收入差距的夏普里值分解方法，对决定农村正规金融发展主要要素的差异进行分解，确定影响陕西整体以及县域间农村正规金融发展差异的原因并作出解释。然后基于以上研究，运用时间序列分解方法与H-P滤波方法对陕西农村金融发展整体及县域区域差异的变动路径进行判断，通过运用收敛性检验的方法，明确陕西农村正规金融发展整体和县域间差异的变动趋势。

再次，基于陕西农村正规金融发展区域间和区域内的差异现状及变动趋势，从对日益增长的农村金融需求的满足度、与农村经济的协调程度等角度构建评价农村金融发展区域差异合理性的标准，运用定量分析的方法对陕西农村正规金融区域差异的合理性进行判断。

最后，运用实地调研数据，基于农户视角对农户融资绩效的区域差异进行分析，从国家和陕西两个层面对农户从正规金融途径和非正规金融途径获得资金的收益进行比较分析，并提出现阶段适合欠发达地区农村经济发展、能够实现农村正规金融发展区域均衡的对策建议。

根据研究思路，对陕西农村正规金融区域差异问题研究的技术路线如图1-1所示。

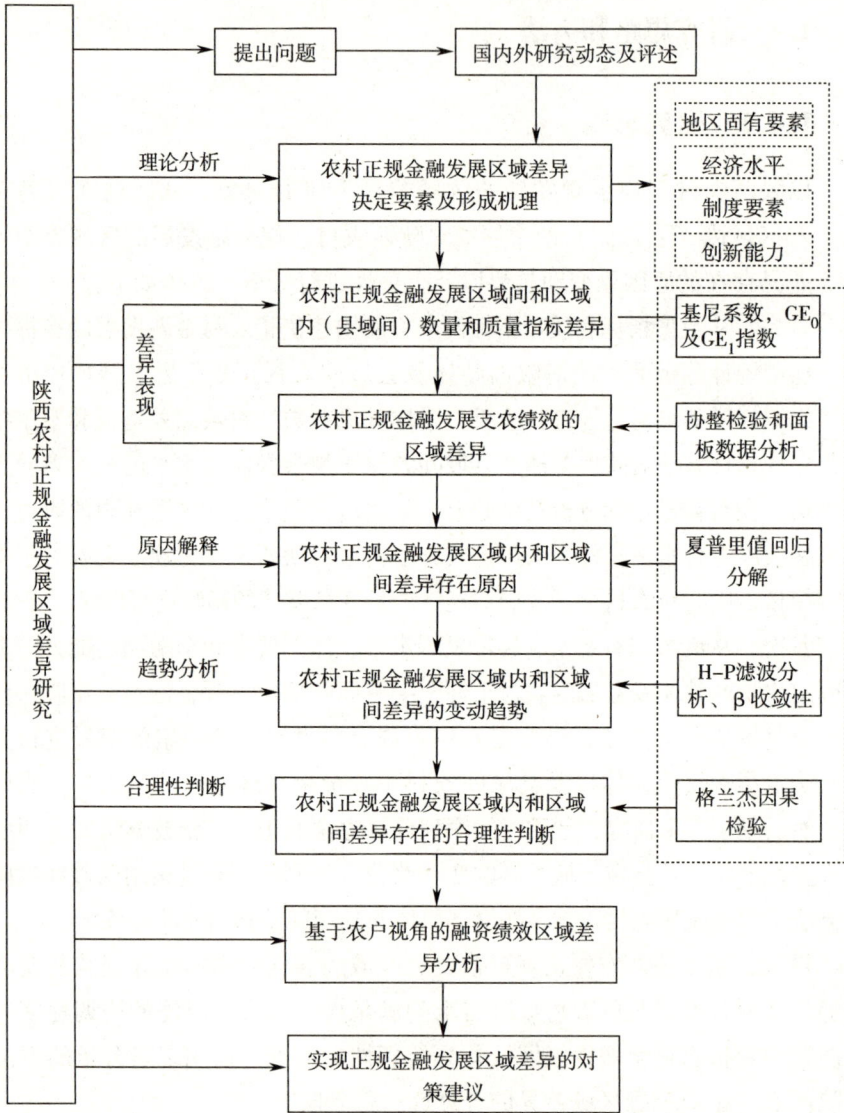

图1-1　研究技术路线图

1.4.2　研究方法

本书运用金融学、区域金融学、宏观经济学、发展经济学、金融地理学等多学科交叉知识，对陕西农村正规金融发展存在的区域间（区域内）差异进行系统研究，具体采用以下方法：

1. 比较分析法。运用比较分析的方法对陕西农村正规金融发展的区域间（各市间）和区域内（县域间）的差异进行分析。

2. 综合运用多种计量方法。首先运用基尼系数、对数离差均值和泰尔指数等三种指标方法在对农村正规金融发展整体及县域间数量和质量差距的大小进行度量，并运用面板数据回归分析对农村正规金融支农绩效的区域差异进行比较；其次是运用夏普里值分解方法，分别对造成陕西农村正规金融发展整体差异及县域间差异存在的原因进行分解；最后是运用时间序列分解方法与 H－P 滤波方法对陕西农村正规金融发展区域差异的变动态势进行分析，运用 σ 收敛、绝对 β 收敛等方法对陕西农村正规金融发展区域差异的收敛性进行检验。

3. 实证分析与规范分析相结合。对陕西省农村正规金融发展的区域差距、差异产生原因、变动趋势等运用多种计量方法进行分析，并对陕西农村正规金融发展区域差异的合理性进行判断，运用规范分析的方法，提出实现陕西农村正规金融发展区域均衡的政策建议。

1.5　本书的可能创新之处

本书的可能创新之处有以下三点：

1. 提出基于农村金融需求视角的农村金融发展观，农村金融发展是一个农村经济促进农村经济主体不断产生新的金融需求，农村正规金融在满足金融需求过程中导致农村金融产品、服务以及金融机构增加的过程。农村金融发展是金融内部系统（农村金融需求、金融机构产品和服务供给能力、创新能力）和金融外部系统（政府行为、农村经济发展水平和农村金融生态环境）共同作用的结果。

2. 将衡量收入差异的夏普里值分解方法运用于农村金融发展区域差异的解释，拓展夏普里值分解方法的运用领域。从区域固有要素、农村经济发展水平、体制要素和创新能力四个方面分解出导致陕西农村正规金融发展区域差异的原因，虽然区域间以及不同区域内造成农村正规金融发展区域差异的要素不同，但区域固有要素的差异是致使区域金融差异存在的共同要素，也是最重要的要素。定量分析出农村正规金融发展区域差异的原因，为农村正规金融均衡发展战略的提出提供了理论依据。

3. 以是否能够满足日益增长的金融服务需求和区域农村金融发展与农村经济是否匹配为出发点，提出判断农村正规金融发展区域差异合理性的标准，为正确看待欠发达地区农村正规金融发展区域差异、制定合适的农村金融发展战略提供了判断依据。研究结果显示，现阶段欠发达地区农村正规金融区域差异扩大是经济金融发展过程中的正常现象，能够推动农村经济的发展和不断满足农村经济主体的金融需求，但是区域收敛是欠发达农村正规金融发展低水平均衡的体现，不利于农村经济和农村金融的长远发展。

2 理论基础

本章在对金融发展理论和农村金融发展理论中金融发展决定要素回顾的基础上，分析出影响农村金融发展的内部要素和外部要素，构建农村金融发展区域差异产生的理论模型，分析其形成的内外部机理。

2.1 农村金融内涵的界定

2.1.1 金融内涵的确定

长期以来，经济学家对资金流通在经济中的重要作用都给予了肯定，对资本和资本积累对经济增长的作用十分关注。亚当·斯密、大卫·李嘉图等古典经济学家认为资本积累是经济增长的源泉之一，哈罗德—多马模型也进一步验证了资本积累对经济增长具有决定性作用，而且认为经济实际增长率是由实际储蓄率和实际资本产出比率二者共同决定的。之后，经济学家对资本和储蓄对经济增长的贡献也给予极大地肯定，卡斯和库普曼利·拉姆齐 1965 年的研究认为储蓄率是影响经济增长的内生变量，而其后出现的内生经济增长理论对资本积累的作用给出了更为充分的肯定。

虽然经济学家对资本、储蓄在经济中的重要作用均不否认，但是对流通中的货币并未从一开始就给出正确的认识。古典经济学家提出"货币面纱论"，即货币本身没有价值，而且也不会产生价值，对于储蓄、资本积累均不会产生作用，仅仅影响的是商品，仅仅是实现物物交换的工具，对经济并不会产生实质性影响，犹如罩在实体经济上的"一层面纱"。对于这一观点，很多经济学家给出了否认的观点，认为货币在充当交换媒介的同时，也会促进储蓄间投资转化，即发挥媒介资本借贷的作用，优化社会资源配置。因此，现代金融一词的概念被界定为与货币、信用、资本等有关的经济活动。

国内权威辞典《辞海》（1979 年版）认为金融即货币资金的融通，指的是与货币流通与银行信用有关的一切活动，具体通过银行各种业务来实现，如货币发行、流通和回笼，存款吸收和提取，贷款发放和收回以及国内外汇兑的往来及资本主义制度下贴现市场和证券市场的活动。根据这一定义，金融被视为与资金和信用有关的经济活动。国外《新帕尔格雷夫经济学大辞典》（1992）对金融的界定则侧重于资本运营市场、资本资产的供给与定价，重点研究有效市场、风险与收益、替代与套利、期权定价等四个方面。

"金融"一词的含义在国内学术界也并未达成共识，但均侧重于货币信用。刘鸿儒（1996）认为广义的金融可以视为与信用有关的一切经济活动，包括货币发行、保管、兑换、结算、流通以及金银买卖等内容，狭义的金融则仅限于信用货币融通。王绍仪（2002）将金融定义为"通过货币流通和信用渠道以融通资金的经济活动"。这一定义与刘鸿儒狭义的金融概念是一致的。按照熊德平观点，这类的金融定义属于"资金融通论"的范畴。

与资金融通论同时存在的还有金融资源论、金融产业论、金融工具论以及信用交易论等观点。不同历史背景和不同侧重点下所产生的金融的概念虽然还未能达成一致，但是金融在现代经济中发挥的重要作用及其核心地位都无可否认，尤其在市场经济体制下，货币资金不再简单被视为生产和物质分配的附属工具，而逐渐成为相对独立于经济活动的一项社会活动。

2.1.2 农村金融含义的界定

"农村金融"一词是党的十一届三中全会之后被广泛使用并开始对其展开研究的。简单从地理空间的角度来理解农村金融，则农村金融即农村的金融，但农村的金融与城市的金融有何区别，将其区别于城市金融究竟有何特殊性，在我国长期二元政治经济体制下的农村金融究竟该作何解释。对于这一问题，国内外的学者和专家分别从不同的角度作出了诠释。

《外国农业金融》编写组（1988）认为，农业金融是农村地区的资金融通活动，不仅包括农业产业的资金流动，也涉及农村的非农产业。狭义的农业金融等同农业信贷，仅指为农业提供贷款和结算等服务，而广义的农业金融则是将除了贷款和结算外的如储蓄、投资以及保险等其他经济活动也包括在内。该书将狭义的农业金融视为金融的基础和核心，认为围绕农业金融形成的社会经济关系也决定其本质和作用，在不同的历史背景、社会政治环境和经济发展程度下会呈现出不同的特点。在资本主义国家，农业贷款是一种投资形式，与其他贷款一样，仅投资对象是农业，而社会主义的农业金融则是联结城乡经济社会发展的纽带，被视为发展农业，推动农村经济、提高农村居民收入的重要手段。

刘鸿儒（1996）认为，农村金融是涉及农村货币流通和信用活动在内的经济活动总称，具体包括农村存贷款、现金支付、转账结算及农村信用社发展等经济活动，是农村商品经济和商品交换发展的必然结果。货币在农村地区发挥流通手段和支付手段职能所产生的经济意义，是以农村物质资料再生产为依托的货币信用关系。持同样观点的还有邹帆（2001）和李一芝、李艳芳（2004），邹帆将农村金融视为农村货币资金的融通，是以信用为手段，以资金为主体的农村资金流动过程，实现信用、资金和货币流通相统一的过程，三者在经济系统中相互依存、相互制约、相互促进，呈现出农村金融机构的多样性、农村金融市场渐进式的发育、农村金融高风险经营以及农村金融紧缩性交易等特点。李一芝、李艳芳同样将农村金融界定为以信用为手段实现集中和再分配农村货币资金的金融活动以及如何依照这些金融活动所反映出的分配关系、交换关系和内在联系来组织农村地区的信用、资金运动与货币流通，认为农村金融是以集体所有制的农村信用社为主体开展的。农村金融市场发育慢于城市金融市场的原因在于农村地区经济活动不活跃，居民收入水平低，城乡差异长期存在。

张杰（2003）从农村信贷功能（用途）出发，将我国农村金融分为"吃饭金融"和"投资金融"两种。农村地区的消费性信贷行为归为"吃饭金融"的范畴，而"投资金融"主要是指农村投资型借贷。前者的信贷行为需求弹性极小，需要国家提供低利率贷款来支撑其生活和再生产，也是农村非正规金融以及高利贷滋生的基础，后一种借贷行为弹性较大，是推动农村经济发展的主要推动力，因此应该作为金融安排的支持对象。

基于交易视角，熊德平（2009）将农村金融视为社会分工和交换的产物，认为农村金融的实质是一种交易，其交易规模（金融发展规模）是农村经济活动规模的函数，具有显著的规模经济效应。而农村金融的成本即交易成本决定于交易的次数和交易双方的信息对称程度，农村金融交易的实质是交易主体以有效信息为前提，以信用为基础实现交易收益最大化的过程。

根据已有研究，本书将农村金融界定为满足农村经济主体不同资金需求的资金融通活动。目前农村金融市场内部交易主体不仅包括政府监管范围内的正规金融机构，还包括处于监管范围外的地下金融，即非正规金融。因此，正规金融是相对于非正规金融而存在的，从广义的角度看，农村正规金融体系应该包括农村合作金融、农村商业金融、农村政策性金融、邮政储蓄银行、新型农村金融机构和农业保险等，根据研究目的，仅针对不包含农业保险在内的农村正规金融的情况进行研究。

2.2 农村金融市场交易主体分析

2.2.1 供给主体分析

农村金融是为农村经济发展提供货币资金等所有经济活动的总和，是为满足农村不同资金需求进行的资金融通活动。目前，农村金融市场内部交易主体不仅包括监管范围内的正规金融机构，还包括处于监管范围外的地下金融，即非正式金融，正规金融是相对于非正式金融而存在的。从广义的角度看，农村正规金融体系包含商业性金融、合作性金融、政策性金融、邮政储蓄银行、新型农村金融机构和农业保险等。

20世纪50年代，在农户自愿合作的基础上，各地普遍成立农村信用联合社，为农村领域资金融通提供服务。改革开放以来，中国农村金融体系进行了一系列变革，首先是为了解决农村的资金融通问题，于1979年成立中国农业银行，1984年将农村信用社纳入中国农业银行管理体制，农村信用社的官办色彩更加明显，这一阶段的农村金融供给体系主要以商业性银行为主体。之后伴随着中国农业银行政策性业务的分离、农村信用社的分离和体制改革以及农村合作基金会的兴起与关闭等一系列的金融政策变革，现行的农村正规金融体系涵盖商业性金融、合作性金融、政策性金融等多种类、多层次的金融机构。在农村正规金融有效供给不足的背景下，除了正规金融机构外，非正式金融供给也是相当多样，如私人借贷、合会、轮会、私人钱庄等在农村地区也十分普遍，同时还存在国际机构捐助或软贷款资金以及国家扶贫贷款等其他形式的金融供给主体。

2.2.1.1　农村正规金融供给主体

农村正规金融机构指的是经济金融活动直接受金融监管部门监管的金融供给主体，主要包括：

1. 中国农业银行。中国农业银行是农村正规金融体系的重要组成部分，涉农贷款种类繁多，不仅包括专项和常规性的农业贷款，还对乡镇企业、农村信用社、农村供销社等经济主体贷款，同时还发挥一定的政策性功能，开展农副产品收购贷款业务以及对农业和农村基础设施建设开展贷款业务。中国农业银行的主要贷款对象是乡镇企业等农村经济组织，对农户贷款的规模相对较小。1997年后农业银行进行了商业化改革，贷款的范围不断扩大，贷款结构也进行调整，贷款主要投向城市和非农产业，脱农现象日益严重。

2. 农村信用社。农村信用社是农村正规金融体系的核心骨干力量，以农户为主要放贷对象，同时也向农村集体经济组织和涉农企业发放贷款。虽然农村信用社属于合作金融的范畴，但实际上其合作性质流于形式，"内部人控制"问题十分严重（刘有全，2009），2003年"花钱买机制"的农村信用社试点改革，虽然在一定程度上缓解了农村信用社的历史包袱，改善了经营绩效，但是经营体制根本性的问题仍然没有得到解决，再加上地方政府对其干预过多、影响过深，使得农村信用社的资金投放能力有限。

3. 中国农业发展银行。中国农业发展银行是国务院直接领导的唯一一家涉农的政策性银行，其职能定位是根据国家农业宏观调控的任务，特别是对粮食市场调控的变化而不断调整其信贷投向和规模，涉农商业性借贷以及代替财政拨付支农资金必须要经过国家批准，而且不直接对农户开展借贷业务。虽然对于稳定农村市场十分重要，但是对农村经济主体的直接作用还相对有限。

4. 其他农村正规金融机构。其他农村正规金融机构主要包括农村商业银行、邮政储蓄银行以及新型农村金融机构。农村商业银行由农村信用社改制而成的，具有商业化性质的农村信用社；邮政储蓄银行自2007年成立以来，逐步开展了小额贷款等涉农业务，但由于其成立时间较短，业务范围相对狭窄，支农力量十分有限；十七届三中全会放宽了农村金融市场门槛，允许设立新型农村金融机构，由于资本实力和经营区域范围限制严格，新型农村金融机构支农力量仍十分有限，是典型的"社区服务银行"。

2.2.1.2 农村非正式金融供给分析

非正式金融是相对农村正规金融而言的，指的是在金融监管范围之外，与资金融通有关的组织或者金融活动。非正式金融最常见的形式是私人借贷，以血缘、地缘为纽带的亲戚朋友间的资金融通，资金主要是用于临时性的生活资金，如子女结婚或建房等。随着农户资金需求的日益多样，私人借贷也成为农户进行非农生产性投资的主要途径，如从事工商业活动、养殖等产业，部分中小企业也常通过这一方式融资。在西部欠发达地区，合会、资金互助社以及私人钱庄等其他民间借贷的形式还不十分普遍。

2.2.1.3 其他形式的金融供给主体

此外，小额信贷的形式也较为普遍。一种是依靠国际机构捐助或软贷款资金，以民间或者是半官方形式运行的小额贷款实验项目，一般利率偏高。另一种是以国家财政资金和扶贫贴息贷款为资金来源开展的小额信贷，利率较低。另外，还有国家对农村贫困人口发放的救济基金和扶贫贷款，属于财政补贴部分。

根据研究目的，本书仅针对不包含农业保险在内的农村正规金融体系的情况进行研究，对于非正规金融供给和其他形式的金融供给主体暂不予以讨论。

2.2.2 需求主体分析

经济学对需求的定义是一定时期内既定的价格水平下消费者愿意且能够购买的商品数量。因此，农村金融需求可以界定为农村金融需求主体在一定的价格水平上（金融交易成本）对金融产品和中介服务的消费量。目前，农村金融的需求主体主要涉及农户和农村企业。

2.2.2.1 农户

按照家庭经营方式和收入水平的不同，农户可以被细化成三种类型：贫困型农户、维持型农户和富裕型农户（市场型农户）。

1. 贫困型农户。贫困型农户是基本生活还不能得到保障或者是勉强能够维持基本生活，因此不仅生产性资金缺乏，生活性资金同样短缺，对资金需求量较大，但与其资金需求规模不符的是一般这些农户因家庭收入水平较低，难以提供有效担保，信贷风险较大，难以被视为正规金融机构有效贷款对象，一般难以通过正规金融途径获得贷款，大多是通过政府财政性扶贫资金、国际金融组织、国外援助或者非正式途径得到满足。

2. 维持型农户。这种类型的农户基本上已解决了温饱问题，资金借贷主要为了应对家庭大规模的生活消费支出（如婚嫁丧娶、子女上学或者是重大疾病等）或者进行简单的扩大再生产，负债观念强烈，信誉度较高，但是正规金融仅能够对这部分农户小额生产性资金需求给予满足，生活性借贷需求还是需要通过非正规途径获取。

3. 富裕型农户（市场型农户）。富裕型农户是以市场为导向进行专业化、规模化的涉农产业或者非农化产业的生产，资金需求较前两种强烈，但由于难以提供有效的担保产品，农村正规金融机构贷款信用借贷额度相对有限，信贷需求无法完全得到满足。

2.2.2.2 涉农企业

按照企业的发展水平以及经营内容，涉农企业同样可以被细化为两种：农村资源型乡镇企业和龙头企业，其中，龙头企业不仅包括发展相对成熟、形式较为完整的龙头企业，还包含正在形成中的龙头企业。

1. 农村资源型乡镇企业（农村工商企业）。该类型企业主要依赖于当地资源，由乡村集体或者个人投资创办，与农业生产和农民生活息息相关，但是由于所面向的市场不稳定，导致经营风险相对较高，再加上信用水平较低，农村正规金融机构对其贷款审核极其严格，企业信贷缺乏的现象十分普遍。

2. 涉农龙头企业。龙头企业一般是从事专业化、规模化的农产品加工或者流通企业，通过多样化的利益纽带连接农户，是农户和市场之间的纽带。龙头企业的经营规模指标等是需要有关部门认证的，例如要求东部地区总资产规模在1亿元以上，固定资产为5 000万元以上的企业才能够被视为龙头企业。龙头企业具有强烈的扩大规模的冲动，对正规金融机构的信贷需求也十分强烈，较为成熟的龙头企业市场较为稳定，资金实力也比较雄厚，能够提供有效的抵押担保产品，信用相对较好，商业性金融机构愿意进行贷款。但正在发展中，相对还不太成熟的龙头企业由于承贷主体不健全，难以获得贷款。在有些地区，龙头企业能够有效地连接资金市场和农户，即由龙头企业作为农户从正规金融机构借贷的担保主体，不仅有效缓解了农户的借贷约束程度，还推动了涉农产业的快速发展。

2.3　决定农村正规金融发展的要素分析

探讨农村正规金融发展水平决定要素之前，首先要对农村正规金融发展的概念进行界定。界定这一概念的关键在于"发展"与"增长"的区别，许多经济学家在界定经济增长与经济发展问题时对此展开了讨论，普遍的观点认为"增长"与"发展"是两码事，"增长"是量的变化，"发展"是一种质的变化过程（熊彼特，1990），"发展"可以视为有"变化"的增长（金德尔伯格和赫里克，1986），但并非所有的增长都是发展，只有增长而没有发展是欠发达国家的"二元特征"（苏布拉塔·贾塔克，1989）。由此可见，增长是一个侧重于规模变化的数量性观念，发展则是侧重于质量的改善，没有增长就没有发展，有了增长也未必就能实现发展，有可能是"无发展的增长"（刘斌和葛兆强，2007；转引自丁忠民，2009）。戈德史密斯（1969）认为，金融发展是金融结构变化的过程，实际上，农村正规金融的发展不仅仅包括金融结构的变化，还应该包括金融制度的变迁等，因此，农村正规金融发展应该界定为在正规金融机构、产品和服务规模扩张的基础上实现的农村金融系统的优化和农村金融制度变迁的过程。

有关决定金融发展要素的研究，不论是戈德史密斯的金融结构论，还是之后的金融深化理论和内生金融理论，都还是停留在金融与经济关系的层面上，认为金融发展决定于经济发展水平，但经济水平是内生变量，受多种要素影响，由其来解释金融变量，显得过于笼统（李敬，2007）。李敬（2007）放弃了 Yang（1999）关于完美期货交易的假定，引入金融市场和商品市场的交易成本问题，并尝试引入市场交易主体的特征性变量（受教育程度），基于劳动分工理论建立了涵盖创新激励的金融发展决定模型，试图揭示金融发展促进经济增长的作用机理。但遗憾的是，这一模型的假定前提仍然是金融从属于经济，只是将决定金融的要素进行了细化。

实际上，西方经济增长理论长期以来对金融在经济中的作用并未给予足够的重视和肯定，认为金融仅仅是影响经济的外生变量，学者研究时大都关注金融中介体的内生性而很少关注金融市场的内生形成问题，因此，建立的理论模型大多是关于内生化的金融中介机构。直到 20 世纪 90 年代内生金融理论的出现，金融市场的内生机制才开始被重视。实际上，要研究金融本身的发展，固然不能撇开经济系统对金融系统孤立研究，但是也不能忽略金融系统内部的要素单独研究金融发展的作用和影响，而是要充分考虑两个方面：一是金融市场交易主体即供给方和需求方的金融均衡水平，二是决定于经济发展的金融发展。因此，本书认为金融发展应该是经济发展和金融系统动力共同作用的结果，经济发展是通过作用于金融需求主体来推动金融需求发展的。

经济拉动型金融发展模式（帕特里克，1966）认为随着经济增长，经济主体会产生一定的金融需求，而金融相关部门为了满足经济主体的需要不断地增加金融产品的供给水平和结构。由此可见，农村金融发展最终是决定于农村金融服务的供给能力和水平以及农村经济增长所催生出的金融需求。随着农村经济不断发展，经济主体收入水平不断提高，会导致农村经济主体对农村金融需求的水平和结构发生变化，在完全信息条件下，必然会引起农村正规金融供给水平和供给结构发生变化，实现农村金融市场的供需均衡，从而推动农村正规金融的快速发展。这一情况在收入差距存在且收入差距较大的情况下可能并不会发生。农村收入水平相对有限，如果存在较大的收入差距，大量的财富会集中在个别地区的少数群体手里，大多数的农村经济主体由于收入有限并不需要或者没有能力进入农村金融市场，农村金融市场经济主体相对较少，金融交易的规模难以扩大，金融市场风险不能有效分散，进一步影响农村正规金融机构效率的提高。

2.3.1　农村金融需求对金融发展具有导向性影响

目前，农村金融需求呈现以下特点：第一是多层次性。虽然不同类型的农户和农村企业对存贷款、投资、结算等金融服务的需求是相同的，但其对金融服务需求的特征还不尽相同，借贷的用途也十分复杂，不仅涉及生产性借贷，在欠发达地区还包括生活性借贷，此外，在借贷规模、利率以及期限等方面差异也较大。相应地，农村正规金融机构对其满足程度也是不同的，因此农村经济主体金融需求的多层次性决定了农村金融服务供给同样也具有多样性。第二是具有明显的周期性和季节性。农业生产的季节性特征明显，在农业生产、收获以及销售等过程中对资金需求最为旺盛，产品销售后对资金的需求相对疲软，而且借贷期限与农业生产周期一致，使得农村资金的循环时松时紧，与城市借贷资金循环方式明显不同。而且农村企业大多数规模较小，市场相对不稳定，资金需求呈现出随意性大、频率高且时间紧的特征（刘有全，2008）。第三是借贷频次高但规模小。虽然农户和涉农企业对资金需求的规模总量十分巨大，但是由于农户和涉农企业数量多，实际上单个农户或者企业的借贷规模还相对较小。农户收入水平相对较低，农村社会保障制度严重缺失，导致农户面临意外性风险的概率较大，尤其是用于生活性的借贷十分频繁。农村金融借贷需求频率高但规模小的特征也会导致农村正规金融机构产生较高交易成本，从而不利于农村正规金融水平和效率的提高。

实际上，要促进农村正规金融的快速发展，根本的出路是基于农村经济主体对农村金融需求的多层次性、周期性、季节性以及借贷频次高但规模小等金融需求特征来进行金融产品和服务的改进和设计，即基于市场导向（需求导向）来发展农村金融。

2.3.2 农村正规金融机构的金融产品和服务供给能力

在农村金融市场中，不同种类的金融服务组织提供的服务和产品既具有同质性也具有差异性，从本质上来说都是以货币资金和有价证券为手段来满足需求者的借贷需求，但不同的借贷组合，如借贷利率水平、期限结构、抵押担保条件和贷款程序等差异造成了金融服务组织提供的金融服务和产品具有差异性。

总体来说，只有当农村正规金融供给主体所提供的金融产品与服务的水平和结构与金融需求主体的有效需求水平和结构相适应时，农村金融交易量才会加速扩展，同时也会推动农村金融的快速发展。当且仅当满足这一条件时，农村金融才能持续不断地健康有序发展，农村经济也才能实现快速发展。在不考虑政府因素的情况下，农村正规金融供给主体的产品供给水平和结构应该取决于其供给能力，正规金融机构的金融产品和服务的供给能力应该决定于吸收社会储蓄的能力、资金配置能力、投资决策能力、对金融产品的风险管理水平以及创新能力（丁忠民，2008）。其中，正规金融机构吸收的存款是进行贷款的基础，因此，存款水平能够直接影响信贷供给规模。对资金的配置能力是指金融机构资金投放的收益情况；

决策能力是指金融组织的管理层对市场机会的敏感程度、对市场信息的运用能力以及管理能力，决策能力决定了农村金融机构在农村金融市场中的发展潜力；风险管理能力表现为金融组织在业务经营过程中，对金融机构内部的经营性风险以及外部的市场性风险预防和控制的能力；农村正规金融的投资决策能力是除了传统的信贷业务外，运用新型金融工具实现增值的能力；金融机构的创新能力是根据金融需求的变化来设计金融产品和服务、创造新的金融工具和手段，从而实现金融机构绩效提升的能力。实际上，农村金融机构的供给能力和水平是各种能力有机结合、相互作用下所形成的一种相对稳定的状态，只有金融组织机构内部相互协调、共同发展，才能提高农村正规金融的供给能力和水平，实现农村金融的发展和经济水平的提升。

2.3.3　农村金融供需主体的创新能力

金融创新是推动金融发展的动力源泉，是将各种金融要素重新组合的过程。具体来说，农村金融供给主体的创新主要是为了维持自身的生存和发展。根据经济主体的需求来设计新型金融产品和服务、形成新的交易方式以及设立新的金融机构，实质上是正规金融机构通过一定的技术工具将其资产的流动性、收益性以及风险性进行重新组合的过程（杨德勇，2004；转引自丁忠民，2008）。由此来看，农村正规金融机构的创新应该包括金融机构创新、金融产品创新和金融制度创新。

为了满足日益增长的农村金融需求的变化，农村正规金融机构需要进行适应性创新，设计新型的农村金融产品和服务，引入新的金融组织体系，提高农村金融市场的竞争程度。农村正规金融机构服务、产品以及组织的创新，不仅能够提高农村正规金融机构的资金运用能力和市场竞争力，而且有利于农村金融组织效率的提升，进一步推动农村金融组织提供更优的服务，满足更为广泛的农村金融需求。最为重要的是，农村金融组织创新能有效地降低金融交易成本和商品交易成本。

目前，农村金融市场金融供给约束问题依旧突出，农村金融产品和服务与农村金融需求之间难以有效对接的问题尚未解决，农村正规金融机构难贷款和资金需求者贷款难的问题依旧普遍。在此背景下，农村地区吸收的大量资金被农村正规金融机构转移，致使农村地区金融资金外流问题加剧，与金融机构的产品创新能力低、金融机构缺乏竞争力有很大关系。除此之外，金融机构商业化改革后，农村信用社在农村金融市场处于垄断地位，不仅为农村机构放贷者提供了寻租机会，而且增加了借贷成本，制约了农村金融发展。

农村经济主体（金融需求主体）的创新能力主要是在生产和消费过程中，产生新的生产方式、工具或者生产理念，改造传统的生产方式，从而激发农村经济主体（金融需求主体）为了扩大再生产或者是进行项目投资的借贷需求。不断增长的借贷需求在一定程度上会促进农村金融组织在内部要素和外部动力（国家政策）的带动下，不断提高其创新能力和水平，最终实现农村金融的快速发展。

2.3.4 政府行为

金融深化理论认为，政府行为在金融发展中发挥着重要作用。虽然"金融深化论"和"金融抑制论"两种观点对政府在金融发展中的作用观点并不一致：前者认为当农村金融系统难以实现超越发展时，可以通过政府供给的方式来实现金融的发展，以进一步实现经济的快速发展，而且政府能够在一定程度上改善信息不对称、外部性和外部经济等问题，而后者则认为要减少政府对农村金融的干预，依赖市场来发挥资源配置作用。

中国金融发展是外生机制（政府部门的金融制度安排）和内生机制（完善的发展激励、创新能力和动力和经济约束机制等）共同作用引起的，正是由于政府部门的经济发展偏好，在经济发展战略引导下实施了差别化的经济金融政策和统一的货币政策，最终导致金融发展存在明显的区域差异（王景武，2007）。在农村金融发展过程中，农村金融机构的设立、农村资金供给的倾斜等现象无一例外地论证了政府行为极大地影响着农村金融发展。

2.3.5 农村经济发展水平

现代金融理论的核心是金融发展与经济增长的关系，金融是经济的核心，金融发展能够推动经济增长，而经济增长同样也能够推动金融发展，二者相互作用，共同发展。因此，从理论上来看，农村经济日益增长，农户收入水平不断提高，能够激发农村经济主体的金融需求日益多样化。如果农村金融机构愿意而且能够满足农村经济主体日益增长的金融需求，通过不断增加金融服务数量、提升金融服务质量等手段，在实现自我利益的同时实现农村金融发展，相应的，农村经济主体能够顺利地从金融机构获得金融服务，进行更为广泛的投资，不仅能够提高自身收益，还能够带动产业发展，促进农村经济增长。

但目前实证的结果却不尽相同，大致呈现出三种观点：（1）金融发展能够显著促进经济增长；（2）金融发展会阻碍经济增长；（3）金融发展与经济增长间不存在关系。对落后地区的金融发展与经济增长关系分析的结果显示，金融发展与经济增长只存在单向关系，金融发展能够促进经济增长，但反过来，经济增长并不能促进金融发展，这意味着区域金融发展不是区域经济发展的内生结果（王景武，2007），区域金融发展可能是外部力量推动的结果。

2.3.6　农村金融生态环境

金融发展不仅依赖自身的发展，更受到各类型经济主体在各领域、各层面经济过程中的强烈影响。金融生态是金融主体及其赖以生存和发展的经济、社会、自然等环境构成的彼此依存、相互影响、共同发展的动态平衡系统，体现了经济金融发展的软实力。良好的金融生态环境不仅能加快地区内部和外部金融资源聚集，还能有效防范和控制金融行业风险。因此，农村金融发展的生态环境应该是涵盖农村金融各领域、各层面和各经济主体等要素的系统，良好的金融生态环境是金融有序稳定发展的基础。

从金融系统内部看，农村金融发展是农村金融市场供给主体在满足需求主体的金融产品和服务需求、追求利润最大化的过程中，不断增加金融产品、服务和金融机构，使得农村金融机构更趋合理的过程，是一个系统内部不断寻求新均衡的过程，是金融需求不断演化和金融机构内部自身创新的结果。但实质上，农村产业本身属于弱质产业，投资收益相对有限，再加上农村金融需求存在着多样化、频度高和规模小的特征，导致农村金融供给主体面临着逆向选择和道德风险的问题，而农村金融需求主体教育程度低、无法提供抵押担保品等原因，进一步加剧了农村金融供给主体提供合适金融服务和产品的难度。农村金融市场的失灵和金融产品的稀缺性，致使农村金融供给主体长期以来都是外部供给，在农村无法实现有效的资金聚集，必须依赖外部力量实现经济发展才能进而实现当地农村金融的发展。

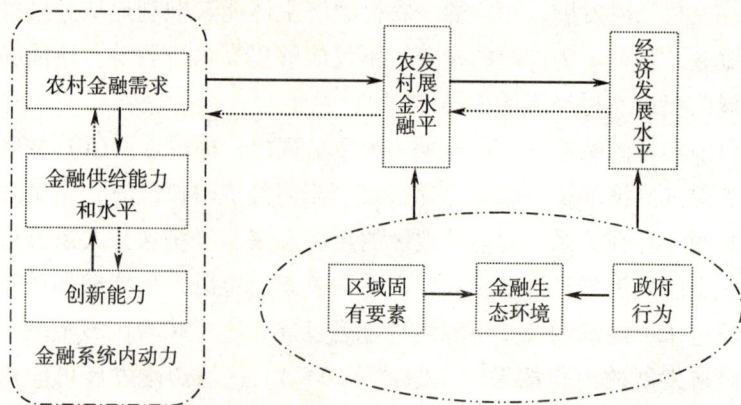

图 2-1　农村金融发展决定因素图示

依赖政府外部供给的农村金融体系，设计与城市金融相似的借贷要求和程序，与缺乏产权的农村金融需求主体难以有效契合，广泛地吸收存款和严格的贷款程序是造成农村金融机构难贷款和借贷主体贷款难的主要原因。因此，在缺乏考虑金融需求者需求的农村内生金融体制无法良好运行的情况下，农村金融发展的内在动力就无法发挥作用，只能依赖于政府等外部力量的推动。

随着国家金融支农的要求和新一轮的农村金融体制改革，目前农村金融市场的门槛进一步放开，农村金融的供给结构得到改善，垄断性的金融供给体制正不断被打破，对农村产权的资质认定在某些地方已经开展，农村土地经营权、农村房屋、生物资产（动物活体和果树、苗木等）和农业生产设施（大棚、猪圈等）抵押融资等金融产品创新活动也有了新的发展，金融系统内的自我发展动力已初步显现。

但是现阶段决定区域金融发展的主要因素仍然是外部性因素，如区域经济发展条件和水平、自然资源、人口文化以及历史原因等固有因素，当然，政府的政策偏好也是影响区域农村金融发展的重要因素。

2.4 农村金融发展区域差异形成机理分析

2.4.1 农村金融发展区域差异决定的理论模型

由以上分析，不难推断正是由于不同地区决定金融发展要素（农村金融需求主体、正规金融机构产品和服务供给能力、农村金融供需主体的创新能力、政府行为、农村经济发展水平和农村金融生态环境）的差异，致使农村正规金融发展存在明显的区域差异。

实际上，不同地区农村经济主体的金融需求特征（如资金需求的规模和用途）取决于家庭经济收入水平、家庭的平均受教育程度、耕地占有量和耕地的地力等要素。家庭收入水平高的农户，对生产性资金的需求就会较大；农户受教育程度越高，对生产性的资金需求也会越强烈。此外，如果农户人均耕地占有量大且地力较好，意味着该地区是传统农区，以粮食种植为主的传统农业对资金的需求量相对较小。目前农村金融市场的供给具有典型的外部供给特征，在农村经济主体无法提供合法担保品的客观条件下，农村正规金融机构根本不可能主动为农业或者农村经济主体设计金融产品和服务，其金融服务和产品的供给是国家政策引导的结果，换句话说，现阶段农村正规金融的金融产品和服务供给能力实际上完全是政府行为作用的结果，而非其本意的体现，也并非其真实供给能力的体现。政府行为对正规金融机构的干预，也完全是为了配合其经济发展战略，政府、经济、地理文化等诸多要素构成的农村金融生态环境的实质也是政府行为、经济水平以及地区区位要素、自然资源等要素相互作用下，所形成的农村正规金融发展的外部环境。由此来看，实际上决定农村正规金融发展区域差异的要素是农村经济水平、家庭受教育程度、耕地占有量、耕地地力、政府行为以及农村金融供需主体的创新能力，归纳起来主要包括四个方面：区域固有要素（区位要素、文化、人口、耕地等要素）、农村经济发展水平、创新能力和政府行为。

因此，可以构建决定农村金融发展区域差异的模型如下

$$\Delta Y_{it} = f(G_{it}, E_{it}, I_{it}, S_{it}) \qquad (2-1)$$

其中，ΔY_{it} 表示农村金融发展差异，G_{it} 表示地区固有要素，E_{it} 表示农村经济发展水平差异，I_{it} 表示创新能力，包括金融需求主体的创新能力和金融

组织的创新能力，S_{it}表示制度因素，即政府的经济金融政策和改革等。

首先，在其他条件既定的情况下，一个地区的区位因素、资源禀赋等要素是决定一个地区经济发展水平的重要因素，资金的趋利性必然引导资金向回报率高的地区流动，地区经济水平的高低影响着地区金融资源集聚和吸引外来资金的能力。地理区位优势是造成中国地区差距并使差距不断扩大的根本原因（凯德尔，2002；转引自王景武，2007）。地区的教育水平、历史文化等要素也是影响区域金融经济发展的主要因素，市场交易主体受教育程度也会影响生产效率与交易决策（李敬等，2007），地区教育发达，市场主体受教育程度高，专业化程度也高，不仅有利于生产效率的提高，还有利于交易主体的创新行为。此外，地区的历史文化传统也会影响到地区金融发展，如中国传统文化崇尚节俭，中国居民的储蓄倾向特别强烈，在存款利率持续下调的情况下，居民储蓄存款仍旧居高不下，在现代金融保险制度缺失和非正规保险制度安排替代下，农村居民防卫性储蓄的比重占到26.3%（曹和平，2002）。

其次，是农村经济发展水平。虽然大量的实证结果显示农村区域经济增长并不是农村金融发展的内生性结果，但是区域农村经济增长和经济结构调整必然会引发农村金融需求发生相应的改变，更高层次的金融需求必然会在一定程度上导致农村金融资产、金融产品、服务和金融机构随之扩张。在农村经济相对比较落后的地区，农村经济对金融发展的决定作用较弱，原因在于进入农村金融市场和进行金融交易时，存在进入成本和交易成本，因此，在人均收入和财富较低时，经济主体无法承担这部分固定成本，导致金融发展极为缓慢，但随着经济不断发展，经济主体收入水平有所提高，能够承担金融交易的费用成本，那么就会推动金融机构和金融市场的不断发展，即农村金融发展。因此，农村经济发展的区域差异能够影响农村金融发展水平。

再次，是农村经济主体和农村金融组织的创新能力。随着经济的不断发展，农村经济主体受教育程度不断提高，在自我发展过程中进行创新活动的同时，也会产生新的金融需求，这些金融需求必然会促使农村金融供给主体不断设计适应市场需求的金融产品服务，拓宽金融市场，增加金融机构。此外，农村金融供给主体的自我创新能力和水平是农村金融发展的根本动力。因此，农村金融发展的区域差异是不同区域农村金融市场主体自我发展的结果。

最后，是政府行为对农村金融发展区域差异的影响。在农村金融发展内部动力不足的背景下，作为金融发展主要推动力量的政府行为必须加以考虑。长期差别化的经济发展战略反映在农村金融发展上，表现为农村金融发展存在明显的区域差异。随着国家制度环境的变化，农村金融发展的区域差异也会发生相应的变化。

综上分析，区域固有要素（区位要素、文化、人口、耕地等要素）、农村经济发展水平、创新能力和政府行为的差异是导致农村正规金融发展出现区域差异的主要原因。从农村正规金融区域差异表现来看，不仅表现为区域内部个体间的差异，还体现在个体内的差异。

2.4.2 农村金融发展区域差异形成的机理分析

由以上分析可见，农村金融发展区域差异是内生要素和外生要素共同作用的结果。基于此，本书试图分析这些内生要素和外生要素对农村正规金融区域差异的影响机理。

2.4.2.1 内生机理

农村金融发展区域差异的内生机理，即农村金融系统内微观经济主体的参与和贡献，也是农村区域经济发展差距扩大的自然反映。正是由于不同区域农村经济主体在受教育程度、创新能力、产业发展等方面的差异，反映出金融需求特征（规模、用途、期限）等存在显著差异，这些进一步体现为农村金融机构供给能力和创新能力的差异。微观经济主体（农户或农村企业）不仅是农村经济活动的主体，也是农村金融活动的主体，是联结农村经济和农村金融的纽带，是实物要素和资本要素的共同使用主体。因此，农村金融发展区域差异形成的内生机制应该体现为金融发展与经济间的依存关系，这种依存关系与政府的外在驱动无关，是经济体自我发展的结果，具有独特性，不能简单复制。

2.4.2.2 外生机理

农村金融发展区域差异形成的外生机理是金融差异形成及演化过程中外部力量的作用和影响。虽然农村金融可以通过农村经济主体不断积聚能量来实现金融系统的发展，但是在经济发展水平比较低的情况下，农村经济主体（农户或农村企业）收入水平相对较低，无力担负农村金融市场进入成本时，需要政府对农村金融发展给予一定的扶持，帮助部分有潜力的农村经济主体进入农村金融市场，从而降低农村金融交易成本，提高农村金融交易效率；或者是在金融发展到一定程度时，政府适当调控经济与金融间适度协调发展。因此，农村金融发展的区域差异还受到一定的外部力量作用。

国家实施具有明显偏好性的经济发展战略，是导致农村经济发展区域性特征显著的重要原因。为了配合经济发展战略的实施，国家一般会在优先扶持和发展的地区，实施优惠利率等具有明显偏好的金融政策，但实施的货币政策却是统一的。由于货币的传导效应在不同地区差异较大，东部货币的传导效应比较顺畅，中西部则相对不顺畅（周孟亮，2006）。差别化的金融政策和统一的货币政策使得农村金融发展呈现出明显的区域特征。国家实施明显偏好性的经济发展战略，虽然会考虑到地区发展均衡，但根本的出发点也是基于各地区区位要素、自然资源等地区固有要素方面的考虑，换句话说，区位要素、自然资源等地区固有要素是影响政府决策甚至是金融发展差异的根本性外部动力。

实际上，在农业资金"内源不足"观点的指导下，我国农村金融供给方式具有明显的外生性，尤其是在国家优先支持和发展的地区，涉农贷款投入相对较大，因此农村金融发展区域差异应该是政府政策通过影响各种固有要素所产生的结果。

2.5　本章小结

农村金融是为农村经济主体提供的各种金融活动的总和，农村正规金融发展是金融需求、金融产品和服务供给能力、供需主体的创新能力、农村经济发展水平、政府行为以及农村金融生态环境等要素共同作用的结果。因此，决定农村正规金融发展区域差异的实际要素是区域固有要素（区位要素、文化、人口、耕地等要素）、农村经济发展水平、创新能力和政府行为。

3 陕西农村正规金融发展区域差异的表现

农村正规金融发展区域差异不仅体现为区域个体间的差异，还体现为个体内的差异，因此，陕西农村正规金融发展区域差异的表现要从整体（各市间）和县域间两个层次着手分析。通过建立涵盖数量和质量指标的农村正规金融发展指标体系，采用绝对值分析方法对陕西农村正规金融发展整体和县域间规模、速度指标的差异进行比较，运用基尼系数、对数离差均值和泰尔指数等方法对整体和县域间深化指标的差异进一步作出分析。对质量指标的区域差异进行分析时，由于数据难以获得，运用主成分分析方法仅对整体的差异进行度量。此外，考虑到农村正规金融发展的目的是为了实现农村经济增长，对陕西农村正规金融支农绩效的区域差异也作出了分析，为后续的研究奠定基础。

3.1 指标体系、分析方法与数据来源

农村正规金融发展是一个由量变到质变，量变和质变交汇融合的过程，因此，建立农村正规金融发展指标体系时，不仅要通过建立数量指标体系研究农村正规金融机构数量、从业人员及金融业务的增加，还要考虑到金融机构以及农村金融体系质的变化：农村金融制度变迁和农村金融机构的创新变化，即通过建立完善的质量指标体系来进一步地完善。

3.1.1 农村正规金融发展的指标体系构建

3.1.1.1 数量指标体系

农村正规金融发展的数量表现主要通过农村正规金融的规模、发展速度和深化程度等指标体现出来。

1. 规模指标。一般衡量农村正规金融发展规模要从两个方面考虑：一是经济规模，如农业（农村）存款总额、农业（农村）贷款总额、农村金融资产总额等指标；二是组织规模指标，如农村金融机构数量、营业网点、职工人数等以及人均占有量情况，农村金融机构的覆盖面和人均金融

服务的占有量是农村正规金融机构组织规模发展的重要指标。

2. 速度指标。农村正规金融的发展必须依赖于一定的金融服务、金融业务的增长，没有适度的规模扩张和发展速度，难以满足日益增长的农村金融需求，金融发展就无从谈起。因此，在考虑农村正规金融发展总量指标的同时，还要考虑其增长的速度和水平，可以通过农村贷款增长率、农村存款增长率、农村金融机构资产增长率、利润增长率、营业收入增长率等指标进行衡量。需要注意的是，在进行速度指标分析时，不仅要分析指标的变化，而且还要深入分析指标变化背后的深层次原因，避免陷入"速度陷阱"，毕竟农村正规金融业务及机构的发展会受到农村经济发展、金融服务需求、农村金融经营管理策略、金融创新能力以及国家政策等多种要素影响，还会受到农村信用环境和金融生态环境的影响。

3. 深化指标。农村金融的深化一般是采用戈德史密斯衡量金融发展深化的指标，即金融资产总量与经济总量之比，根据数据的可得性，可以由农村存贷款总额与农村 GDP 之比、农业存贷款与农业产值之比、农村金融资产总额与农村 GDP 之比等进行衡量，同时考虑到农村经济的货币化程度，也可以由农户现金支出占总支出的比重来衡量。

3.1.1.2　质量指标体系

农村正规金融发展的质量表现在农村正规金融机构的经营效率、创新能力、适应农村经济服务的需要、资金运用配置效率等方面，但大多数都难以量化，只能定性描述。

1. 农村正规金融体系的完善程度。农村正规金融市场是国家允许的合法的经营机构，是农村金融服务的主力军，农村正规金融体系的完善程度和竞争程度是反映农村金融机构发展环境的重要方面。农村正规金融体系不断完善，不断满足不同层次、不同类型的金融需求，实现农村产业化的快速发展，从而推动经济的快速增长。根据当前农村金融需求的情况，农村正规金融体系应该能够在一定程度上满足农村经济主体存贷需求、投资需求以及保险需求等多种需求。与此同时，农村正规金融体系间要存在一定的竞争性，如果长期处于国家强制的垄断地位，农村正规金融体系会丧失活力，还会在地方政府行为的影响下，形成大量不良贷款，影响其经营绩效。

2. 农村正规金融体系的效率。农村金融中介的主要功能是优化配置农村金融资源，分散农村金融风险。农村金融机构的效率应该是运用动员到的社会储蓄来创造新的价值，获得较高的回报，进而实现农村正规金融机构自身业务的增加和发展。因此，如何将资金投入到最有效的领域，选择最优的贷款对象，实现较高的产出是至关重要的。从农村社会整体而言，农村正规金融机构承担重新分配农村金融资源的任务，如果稀缺的金融资源不能有效配置到最优的农户或者农村企业，就难以发挥金融在经济中的作用，还会导致自身经营绩效不佳。追溯农村信用社历史包袱形成的原因，很大一部分是由于政府过度干预导致资金使用不当造成的。金融资源可能因为被滥用而难以产生积极影响，甚至会误导农户或农村企业采用不合适的资本密集型技术，导致农村经济的恶化（朱喜和李子奈，2006），通常可以由单位资金投入产出比或者贷存比来反映农村正规金融机构的资金配置效率。

3. 农村正规金融机构的创新能力和程度。第 2 章分析影响农村金融发展要素时，认为农村金融创新应该包括金融机构创新、金融产品创新和金融制度创新，农村金融制度创新需要一定的条件，更多的不是金融机构自发的过程，而是外部制度性变迁的结果。

农村正规金融机构的创新能力，一方面取决于金融机构自身的金融创新意识和观念，为适应不断增长和多样的农村经济主体的需求，开发出多样性的农村金融产品和服务，如以农业订单、农地抵押等作为担保抵押品，就是部分地区加快农村金融产品服务创新的体现，而且正是由于农村金融机构的不断创新，才能实现农村金融资源的不断优化配置，在金融资源的优化配置过程中实现农村经济的快速发展。另一方面，需要国家政策的鼓励和适当放松金融监管。目前，农村金融需求主体往往比较分散，缺乏抵押担保品，无法获得贷款，国家如果允许在有条件的地区，在适当范围内放开农村产权的抵押担保管制，那么就会产生大量的农村金融产品和服务，不仅能够丰富农村金融市场，而且能防止大范围内金融风险的爆发。

4. 农村正规金融机构的经济基础和信用文化环境。由于各地经济基础的差异，农村信用文化环境和金融生态发育程度也呈现出明显的差异，导致农村正规金融机构的发展基础也完全不同。经济基础好，农村金融需求主体信用高，受教育程度高，能够建立良好的信用档案，农村正规金融机构就会很便利地根据其信用级别提供贷款，也能有效地避免逆向选择问题。一般来说，农村正规金融发展的经济环境和信用文化环境越好，农村正规金融发展就会越快。

根据农村正规金融发展的衡量指标体系分析，陕西农村正规金融发展可以从数量和质量两个方面来分析，其中，数量分析是从正规金融的规模指标、速度指标和深化指标三个方面衡量，质量方面从正规金融机构的配置效率、市场结构、正规金融机构的运行风险以及其金融产品的创新和服务能力四个方面分析。具体分析时，根据数据资料的可得性，正规金融的经济规模由农业存款、农业贷款、乡镇企业贷款以及农村正规金融的存贷款以及涉农存贷款规模来衡量，组织规模主要是从正规金融机构数量、营业网点以及职工人数分析；速度指标主要由农业存贷款的增长率衡量，深化指标根据戈德史密斯的金融结构衡量指标，农村金融机构衡量的深化指标以农村存款或者农村贷款占农村社会生产总值的比重，或者是农村存贷款之和占农村社会生产总值的比重来衡量。质量方面通过建立涵盖质量指标信息的农村金融发展综合水平指标来进行分析。

3.1.2　分析方法与数据来源

分析方法的选择上，规模指标和速度指标主要是采用绝对值差异进行对比分析，由于深化指标涵盖的信息较为全面，对其分析采用基尼系数、对数离差均值和泰尔指数等相对指标进行分析，农村正规金融发展的综合水平分析运用主成分分析方法。

本书旨在分析陕西省农村正规金融发展的区域差异，鉴于时期跨度较长，陕西省内各县市数量颇多，基于研究目的，在陕北、关中和陕南分别选取榆林、渭南和商洛三市及其下辖县区作为样本来进行分析。选取这三个地区作为样本主要基于以下几个方面的考虑：（1）数据的可得性，三市统计年鉴内容较为充实，能够满足问题研究的需要；（2）样本区域经济金融发展能够体现各区域的经济特色和经济水平。榆林地区凭借其优越的资源，是典型的资源型城市，其经济发展路径主要是资源开采型的发展道路，渭南地区作为传统农区，其农村经济主导是传统农业，能够代表关中的平均水平，陕南地区主要是山区，农业生产的自然条件较差，资源相对贫瘠，因此经济水平相对落后，选取商洛地区能够代表陕南的经济金融发展的平均水平。

榆林及其下辖县区的经济金融数据由 1997—2009 年《榆林市统计年鉴》整理，渭南和商洛及其下辖县区经济数据分别由 1998—2010 年《渭南市统计年鉴》、《商洛市统计年鉴》整理而得，金融数据分别从中国人民银行渭南市中心支行、商洛市中心支行调研以及中国银监会网站整理所得。

3.1.3 样本地区基本概况

基于数据的可得性，选择了榆林、渭南和商洛为代表样本，首先对样本地区经济、农村主导产业、区域地理特征以及基础设施发展情况进行概述。

3.1.3.1 榆林

榆林位于陕西北端，是陕甘宁蒙晋五省（自治区）交界处，地处中西部接合地带，共辖 1 区 11 县，总面积 43 578 平方公里，总人口 360 多万人，其中，农业人口占 80% 以上。地貌大体以古长城为界，北部风沙草滩区占总面积的 42%，南部是黄土丘陵沟壑区占总面积的 58%。

榆林资源优势突出，已发现 8 大类 48 种矿产，潜在价值超过 46 万亿元人民币，煤、气、油、盐等资源富集一地，开发潜力巨大。其中，煤炭预测储量 2 800 亿吨，神府煤田是世界七大煤田之一；天然气的预测储量 6 万亿立方米，占陕西省总量的 99.9%，是迄今为止我国陆上探明最大整装气田的核心组成部分；岩盐预测储量 6 万亿吨，探明储量 8 854 亿吨，约占全国已探明总量的 26%；石油预测储量 10 亿吨，是陕甘宁油气田的核心组成部分。

依托资源优势，20 世纪 90 年代以来榆林经济发展十分迅速。2011 年完成地区生产总值 2 292.26 亿元，同比增长 15.0%；财政总收入 558.16 亿元，同比增长 39.2%；全社会固定资产投资完成 1 378.73 亿元，同比增长 32.1%；全市非公有制经济实现增加值 828.49 亿元，占生产总值的 36.1%；实现粮食产量 142.03 万吨，农民人均纯收入达 6 520 元。

榆林地区经济发展呈现出明显的资源依赖路径，区域内经济发展差异十分明显，凭借丰富的自然资源实现经济跨越式发展的北部六县和资源相对缺乏的南部六县之间的差距不断拉大。

3.1.3.2 渭南

渭南地处我国版图的中心，东连中原，北接华北，南达西南，是东西部的交汇点，辖 1 区 2 市 8 县，总人口 552 万人，境内交通便利，村村通工程全部完成，道路通村率达 100%，境内矿产资源丰富，可开发利用的矿产资源 33 种，其中，煤、气、钼、金、石资源丰富。

渭南市川原平地约占 70%，拥有耕地面积 822.5 万亩，其中，有效灌溉面积达 467 万亩，土壤肥沃，灌溉便利，是陕西重要的粮棉油、果蔬、畜牧、林果等农产品生产基地，农业传统产区的特征较为明显。目前，渭南市是西北唯一的国家优质小麦生产基地，也是陕西省最大的绿色果品生产基地，农业产业化水平不断提高，目前已有 291 家涉农的龙头企业，2 707 个专业合作经济组织，在带动渭南农业产业化方面发挥着重要作用。

3.1.3.3 商洛

商洛位于陕西东南部，秦岭南麓，与鄂豫两省交界。总面积 19 292 平方公里，占全省总面积的 9.36%，下辖 1 区 6 县，总人口 243 万人。2010 年全市生产总值增长了将近 15 个百分点，农民人均纯收入达 4 586 元。

商洛矿产、生物和旅游资源丰富，已探明矿种 46 种，大型矿藏 35 个，资源潜在价值超过 3 400 亿元，境内野生纤维、淀粉、油料等农林特产 260 多种，中药材品种 1 192 种，其中大宗中药材 265 种。耕地资源贫瘠，人多地少，经济发展相对较为落后。

3.2　农村正规金融发展区域总体差异

衡量农村金融发展区域总体差异，首先是从经济规模指标、发展速度以及金融深化指标等数量指标进行分析，还需要从质量指标（农村正规金融发展水平）进行分析，因此纳入统一分析框架开展分析。国内外学者较为普遍的观点是发展中国家正规信贷主要是满足农户生产性需求，非正规信贷主要是非生产性需求（Okurut and Schoombee，2005；Pham BaoDuong and Yoichi Izumida，2002）。有研究也认为在许多贫困农村地区，农村正规金融机构信贷存在较为严重的逆向选择问题，即借贷被用于农户看病、小孩上学和支付乡村干部工资等用途（谢忠，2006）。2011 年陕西政策研究室对咸阳农户正规金融渠道融资资金用途调查结果显示，农户从正规金融借贷资金与其借贷目的一致，并无明显的逆向选择问题。

3.2.1　发展规模和速度的区域差异

金融的表现是银行存单、股票和债券等一系列金融工具，通过金融工具引导社会资金合理流动，最终实现资源合理配置。区域金融的表象性差异即金融工具的区域分布和发展。存贷款是商业银行的原始业务，也是目前我国银行业的主要业务，因此，区域存贷款不仅能够体现当地经济活跃程度和发展水平，也能够体现区域内各微观经济主体的金融努力程度以及金融发展水平的高低（周孟亮，2006），表现在农村金融领域，即农业存贷款业务的差异。

3.2.1.1 正规金融机构存贷款差异

从图3-1来看，正规金融机构存款数额平稳增长，2000年以前三市间金融机构存款差额相对较小，2000年之后金融机构差距开始拉大，又大致分为两个阶段：第一阶段是2005年之前，渭南市与榆林市和商洛市存款差距不断拉大，而榆林市和商洛市的存款差距变动相对较小；第二阶段是2005年之后，榆林市金融机构开始保持快速增长，与商洛市的存款差距不断拉大，2006年一度超过渭南市，形成了金融资源陕北、关中和陕南梯度分布的格局。

当然，资源型区域代表的榆林，其金融资源的快速增长主要是依赖资源呈现出的跨越式发展①，但是资源富集地区的榆林，其经济跨越式发展目前尚处于起步阶段，经济发展高度依赖于资源开采，还属于传统粗放的初级加工为主的嵌入式能源原材料工业，基础设施和第三产业发展相对滞后，整体上处于一种不均衡的发展状态（高波，2008）。如果榆林地区不能顺利实现产业转换和升级，单纯依赖资源实现经济的快速增长可能只会昙花一现，最终陷入资源诅咒②的困境。

图3-2显示金融机构贷款的区域特征与存款基本一致。渭南和商洛金融机构贷款增速平稳，榆林地区金融机构贷款呈现出明显的阶段性特征，2002年之后增加幅度加快。从金融机构贷款区域差异来看，2000年之前榆林和商洛金融机构贷款数额差异甚微，与渭南金融机构的贷款规模相差较大，2000年之后榆林金融机构贷款速度增快，与商洛金融机构贷款差距拉

---

① 根据北京师范大学资源学院的研究，所谓"跨越式发展"，是落后国家或地区在特定环境条件下，借鉴和吸收先进经验，发挥后发优势，打破经济发展的一般常规和步骤，在较短时间内，以技术创新、产业升级等方式带动社会生产力跨越发达国家和地区较长时间的发展绩效，实现经济发展水平的整体跃升的过程。

② 那些拥有丰富自然资源的国家（或地区），其政治经济体制容易失去变革、创新的动力，被锁定在某种不自由、不发达的状态。

万元

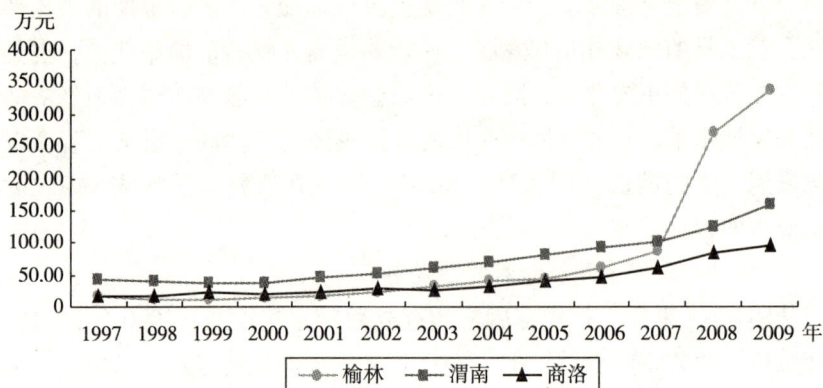

资料来源：榆林数据由1997—2009年《榆林市统计年鉴》整理而得，渭南和商洛数据是由调研所得。

图3－1　陕西三市全部金融机构存款情况

亿元

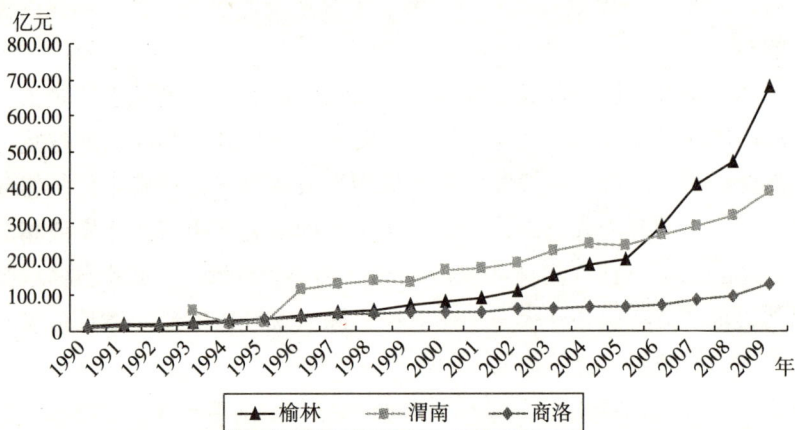

资料来源：榆林数据由1997—2009年《榆林市统计年鉴》整理而得，渭南和商洛数据是由调研所得。

图3－2　陕西三市全部金融机构贷款情况

大，并不断逼近渭南地区金融机构贷款额度，2006年榆林金融机构贷款余额超过渭南，金融机构贷款区域差距不断扩大。

进一步分析三地区贷存差和平均增速可以发现（见图3－3），渭南和榆林两地区在1990—2000年存贷差为负，2000年之后转为正向，商洛地区存贷差在1990—1996年为负，1997年之后为正，渭南和商洛地区存贷差一直不断拉大，而渭南和榆林地区存贷差2005年之后开始有所缩小。三地区存款增长速度超出贷款速度，其中，渭南地区存款和贷款增速最低，1993—2009 年的年均存款增速为 19.82%，贷款年均增速为 11.64%，榆林存款和贷款年均增速最高，存款年均增速为 27.07%，贷款增速为 21.12%。

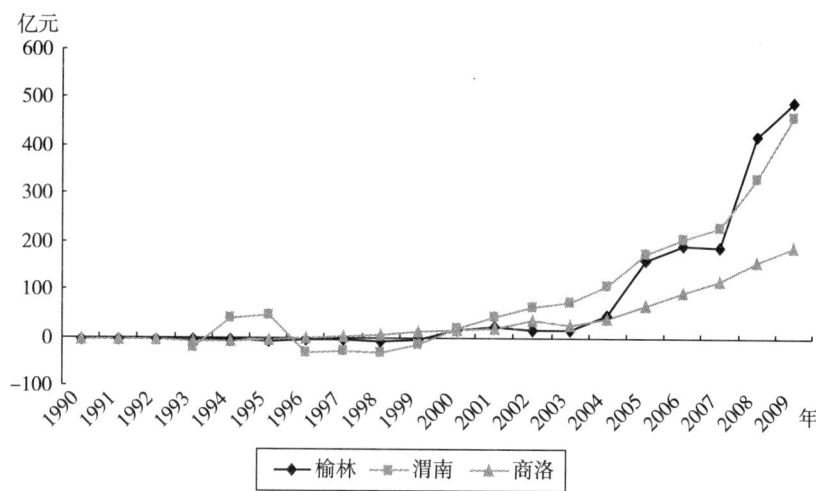

资料来源：榆林数据由 1997—2009 年《榆林市统计年鉴》整理而得，渭南和商洛数据是由调研所得。

图 3－3　陕西三市全部金融机构存贷差情况

3.2.1.2　正规金融机构涉农贷款业务差异

从图 3－4 来看，正规金融机构涉农贷款存在明显的阶段性，2005 年之前三地区农业存款有所增加，但增加幅度较小，正规金融机构农业存款区域差异不大。2005 年之后榆林地区农业存款开始大幅度增加，与其他两地区农业存款的差距逐步拉大，这与正规金融存款规模区域差异拉大时期一致。渭南地区农业存款规模较大，但是一直与商洛地区差距不大，反映出传统农区农业存款来源相对缺乏，农户收入增加缓慢且来源渠道单一，农业存款长期低速增长，年均增速仅 8.15%。地处陕北的榆林在其优势资源推动经济的同时，发展特色产业，农业存款增幅较大，这一点可以从其农业贷款投入进一步得到验证。

相较于商洛和榆林地区农业贷款的增幅，渭南市农业贷款投入的增幅相对较小，年均增长率分别低了 1.5 个和 7 个百分点。1993 年渭南地区农业贷款余额为 3.28 亿元，同期的商洛和榆林地区农业贷款分别为 2.23 亿

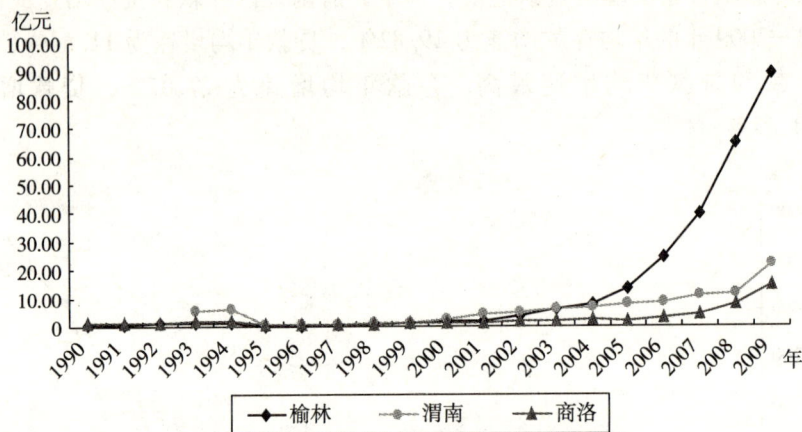

资料来源：榆林数据由1997—2009年《榆林市统计年鉴》整理而得，渭南和商洛数据由调研所得。

图3-4　陕西三市农业存款情况

元和2.2亿元，由于渭南地区是传统农业种植区，依附农业资金的能力较弱，因此农业贷款增长缓慢，2009年渭南农业贷款为68.23亿元，虽然绝对值是1993年的20余倍，但与同期商洛和榆林的农业贷款相比，增速较慢，2009年商洛和渭南农业贷款余额分别为78.53亿元和172.5亿元。由此可见，传统农业贷款投入增幅过缓，与加快农业产业结构调整的要求不相适应，可能会制约农业产业化进程，影响农村经济发展。农业贷款区域差异2000年之后绝对差额也开始拉大，而且2005年之后出现新格局，即榆林和商洛地区农业贷款先后超出了农村经济基础较好的渭南地区，农业贷款的区域差距不断拉大（见图3-5）。

国家西部大开发战略的实施，对西部地区的支持力度不断增大，但陕西自身金融资源有限，农业贷存差长期处于负值，即农业存款小于农业贷款数额，农业存贷差额大小与金融资源吸收能力和经济水平直接相关，因此，农业存贷差越大，意味着农业产业对金融资源的吸收能力越小。渭南地区农业存款增速远低于其他两个地区农业存款的增速，而且远远低于农业贷款的增速，1993—2007年存贷差在三市中最大。

3.2.1.3　农村正规金融机构存贷业务差异

从我国金融机构发展的历史脉络来看，20世纪50年代国家成立农村信用社，为社员提供金融服务，具有明显的合作性质，1979年设立农业银

亿元

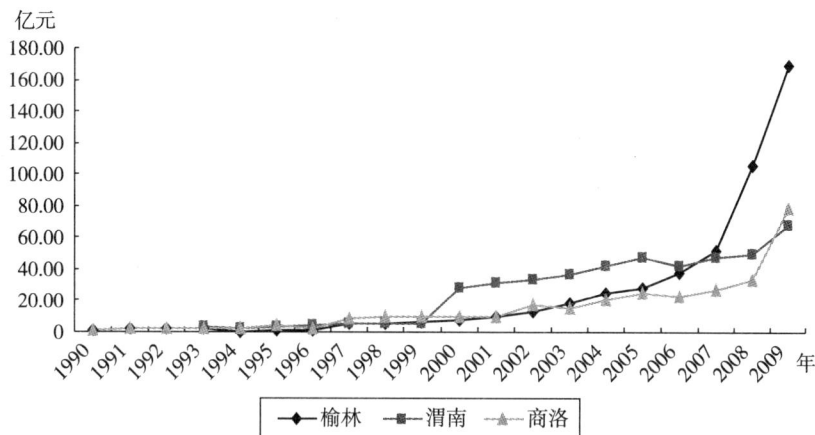

资料来源：榆林数据由 1997—2009 年《榆林市统计年鉴》整理而得，渭南和商洛数据由调研所得。

图 3－5　陕西三市农业贷款情况

亿元

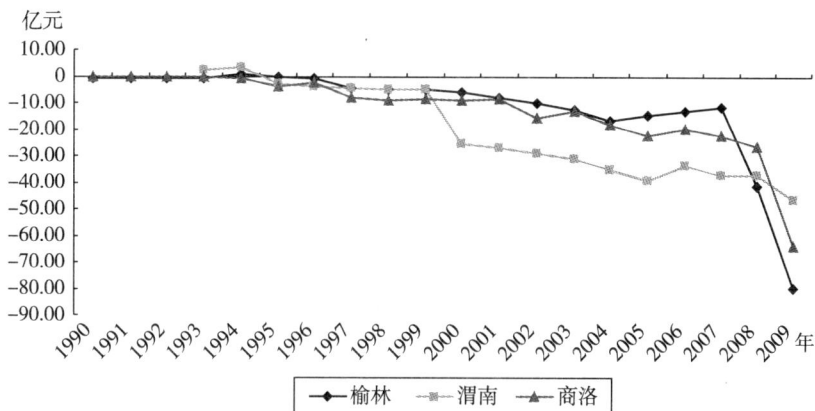

资料来源：榆林数据由 1997—2009 年《榆林市统计年鉴》整理而得，渭南和商洛数据由调研所得。

图 3－6　陕西三市农业存贷差情况

行，将农村信用社纳入其管理体系，为农村经济和产业发展融通资金并提供金融服务，之后，各商业银行纷纷扩大经营范围和规模，在县级以下设立分支机构，争夺农村金融资源。随着 20 世纪 90 年代的金融体制改革，首先农村信用社脱离中国农业银行的管制，直接归中国人民银行管理；其次是工、农、中、建等商业银行在商业化改革过程中纷纷撤销县级以下的分支机构，退回到非农市场。目前农村正规金融体系从机构设置来看，不仅涵盖商业性金融机构（农业银行）、合作性金融机构（农村信用社）和政策性金融机构（农业发展银行），而且还包含村镇银行、小额贷款公司和资金互助社等一系列新型农村金融机构。实际上，农业银行商业化程度较高，在利益最大化驱动下，涉农业务不断萎缩，政策性银行主要对粮棉油等农产品流通市场进行调节，不直接对农户和农村企业提供资金支持，邮政储蓄银行及新型农村金融机构成立时间较晚，业务规模相对较小，目前农村正规金融市场实质上仍是农村信用社一家独大的局面。

陕西地处西部地区，农村经济水平相对落后，目前村镇银行仅有 9 家，除了商洛地区一家村镇银行成立时间在 2008 年，而其他样本区域内村镇银行设立时间都在 2010 年，研究样本数据收集截止时间为 2009 年，无法对样本地区内村镇银行的发展进行比较。因此，仅对样本区域的传统正规金融机构进行分析，即对农村信用社、农业银行和农业发展银行以及 2004 年设立的邮政储蓄银行等主要农村正规金融机构的存贷及涉农存贷业务逐一进行比较分析。

1. 农村信用社存贷业务的区域差异

在新一轮以农村信用社改革为首的农村金融体制改革中，榆林市设立了农村合作银行，由于成立时间较晚，其前身归属于农村信用社，因此在分析时，将农村合作银行的数据并入农村信用社。

从表 3 – 1 来看，从存贷款规模总量上看，1997—2009 年农村信用社年均存贷款和涉农存贷款规模榆林地区均为最多，商洛最少。从变动趋势来看，榆林农村商业银行的成立大大提高了其吸纳资金的能力，因此，存款的变动幅度最为显著，且农业存款比重远远高于渭南和商洛地区。

资金运用方面，渭南农村信用社资金运用比例最高，年均贷款余额占存款余额比重为 76.16%，其次是商洛地区年均放贷余额占存款比重为 74.68%，榆林地区这一比例为 57.86%。榆林年均涉农贷款占存款比重最高，远远高出渭南和商洛地区。

此外，各地涉农贷款（主要是农业贷款）占贷款总额的比重也差异较大，涉农贷款比重榆林市最高，为 84.68%，商洛最低，为 57.76%。从各地区农业贷款占总贷款的动态比较来看，榆林地区农业贷款占比波动相对较小，较为稳定，渭南农业贷款的比重波动相对较大，仅商洛地区农业贷款占比出现下降趋势，从 1997 年的 71.47% 下降到了 2009 年的 62.51%，其余两个地区均有不同程度的提高。这意味着传统农区正规金融机构资金留存本地化的程度高，但是用于农业贷款的比例相对较低，非传统农区正规金融机构资金留存本地化的程度高，但资金投放农业的比例相对较大，主要可能与传统农区和非传统农区种植结构、种植成本有关。此外，受各地区贷款基数的影响，榆林和渭南地区绝对值差额为 20 余亿元。

表 3 - 1　　　　　　1997—2009 年三地区农村信用社存贷情况　　　　　单位：亿元

地区	指标	存款	农业存款	贷款	农业贷款	乡镇企业贷款
榆林	均值	74.14	16.52	43.93	37.20	1.07
	标准差	104.94	27.64	55.86	48.32	1.05
渭南	均值	72.61	6.21	55.29	32.27	8.61
	标准差	37.74	5.47	21.83	15.52	3.14
商洛	均值	39.43	2.95	29.45	17.01	1.54
	标准差	25.42	3.51	16.83	11.45	0.55

资料来源：榆林数据由 1997—2009 年《榆林市统计年鉴》整理而得，渭南和商洛数据由调研所得。

此外，由各地农村信用社业务运营能力在当地金融机构的分析可知，其吸收存款能力变化不大（如表 3 - 2 所示）。按地区来分，商洛农村信用社年均吸收存款占当地总存款额的比重最高，占比 30.57%，渭南是 23.57%，榆林仅为 19.83%，区域差异明显。贷款方面，1997—2009 年渭南农村信用社发放贷款占总贷款比重变化不大，而榆林 2007 年之后信用社贷款业务发展迅速，占总贷款的比重增加，已达 28.61%，是 1997 年占比的 2 倍左右。商洛农村信用社贷款占比日益提高，已从 1997 年的 21.83% 增加到 2009 年的 29.32%，2005—2008 年连续三年农村信用社贷款余额占比超过 50%。

作为农村金融市场主要力量，农村信用社涉农贷款比重较大，商洛农业贷款年均占比最高，达 90.86%，榆林地区占比为 83%，渭南地区占比 80%，从 2007—2009 年农村信用社农业贷款占比情况来看，大多超过 90% 以上，甚至接近 100%。这一点在渭南和商洛乡镇企业贷款可以进一步得到证实，2006 年之后农村信用社基本上是乡镇企业从正规金融获得资金的唯一渠道，且正规渠道借贷数量不断下降，资金是企业的生命线，资金紧缺必然制约农村非农产业发展，影响农村经济发展和农民收入提高。

再加上农业银行商业化倾向日益明显，涉农业务不断萎缩，农村正规金融市场上仅农村信用社一家独撑，而农村信用社由于长期产权不清，历史包袱沉重，虽然花钱买机制，但效果如何还有待检验。毫无疑问，三地区农村信用社都独撑当地涉农贷款，但占当地金融机构的规模比重有所差异。

表 3-2　　　　　　1997—2009 年三地区农村信用社存贷占比情况　　　　单位:%

地区	年份	1997	1998	1999	2000	2001	2002	2003	2004	2005	2006	2007	2008	2009	均值
榆林	存款余额	37.19	21.89	17.5	14.61	14.94	17.29	18.19	17.58	12.27	12.67	14.28	30.63	28.73	19.83
	农业存款	70.61	65.35	66.75	72.13	98.56	83.08	91.89	88.2	54.39	49.66	56.05	99.86	98.65	76.55
	贷款余额	14.94	13	10.5	11.59	14.17	15.71	14.94	15.93	15.8	14.55	14.64	27.51	28.61	16.30
	农业贷款	82.02	79.22	80.08	83.69	91.65	90.99	94.43	96.26	72.95	72.91	63.08	97.81	97.98	84.85
渭南	存款余额	39.67	37.33	30.91	20.32	21.5	20.19	20.1	19.7	19.56	19.81	19.57	18.89	18.82	23.57
	农业存款	84.71	83.21	79.79	71.71	83.36	65.05	74.01	76.4	83.36	98.32	98.19	96.09	94.83	83.77
	贷款余额	22.49	22.78	23.81	21.62	24.88	25.04	23.58	22.93	25.56	25.44	25.91	26.89	25.71	24.36
	农业贷款	62.6	66.4	65.55	66.97	64.46	85.28	87.42	87.82	88.50	90.76	90.92	97.21	97.32	80.87
	乡镇企业贷款	47.04	71.68	86.78	77.55	68.39	71.63	59.87	53.95	48.26	100	100	100	100	75.02
商洛	存款余额	33.26	30.3	32.54	29.47	31.8	30.25	30.01	29.87	29.4	28.37	30.1	32.49	29.41	30.57
	农业存款	85.9	72	74.3	76.5	77.7	84.9	90.2	92	91.9	99.88	99.91	99.82	84.09	86.84
	贷款余额	21.83	20.94	27.49	27.43	31.63	39.68	40.46	44.59	53.38	53.29	53.31	56.37	46.32	39.75
	农业贷款	85.47	85.25	90.61	91.58	93.11	97.12	97.21	98.2	98.25	96.74	97.96	98.76	51.14	90.86
	乡镇企业贷款	47.27	41.11	47.93	54.46	64.72	74.34	74.74	75.49	78.38	100	100	100	97.86	73.56

资料来源：榆林数据由 1997—2009 年《榆林市统计年鉴》整理而得，渭南和商洛数据由调研所得。

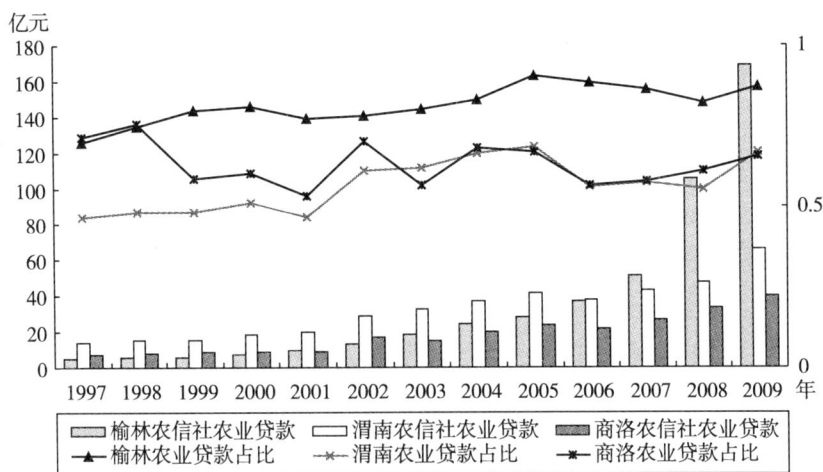

图 3 - 7　1997—2009 年三地区农村信用社农业贷款及占比情况

2. 中国农业银行涉农存贷款的区域差异

1979 年国家设立中国农业银行的初衷是要统一管理支农资金，集中办理农村信贷业务，领导农村信用社，发展农村金融事业。三地区农业银行1997—2009 年存贷业务发展情况显示（如图 3 - 8 所示），存款业务均呈现增长态势，受地区经济发展水平限制，各地农业银行存款业务与地区总存款余额特征一致。渭南和榆林地区与商洛地区的差距不断拉大，2005 年之前榆林地区与渭南存款余额相差不大，2005 年之后榆林农业银行支行存款余额超过渭南农行，且差距开始拉大。在贷款方面，大致可以分为两个阶段：第一阶段是 1998—2001 年，在国家西部大开发战略引导下，农业银行加大对西部地区的投入，这期间存贷差为负；第二阶段是 2002 年至今，渭南和商洛存款速度远低于其贷款速度，存贷差均为正，商业化改革后的中国农业银行，开始在三地区发挥抽水机的作用，导致农村金融资源外溢。

进一步分析各地农业银行涉农存贷款业务发展情况（如图 3 - 9 所示）。长期以来，中国农业银行农业存款业务比重较小，长期徘徊在 1% 左右，2006 年以后随着中国农业银行在县以下地区分支机构的撤并，农业存款基本为零，这一特征在三个地区均有呈现。同时涉农贷款业务不断萎缩，2007 年之后均不再对乡镇企业进行贷款，农业贷款占比也不断下降，2009 年榆林和渭南均不足 1%，商洛 2009 年投入力度较大，占比为14.19%，但从其趋势来看，2009 年商洛农业银行农业贷款增加受偶然性因素影响的原因更大。从三地区绝对差额来看，渭南地区农业银行吸收存款和发放涉农贷款力度最大，其中1997—2009年农业存款总额分别是榆林和商洛农业银行吸收存款的2.69倍和7.47倍，支农贷款中，农业贷款总额是榆林和商洛的3.36倍和7倍左右，乡镇企业贷款是其余两个地区的6.5倍左右。

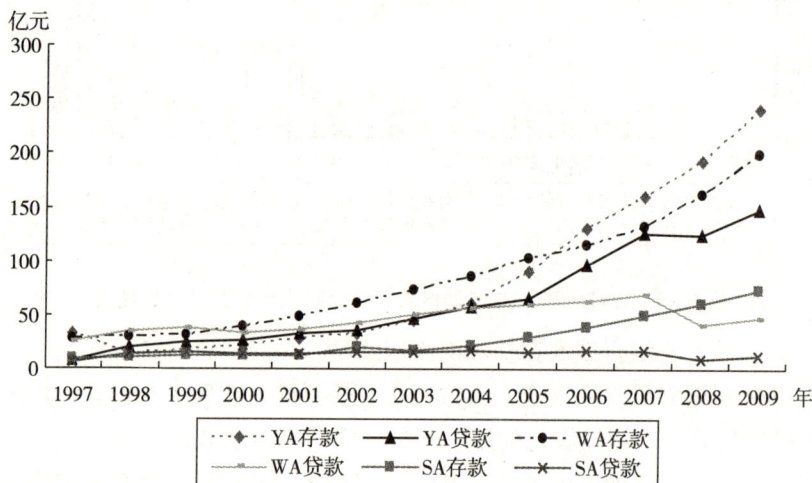

资料来源：榆林数据由1997—2009年《榆林市统计年鉴》整理而得，渭南和商洛数据是由调研所得。其中，YA表示中国农业银行榆林分行，WA表示中国农业银行渭南分行，SA表示中国农业银行商洛分行。

图3-8 中国农业银行三地区分行1997—2009年存贷款情况

3. 农业发展银行存贷业务的区域差异

农业发展银行主要发挥政策性职能，承担财政支农资金拨付的代理职责，较少开展对私业务，发放贷款数量能从侧面反映出农村正规金融主体的供给水平。从图3-10来看，农业发展银行对渭南地区投入力度最大，是其他两个地区的8倍左右，这与渭南市主要是农业产区，在粮食收购等方面农业发展银行投入力度远远大于其他两个地区，其中"十一五"期间，农发行在渭南地区累计发放贷款153亿元①。榆林和商洛地区由于不是粮食主产区，农业发展银行投资力度一直不大，区域间的差异相对较

---

① 资料来源：渭南日报.2011-12-15中国农业发展银行建设新农村的银行［EB/OL］.Http://szbk.wnrb.net/html/2011-12/15/content_1119273.htm［2012-01-10］.

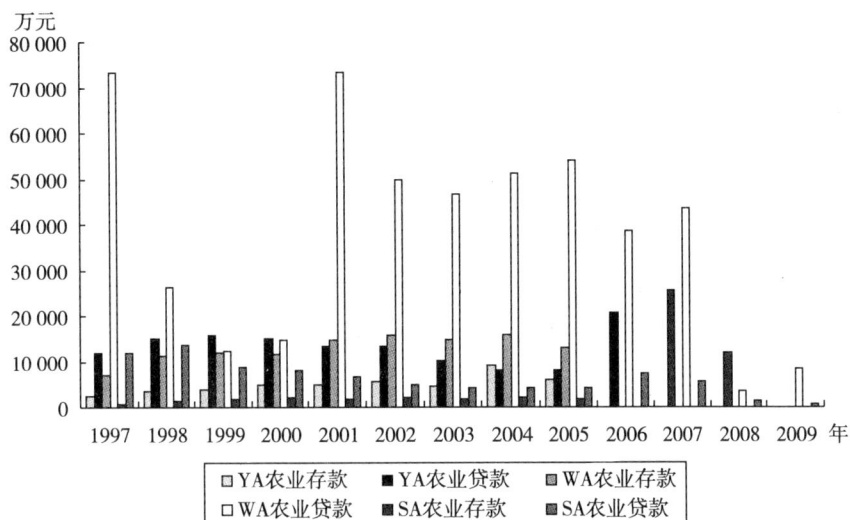

资料来源：榆林数据由 1997—2009 年《榆林市统计年鉴》整理而得，渭南和商洛数据是由调研所得。其中，YA 表示中国农业银行榆林分行，WA 表示中国农业银行渭南分行，SA 表示中国农业银行商洛分行。

图 3-9　中国农业银行三地区分行 1997—2009 年农业存贷款情况

小，榆林农业发展银行的贷款 2009 年甚至出现下降趋势。

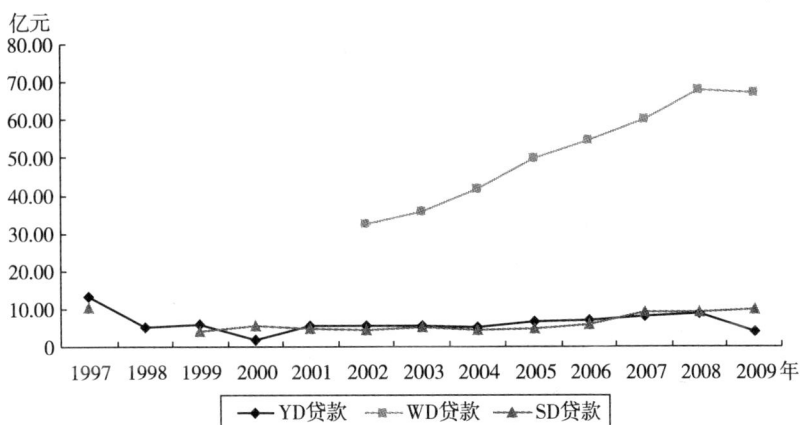

资料来源：同上，其中，YD 表示中国农业发展银行榆林分行，WD 表示中国农业发展银行渭南分行，SA 表示中国农业发展银行商洛分行。

图 3-10　三地区农业发展银行 1997—2009 年贷款情况

4. 中国邮政储蓄银行发展的区域差异

中国邮政储蓄银行自 2007 年成立以来，改变了以往只存不贷的现状，凭借深入农村乡镇的网络资源优势，开展了小额信贷等新型农村金融产品，步入了农村金融供给主体的行列。但由于成立时间较晚，人才紧缺，发放贷款较为谨慎，贷款比重很低。

表 3 - 3　　　　　三地区邮储银行 2007—2009 年发展情况　　　单位：万元

指标	榆林				渭南				商洛			
	存款余额	农业存款	贷款余额	农业贷款	存款余额	农业存款	贷款余额	农业贷款	存款余额	农业存款	贷款余额	农业贷款
2007 年	—	—	—	—	597 369		5 235	—	411 725	—	3 673	—
2008 年	409 263	—	11 496	11 496	758 894	1 615	17 250	10 203	486 694	19	6 560	2 811
2009 年	507 995	14	39 913	22 974	1 013 260	4 982	20 802	9 831	570 001	1 561	13 956	3 289

资料来源：榆林数据由 1997—2009 年《榆林市统计年鉴》整理而得，渭南和商洛数据是由调研所得。

2007 年各地邮政储蓄银行业务刚刚起步，榆林地区存贷款业务均未开展，渭南和商洛地区仅发放小规模贷款，贷款余额占存款余额的比重不到1%，涉农存贷业务尚未开展。2008 年之后各地邮储银行贷款及涉农贷款业务逐步开展，存贷款业务发展规模渭南地区发展领先，贷款余额占存款余额的比重有所上升，占 2.3%，其中，农业贷款占贷款比重为 59.14%，同期榆林邮储贷款余额占存款余额比重为 2.8%，贷款全部是农业贷款，商洛邮储贷款余额占存款余额比重为 1.3%，贷款投放农业领域的比重最低，不到 50%，相对而言，商洛邮储商业化倾向较为强烈。2009 年渭南邮储存款业务突破 100 亿元，但是贷款规模不及榆林邮储，贷款余额占存款余额的比重有所下降，农业贷款占比也低于 50%，榆林邮储贷款余额与存款余额之比升至 7.86%，但贷款涉农投向下降至 57.56%，同样出现脱农现象，同期商洛贷款余额与存款余额比例虽然上升至 2.45%，但 76.43%的贷款投向非农领域。各地邮储银行巨大的存贷差，继续在农村地区发挥着抽水机的作用，成为农村资金流出的重要渠道，同样，贷款投向非农化倾向日益明显（见表 3 - 3）。

此外，各地区商业银行也会吸收和发放部分的涉农贷款，由于数量和规模较小，在此不再具体作出分析。

3.2.2　营业网点和员工人数区域差异

由于各地区统计口径的差异，无法获取到连续数据信息，仅对 2009—

2010 年各地区农村金融机构的营业网点和营业人员进行比较分析。

银监会统计数据显示，截至 2010 年末，陕西省共有银行业金融机构营业网点 6 352 个，占全国银行业金融机构网点总数的 3.32%。其中，五家大型商业银行营业网点共计 1 850 个，中国农业银行拥有 673 个营业网点；政策性银行 81 个营业网点中，农业发展银行营业网点 79 个，占政策性银行的 97.53%；农村信用社（含农村合作银行、农村商业银行）营业网点 2 917 个，邮政储蓄银行营业网点 1 197 个，村镇银行 9 个。其中，陕西省县及县以下农村地区，银行业金融机构网点共有 3 471 个，占全省机构网点总量的 55%。其中，农村信用社营业网点 1 798 个，农业银行营业网点 333 个，邮政储蓄银行营业网点 761 个，其他银行机构营业网点合计 579 个。金融机构的覆盖方面，陕西省 1 224 个乡镇中，尚有 274 个镇（乡）未设任何银行业金融机构营业网点，669 个乡镇仅有 1 家金融机构营业网点。

从三个样本地区营业网点和职工人数情况来看，2009 年农村正规金融机构营业网点总量渭南地区最多，为 596 个，商洛地区最少，仅 318 个。从涉农营业网点的人均占有量（营业网点/农业人口数量）和涉农金融机构人员服务人均数量（职工人数/辖区内农业人口数量）两个指标来看，渭南地区的涉农营业网点人均占有量为 0.14%，最低的是榆林地区仅 0.01%，而榆林金融机构人员最多，人均占有量为 0.3%，渭南最低，为 0.02%，区域内金融机构员工数量与区域内金融需求是否适应，员工人浮于事的情况是否存在，还需要进一步对各地区金融机构的发展能力进行分析来加以验证。

表 3 - 4　　　　2009—2010 年三地区营业网点和职工人数情况

单位：个，人，%

年份	指标	榆林		渭南		商洛	
		营业网点数	职工人数	营业网点数	职工人数	营业网点数	职工人数
2009	农业银行	61	1 259	79	1 647	23	462
	农业发展银行	9	172	11	224	7	141
	邮政储蓄银行	78	660	143	767	76	532
	农村信用社	326	2 238	363	2 815	212	1 769
	比重	85.56	69.36	83.71	72.31	92.17	76.52

续表

年份	指标	榆林		渭南		商洛	
		营业网点数	职工人数	营业网点数	职工人数	营业网点数	职工人数
2010	农业发展银行	9	—	10	—	7	—
	农业银行	58	—	75	—	23	—
	农村信用社	327	—	351	—	223	—
	邮政储蓄银行	72	—	143	—	81	—
	比重	85.04	—	83.91	—	94.08	—

资料来源：2009 年榆林数据由 2009 年《榆林市统计年鉴》整理而得，2009 年渭南和商洛数据由调查所得；2010 年数据根据中国银监会官网整理。

中国银监会 2010 年末公布的数字显示，受基础设施、经济条件的影响，偏远地区农村金融设施服务不到位的现象依旧明显。三地区内，除去市辖区外的其他县市金融机构的覆盖率中，渭南地区最高，为 98.87%，仅 2 个乡镇没有金融机构营业网点，榆林地区金融覆盖率最低，仅 73.33%，尚有 48 个乡镇无金融机构营业网点。前面的分析显示出榆林农业存贷款规模增长较快，农业存贷款规模已超过渭南地区，但较低的金融覆盖率不仅暴露出其金融基础设施落后，也反映出区域内金融机构分布的差异巨大。因此，欠发达地区亟须加快金融基础设施建设，减少金融机构空白乡镇数量，提高农村金融服务能力的基础条件。

3.2.3 深化指标的区域差异

以上对陕西农村正规金融发展的规模和速度分析都是采用绝对值进行比较，要准确度量区域农村金融发展，还必须对农村正规金融发展的相对差异作出度量。因此，农村正规金融深化指标从农村金融发展水平（农业存贷款余额/农业总产值）和农村金融发展效率（农业贷款/农业存款）两个方面进行衡量，运用基尼系数、对数离差均值（GE_0）和泰尔指数（GE_1）等相对指标来进行分析。

3.2.3.1 度量方法

度量区域金融发展差异，可以借助衡量收入差异的方法。常用的衡量收入差距的方法有基尼系数、广义熵指标（GE_0 和 GE_1）、阿特金森指数以及变异系数（CV）的平方等，变异系数的平方指标违背了收入差距指标的转移原理，阿特金森指数的度量结果能被表示为 GE 指数的单调变换，两者是序数等价的。因此，对农村正规金融发展深化指标采用基尼系数、对数离差均值（GE_0）和泰尔指数（GE_1）三种方法进行分析。

1. 基尼系数

基尼系数是反映收入分配公平程度的指标，1912 年意大利经济学家基尼根据统计学家洛伦茨提出的反映居民收入分配差距的洛伦茨曲线[①]计算而得。基尼系数很好地反映出收入分配差距，因此可以采用该方法来反映农村正规金融发展的区域差异。这一指标对中等水平的变化特别敏感，如果这一层面变化较大，则基尼系数会非常敏感，影响趋势分析。

目前，计算基尼系数的方法较多，鉴于各行政区域数据并不连续，因此借鉴 Sen（1973）计算离散收入基尼系数的方法，分析陕西农村金融发展水平的区域差异，公式可以表示为

$$Gini = \frac{(n+1)}{n} - \frac{2}{n^2\mu}\sum_{i=1}^{n}(n+1-i)y_i \qquad (3-1)$$

其中，n 表示样本数目，y_i 表示从低到高排序后第 i 个地区的农村正规金融发展水平，μ 表示农村正规金融发展水平的均值。该定义表明与农村正规金融发展相关的权重 $n+1-i$ 是农村金融发展水平大小的逆序数，农村正规金融发展水平高的在指数计算中所占的权重小，低的在指数计算中所占的权重大。

2. 对数离差均值（GE_0）和泰尔指数（GE_1）

对数离差均值（GE_0）和泰尔指数（GE_1）是由泰尔 1967 年利用信息理论中的熵概念来计算收入不公平的方法，研究借鉴这两个指标来衡量农村金融发展水平（效率）的区域差异，计算公式可以表示为

$$GE_0 = \frac{1}{N}\sum_{i=1}^{N}\ln\frac{\mu}{y_i} \qquad (3-2)$$

$$GE_1(y) = \frac{1}{N}\sum_{i=1}^{N}\frac{y_i}{\mu}\ln\frac{y_i}{\mu} \qquad (3-3)$$

其中，N 表示地区数量，μ 为农村金融发展的平均值，y_i 表示第 i 个地区的农村金融发展水平。

对数离差均值（GE_0）和泰尔指数（GE_1）可以直接分解为农村正规

---

① 1905 年，统计学家洛伦茨将社会总人口按收入由低到高的顺序平均分为 10 个等级组，每个等级组均占 10% 的人口，再计算每个组的收入占总收入的比重，然后以人口累计百分比为横轴，以收入累计百分比为纵轴，绘出一条反映居民收入分配差距状况的曲线，即为洛伦茨曲线。

金融发展的组间和组内差距，具体思路是：假定集合 N 是由 m 个组 N_k （$k=1, 2, \cdots, m$）所组成，每个组的金融发展水平向量为 y_k，金融发展水平均值为 μ_k，区域数量为 N_k，每一个组内的区域数量占总区域数量的份额为 ν_k，其中 $\nu_k = N_k/N$。对数离差均值可以表示为

$$E_0(y) = E_0(y^1, y^2, \dots, y^m) = \frac{1}{n}\sum_{k=1}^{m}\sum_{i=1}^{N_k}\ln\frac{\mu}{y_i}$$

$$= \sum_{k=1}^{m}\frac{n_k}{n}\frac{1}{n_k}\sum_{1=1}^{N_k}\ln\frac{\mu_k}{y_i} + \frac{1}{n}\sum_{k=1}^{m}\sum_{i=1}^{N_k}\ln\frac{\mu}{\mu_k}$$

$$= \sum_{k=1}^{m}v_k E_0(y^k) + \sum_{k=1}^{m}v_k\ln\frac{\mu}{\mu_k} = W + B \qquad (3-4)$$

其中，W 表示 k 个组不平等值的加权平均，用于衡量金融发展水平的组内差距部分；B 表示金融发展水平组间的差距部分，是将每个区域的金融发展水平换成其相应的组均值计算而得。

同样，泰尔指数的分解可以表示如下

$$T(y) = T(y^1, y^2, \dots, y^m) = \frac{1}{n}\sum_{k=1}^{m}\sum_{i=1}^{N_k}\frac{y_i}{\mu_y}\ln\frac{y_i}{\mu_y}$$

$$= \sum_{k=1}^{m}\frac{n_k}{n}\frac{\mu_k}{\mu_y}\frac{1}{n_k}\sum_{1=1}^{N_k}\frac{\mu_k}{y_i}\ln\frac{y_i}{\mu_k} + \frac{1}{n}\sum_{k=1}^{m}\sum_{i=1}^{N_k}\frac{\mu_k}{\mu_y}\ln\frac{\mu_k}{\mu_y}$$

$$= \sum_{k=1}^{m}v_k\frac{\mu_k}{\mu_y}T(y^k) + \sum_{k=1}^{m}v_k\frac{\mu_k}{\mu_y}\ln\frac{\mu_k}{\mu_y} = W + B \qquad (3-5)$$

与对数离差均值指标相同，W 表示 k 个组的不平等值的加权平均，用于衡量农村正规金融发展水平的组内差距部分；B 表示农村正规金融发展水平组间的差距部分，也是将每个区域的农村正规金融发展水平换成其相应的组均值计算而得的。W 和 B 分别设置权重系数，从而使得结果更为准确。

3.2.3.2 农村正规金融深化指标的相对差异

根据基尼系数、对数离差均值（GE_0）和泰尔指数（GE_1）分别计算出样本地区 1997—2009 年农村金融发展水平和效率的差异（如图 3-11、图 3-12 所示）。

1. 农村正规金融深化指标的绝对差异

（1）农村正规金融发展水平的区域差异

首先以农业存款额/农林牧副渔总值来衡量的农村金融发展水平，1997—2009 年各指标计算出的差异趋势相同，呈 U 形特征，三指标计算结果存有差异，即由基尼系数和泰尔指数所计算出来的缩小幅度非常微小，对数离差均值变化幅度相对较大，这意味着差距变动主要受农村金融发展水平低的地区影响较大，而受金融发展水平中高的地区影响较小。这主要是由于榆林和渭南地区经济金融发展水平较为接近，而与商洛地区金融发展水平相差较大，因此前两者与其差距的拉大和缩小即意味着地区间差异的拉大和缩小。同样，资源短缺型（缺少自然资源和自然条件）的农村地区，如果不能寻找到经济发展的新路径，与其他地区的差距只能不断拉大，经济金融不均衡问题进一步加剧，影响全社会的公平和稳定。

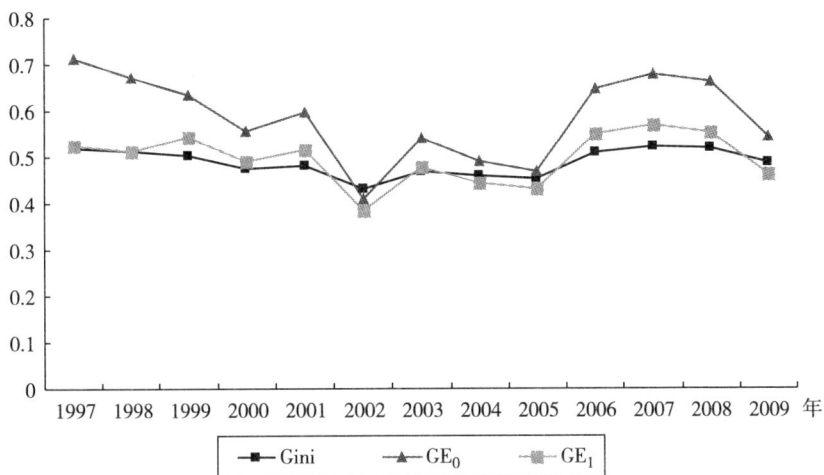

图 3 - 11   农村金融发展水平区域差异

进一步分析农村金融水平区域差异统计指标的特征和变动情况。1997—2009 年，所计算出的基尼系数均值为 0.4875，最大值为 0.5204，最小值为 0.4320，标准差为 0.0286；对数离差均值 0.5859，最大值为 0.7136，最小值为 0.4102，标准差为 0.0925；泰尔指数均值为 0.4963，最大值为 0.5677，最小值为 0.3838，标准差为 0.0548。从三指标值的变动来看，2002 年三指标达到最低点，之后农村正规金融发展水平的差异进一步拉大，这应该归因于金融体制改革后，商业银行纷纷退出农村金融市场，涉农业务开始主要依赖于农村信用社，银行间的竞争态势逐渐削弱，之后农村信用社开始进行改革，不同地区农村信用社的运行机制和绩效开始出现差异，再加上邮政储蓄银行的成立和新型农村金融机构的进入，农村金融市场的潜在竞争格局业已显现，因此自 2002 年，尤其是 2005 年之后各地区金融发展水平差距拉大态势较为明显。

（2）农村金融效率水平的区域差异分析

以农业贷款/农业存款衡量陕西农村金融发展效率效果并非最佳，陕西经济发展相对落后，农业发展水平较低，随着西部大开发战略的实施，国家加大对西部的投入，农业贷款的投入增加受政策性引导的影响可能性较大，但是由于缺乏更有效的指标，因此，分析时仍采用这一指标进行研究。显然，农村金融发展效率指标计算的差异值小于农村金融发展水平指标，这意味着各地区金融机构资金运行效率差异相对较小，但是运行资金规模差距相对较大。与农村金融发展水平区域差异不同的是，农村金融发展效率差距的变动是先缩小后稳步波动，且基尼系数和泰尔指数的变动幅度相对较大，对数离差均值变化幅度较小，这意味着差距变动主要受农村金融发展效率中高的地区，而受金融发展效率低的地区影响较小，主要原因应该是榆林和渭南地区金融发展水平较为接近，但是资金运用效率差距逐步拉大，导致区域间资金运行效率差距波动开始较大。

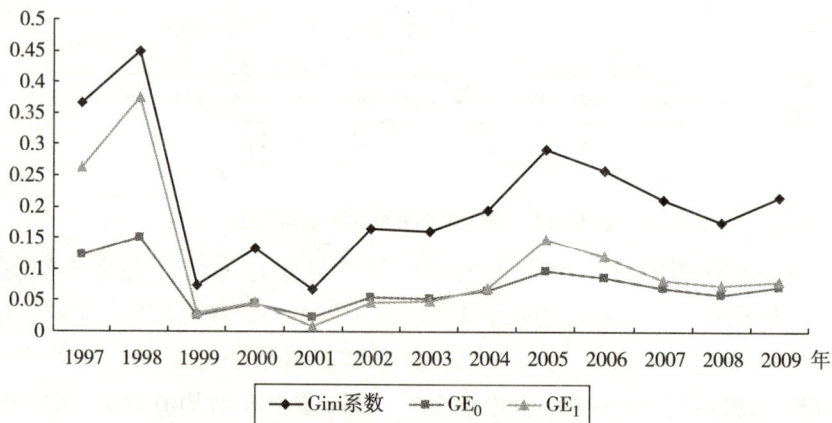

图 3 - 12　三地区农村金融发展效率区域差异

1997—2009 年，农村金融效率的区域差异也呈现出 U 形特征，其中，基尼系数均值为 0.2126，最大值为 0.4485，最小值为 0.067，标准差为 0.1082；对数离差均值为 0.0709，最大值为 0.1495，最小值为 0.0223，标准差为 0.0361；泰尔指数均值为 0.1073，最大值为 0.3759，最小值为 0.0088，标准差为 0.1034。从三指标值的变动来看，1999 年之前农村金融发展效率各指标的值较高，2001 年三指标值达到最低点，这一时期与国家实施西部大开发策略的时期基本吻合，各金融机构加大西部农村地区的投资，使各地区农村存款在当地运用的比例大大提高，但之后农村金融发展效率指标再次出现拉大趋势，主要原因应该是与各地区金融机构涉农存贷款资金运行效率出现差异有关。

2. 农村正规金融深化指标的差异分解

为了分析以三地区为样本的陕北、关中和陕南农村金融发展水平的差异是来自各地区间的还是各地区内部所引起的，还需要对衡量差异的指标进行分解，由于对数离差均值（GE_0）和泰尔指数（GE_1）分解结果差异不大，因此，用后者分析结果来揭示陕西农村金融发展区域差异的来源。由于衡量农村金融发展效率的指标受政策性因素影响太大，因此在区域差异分解时，仅考虑农村金融发展水平指标的区域差异分解情况。

表 3 - 5 　　　　　 1997—2009 年基于泰尔指数（GE_1）
分解陕西农村金融发展差异

指标 \ 年份	总差异	区域内差异	区域间差异	组间差异比重
1997	0.5238	0.4022	0.1216	23.22%
1998	0.5115	0.4527	0.0587	11.49%
1999	0.5423	0.5375	0.0048	0.88%
2000	0.4897	0.4256	0.0641	13.09%
2001	0.5152	0.4716	0.0436	8.46%
2002	0.3838	0.3379	0.0459	11.96%
2003	0.4780	0.3478	0.1302	27.24%
2004	0.4449	0.3294	0.1156	25.97%
2005	0.4299	0.3592	0.0707	16.45%
2006	0.5495	0.4751	0.0744	13.54%
2007	0.5677	0.5384	0.0293	5.17%
2008	0.5543	0.4897	0.0646	11.66%
2009	0.4616	0.3923	0.0692	15.00%
均值	0.4963	0.4276	0.0687	14.16%

分解结果显示，陕西农村金融发展区域差异区域内差异占主导地位，即同一区域内各地区差异。目前陕西地区经济发展水平差异较大，明显形成以资源开发为主的陕北以传统农业为主亟待转型的关中地区和资源缺乏，自然条件贫瘠的陕南地区，而金融水平的差异80%以上是由于各地区内部发展不均衡引起的。很显然，整体而言，农村金融发展水平区域差异仅仅是围绕在0.5左右波动，并未呈现出明显的下降趋势。分阶段1999—2004年是国家实施西部大开发策略的第一个五年，这一阶段虽然农村金融发展的总体差异变化不大，但区域内的差异有所下降，之后又开始上升，因此这一阶段农村金融发展的区域内差异呈现U形变动。而与之恰恰相反的是，区域间的差异同时期呈现先递增后递减的态势，呈现倒U形变动趋势，2003年达到区域间的差异达到最高，为27.24%。

3.2.4　农村正规金融发展综合水平的区域差异

3.2.4.1　指标选择和模型确定

农村正规金融发展除了要考虑数量规模外，还应关注金融发展的质量。根据衡量农村金融发展的质量指标体系，主要从农村正规金融机构资金运用能力（资金配置效率）、农村金融市场的竞争程度、农村金融机构运行绩效、金融产品创新和服务能力等方面进行衡量。由于金融机构不良贷款、资产负债率等指标涉及保密性，因此，研究时通过构建农村正规金融发展的综合指标，将反映农村正规金融发展的质量指标纳入到统一框架内，对各地农村正规金融发展质量进行测度，以比较不同地区农村正规金融发展质量的差异。根据以上分析，构建农村金融发展综合指标（F_{it}）如下

$$F_{it} = f(FIR_{it}, LC_{it}, NC_{it}, SL_{it}, BL_{it}, ZF_{it}, FG_{it}, R_{it}, YG_{it}, FW_{it}) \quad (3-6)$$

其中，F_{it}表示第i个地区第t年的农村金融发展综合能力。FIR_{it}表示农村金融发展水平，由农业存贷款额/农林牧副渔产值来表示，LC_{it}表示农业存贷款额，NC_{it}近似反映农村金融市场配置效率的指标，由单位农业产出来衡量，即农业产出/农业贷款额，SL_{it}指的是农村正规金融机构数量/全部银行业金融机构总量，用于衡量农村金融市场在总金融机构的比重，BL_{it}、ZF_{it}和R_{it}分别是不良贷款率、资产负债率和利润总额，用于反映农村金融机构的运行绩效，研究拟采用FG_{it}、YG_{it}及FW_{it}来反映农村正规金融服务

创新水平和服务能力，FG_{it} 和 YG_{it} 分别是农村正规金融的人均占有量和员工数量人均占有量，FW_{it} 表示服务性收入的占比。

根据第 2 章的分析，农村正规金融创新最终的目标是满足日益多样化的农村金融需求和规避风险能力，而实现这一目的的途径即需要建立多类型的农村金融机构。鉴于农村正规金融的产品创新和服务创新能力难以直接衡量，因此，选取正规金融机构的人均占有量和工作人员占用量来从侧面反映某地区的金融服务的供给能力和金融创新服务能力。此外，服务性收入属于银行中间业务的一部分，服务性收入从某种程度反映出农村金融机构的服务能力和水平。

3.2.4.2 分析结果及解释

运用主成分分析方法，对农村金融机构综合水平的指标进行分析。运用 SPSS17.0 首先对数据进行相关性检验，结果如表 3 - 6 所示。

表 3 - 6　　　　　　　　　　变量相关性检验结果

变量	FIR	LC	NC	SL	BL	ZF	R	FG	YG	FW
FIR	1									
LC	- 0.997	1								
NC	- 0.704	- 0.644	1							
SL	- 0.214	- 0.293	- 0.543	1						
BL	- 0.346	- 0.27	0.91	- 0.842	1					
ZF	- 0.894	- 0.855	0.947	- 0.245	0.73	1				
R	0.991	0.998	- 0.601	- 0.345	- 0.216	- 0.825	1			
FG	- 0.698	- 0.638	1	- 0.55	0.914	0.945	- 0.595	1		
YG	- 0.118	- 0.198	- 0.622	0.995	- 0.89	- 0.339	- 0.252	- 0.628	1	
FW	- 0.897	- 0.858	0.945	- 0.239	0.726	1	- 0.829	0.943	- 0.333	1

表 3 - 6 的结果显示，农村金融发展水平、存贷款总额、资产负债率、服务性收入占比等变量高度相关，变量的直接相关性强，各变量间存在大量信息重叠的现象，因此比较适合采用主成分分析方法对此进行分析。

进一步对各变量对总方差的解释进行分析，根据初始特征值的大小，提取初始特征值大于 1 的变量，初始特征值小于 1，则说明该主成分的解释力度不及原值，因此不予提取。根据这一原则提取的结果显示，提取了两个主成分。主成分提取十分理想，所提取的两个主成分累积方差达到 100%。

表 3 - 7 解释的总方差

成分	初始特征值			提取平方和载入		
	合计	方差的（%）	累积（%）	合计	方差的（%）	累积（%）
1	6.746	67.457	67.457	6.746	67.457	67.457
2	3.254	32.543	100.000	3.254	32.543	100.000
3	4.085E - 16	4.085E - 15	100.000			
4	2.257E - 16	2.257E - 15	100.000			
5	1.580E - 16	1.580E - 15	100.000			
6	1.664E - 17	1.664E - 16	100.000			
7	- 7.534E - 17	- 7.534E - 16	100.000			
8	- 1.168E - 16	- 1.168E - 15	100.000			
9	- 2.738E - 16	- 2.738E - 15	100.000			
10	- 3.945E - 16	- 3.945E - 15	100.000			

表 3 - 8 初始因子载荷矩阵

成分	FIR	LC	NC	SL	BL	ZF	R	FG	YG	FW
1	- 0.844	- 0.798	0.975	- 0.343	0.795	0.995	- 0.764	0.973	- 0.433	0.994
2	0.536	0.602	0.222	- 0.939	0.606	- 0.102	0.646	0.23	- 0.902	- 0.108

从计算出的初始因子载荷矩阵可知，农村金融发展水平、农村存贷款和农村金融市场配置效率指标、不良贷款、资产负债、利润、机构人均占有量和服务性收入占比在第一主成分上载荷较高，农村正规金融市场占比和机构人员占有量在第二主成分载荷较高。所提取的主成分 100% 地反映了原始变量的信息，因此通过两个主成分的系数得分矩阵（见表 3 - 9），计算出三个地区农村金融发展的综合水平。

表 3 - 9 成分得分系数矩阵

成分	FIR	LC	NC	SL	BL	ZF	R	FG	YG	FW
1	- 0.125	- 0.118	0.145	- 0.051	0.118	0.147	- 0.113	0.144	- 0.064	0.147
2	0.165	0.185	0.068	- 0.289	0.186	- 0.031	0.198	0.071	- 0.277	- 0.033

2009 年榆林、渭南和商洛三地区农村金融发展综合得分分别为 - 0.1982、- 0.4775、- 1.3047。农村金融发展综合水平得分在三个地区全部

为负，说明陕西农村正规金融发展水平较低，资金的运用能力较低，市场竞争程度相对有限。随着金融体制改革的不断深化，商业银行基层网点撤并，逐步撤离农村金融市场，信贷主要向大中城市、重点行业和高新产业投放。农村正规金融主体之一的中国农业银行经营战略也不断调整，经营业务逐步转向城市，一般不办理农户贷款以及农业生产性贷款，涉农贷款主要限于农业综合开发和农业产业化贷款，脱农现象十分严重。目前，农村金融市场主要依赖农村信用社，个别地区如榆林虽然设立村镇银行、农村商业银行等，在一定程度上活跃了农村金融市场，但正规金融机构一般要求农户必须提供合法的抵押担保，对于广大农户而言，宅基地产权属集体所有，最具价值的房屋无法进行抵押。由于合适抵押担保产品的缺失，农户即使有好的项目，也难以从农村正规金融机构获得贷款。再加上农业效益低、风险高，不仅很难有外部资金流入，自身积累的资金也通过商业银行、邮政储蓄银行等渠道大量流向城市，使农村资金市场"贫血"问题严重。正是这些因素的共同作用，导致农村金融发展迟缓。

农村正规金融发展区域差异明显，以榆林为例的陕北地区农村金融发展水平相对较高，其次是渭南和商洛。依托西部大开发的契机，榆林地区凭借其优越的自然资源，在实现经济跨越式发展的同时，加快了涉农产业的发展，对小杂粮、红枣等极具区域特色和区域优势的农产品加大了投资力度，加快了农业产业化过程，有力地推动了农村经济发展。根据各地农村信用社的发展情况，农村信用社被改制为农村商业银行、农村合作银行和农村信用社三种形式，同时成立村镇银行等新型农村金融机构，因此其农村金融发展要略优于其他两个地区。渭南作为传统农区，其经济基础要优于榆林和渭南两个地区，但是由于传统农业结构转型慢，导致农村经济发展缓慢，农村资金大规模外流，农村金融发展也相应迟缓。商洛地处山区，经济基础和自然资源相对有限，因此其经济水平较为落后，虽然农业贷款增长速度快于关中地区，但受金融发展基础的影响，农村金融发展综合水平要低于其他地区。

3.3 农村正规金融发展县域间差异分析

根据以上分析，陕西农村正规金融区域差异80%以上是由区域内（县域间）差异引起的，因此还必须对样本地区农村正规金融发展的县域差异进行分析。对农村正规县域差异的分析，受收集数据限制，农村正规金融县域间的质量指标缺失，研究只能从县域间农村正规金融机构涉农存贷款规模、速度和农村金融深化等数量指标进行诠释。

3.3.1 榆林农村正规金融发展的县域差异

3.3.1.1 涉农存贷款规模和速度绝对差异分析

从农村正规金融发展农业存贷款的年均值、平均增长比率及占存贷款比重均值等几个方面来进行分析，具体如表 3-10 所示。

根据表 3-10 显示，榆林市农村金融规模发展迅速，1997 年榆林市各区县农业存款余额为 2 977 万元，2009 年农业存款余额已发展至 89.22 亿元，1997—2009 年各区县农业存款规模增长了近 300 倍，平均增速达 55.22%。从农业存款的区域差异来看，1997 年农业存款最低的是吴堡县，农业存款仅 25 万元，最高的是榆阳区，为 975 万元，占全市农业存款的 1/3 左右，是农业存款最低县区吴堡县的 39 倍，2009 年农业存款最高的是神木县，高达 47.89 亿元，占全部区县农业存款的 53.67%，是最低的子洲县的 39.49 倍。从农业存款的标准差来看，1997 年标准差为 322.12 万元，2009 年已扩大到 13.15 亿元，榆林市农业存款的县域差距正在不断拉大。

表 3-10　　　　　榆林各县区农业存贷款区域差异情况　　　单位：万元,%

地区	农业存款				农业贷款			
	1997 年	2009 年	均值	增长率	1997 年	2009 年	均值	增长率
榆阳	975	122 003	26 788.54	44.99	2 869	229 428	53 789.85	40.08
神木	353	478 890	94 272.31	74.16	824	659 593	128 523	67.24
府谷	79	76 418	16 913.69	69.69	390	329 012	76 668.15	67.91
横山	34	56 265	12 435.54	76.85	461	98 152	24 849.46	51.04
靖边	76	30 195	8 865.46	58.46	1 924	75 655	23 469.69	32.64
定边	135	18 894	6 201.85	46.24	599	86 955	23 255.69	46.66
绥德	88	16 896	6 380.54	49.84	728	57 726	20 116.46	39.99
米脂	56	23 419	6 145.77	59.09	339	40 397	15 480.46	44.45
佳县	826	17 119	4 060.08	26.26	1 010	33 841	12 661.92	31.01
吴堡	25	15 781	3 823.92	64.21	418	38 779	12 124.62	41.69
清涧	277	24 217	8 626.00	41.04	297	39 491	13 169.85	45.67
子洲	53	12 127	3 756.69	51.88	222	35 958	11 858.69	47.90
最小值	25	12 127	3 756.69	26.26	222	33 841	11 858.69	31.01
最大值	975	478 890	94 272.31	76.85	2 869	659 593	128 523	67.91
均值	248.08	74 352	16 522.53	55.22	840.08	143 748.9	34 663.99	46.35
标准差	322.12	131 517.5	25 378.68	14.79	788.77	186 198.4	35 477.63	11.50

资料来源：1997—2009 年《榆林市统计年鉴》。

农业贷款余额 1997 年为 10 081 万元，2009 年增至 1 724 987 万元，1997—2009 年各区县农业贷款规模扩张了 170 余倍，农业贷款平均增速为 46.35%，较农业存款增速低了近 10 个百分点。农业贷款的区域差异不断扩大，1997 年农业贷款最高的是榆阳区，为 2 869 万元，占当年全部农业贷款总额的 39.49%，是最低的子洲县农业贷款的近 13 倍，2009 年农业贷款佳县最低，为 3.38 亿元，最高的是神木县，高达 65.95 亿元，是佳县的 19 倍之多，占各区县农业贷款总额的 38.24%，从农业贷款的标准差可以进一步证明榆林市各区县农村金融发展正不断拉大，1997 年为 788.77 万元，2009 年已增至 18.62 亿元。

表 3-11　　　　　　榆林各县区农业存贷款比重区域差异情况　　　　　单位：%

地区	占总存款比重			占总贷款比重		
	1997 年	2009 年	均值	1997 年	2009 年	均值
榆阳	0.81	3.26	1.66	1.43	8.22	8.62
神木	0.32	13.52	5.18	0.90	38.88	14.87
府谷	0.19	4.11	3.73	0.79	27.57	23.23
横山	0.23	16.23	12.65	2.45	75.09	46.99
靖边	0.29	5.53	4.01	5.70	21.37	16.12
定边	0.53	3.41	3.53	2.47	51.62	27.11
绥德	0.26	5.22	4.54	2.10	30.51	29.96
米脂	0.31	11.25	8.77	2.55	60.04	45.17
佳县	5.77	16.89	10.11	8.16	84.61	52.33
吴堡	0.25	17.84	10.65	3.45	78.44	52.36
清涧	1.93	16.77	18.46	1.66	83.91	47.14
子洲	0.37	9.07	7.79	1.73	84.88	43.67
最小值	0.19	3.26	1.66	0.79	8.22	8.62
最大值	5.77	17.84	18.46	8.16	84.88	52.36
均值	0.94	10.26	7.59	2.78	53.76	33.96
标准差	1.60	5.83	4.82	2.14	27.81	15.79

资料来源：1997—2009 年《榆林市统计年鉴》。

通过计算农业存贷款占全部存贷款的比重，进一步了解各区县农村金融在当地金融发展的地位和重要性。表 3-11 的结果显示，榆林市农业存贷款在当地整个金融体系中的地位不断上升，1997 年农业存款占比最高的是佳县，最低的是府谷县，仅 0.19%，各区县农业存款比重整体不到 1%，超出 1% 的仅佳县和清涧 2 个县。2009 年榆林市农业存款占比为 10.26%，较 1997 年高出 9.32 个百分点，最高的区县是吴堡，为 17.84%，最低的是榆阳区仅 3.26%。

1997 年农业贷款占比最高的仍然是佳县，最小的是府谷，1997—2009 年农业贷款的比重平均提高了 5 个百分点。农业存贷款的占比能够反映出当地正规金融机构对农业投放的重视，但是对于个别地区，存贷款规模较小，且涉农存贷款规模较大，导致存贷款占比越大，因此，各区县农业存贷款比重并不能作为农村金融发展的精确指标，毕竟占比越高，可能是经济落后、农村金融发展水平较低的体现。农业存贷款占比的标准差也不断增加，进一步验证了榆林农业存贷款的区域差异有拉大趋势。

实际上，榆林市农村金融发展区域差异主要应该归因于西部大开发战略的实施。根据榆林市的地理位置，位于榆林北部的六县区（榆阳、神木、府谷、定边、靖边和横山）依托国家西部大开发的契机，凭借其优越的自然资源条件，经济实现了跨越式的增长，而南部六县（绥德、米脂、佳县、吴堡、清涧和子洲）由于经济基础差，自然资源条件缺乏，经济发展相对缓慢。1997 年榆林北部六县区的农业存款总额为 1 730 万元，南部六县农业存款总额为 1 237 万元，二者相差较小，而 2009 年北部六县区农业存款总额是南部六县的 8.6 倍，差额为 70.69 亿元。农业贷款的绝对差距更加显著，1997 年南部六县与北部六县区农业贷款差距为 5 509 万元，2009 年已扩大至 134.81 亿元，相差的倍数也从 1997 年的 3.4 倍扩大到 2009 年的 8.15 倍。

3.3.1.2 农村正规金融发展县域相对差异分析

根据基尼系数、对数离差均值（GE_0）和泰尔指数（GE_1）分别计算出榆林地区 1997—2009 年农村金融深化水平的差异（如图 3 – 13 所示）。1997—2009 年各指标计算出的差异趋势相同，呈不断增长的特征。农村正规金融发展的相对差异已经显示，目前榆林市经济发展形成南北格局，南部六县经济基础薄弱，自然资源匮乏，与北部六县的差距不断拉大，因此其发展趋势并非整体的 U 形特征，而是不断增长态势。

进一步分析榆林市农村金融水平县域差异统计指标的特征和变动情况。1997—2009 年，所计算出的基尼系数均值为 0.4796，最大值为 0.6661，最小值为 0.3276，标准差为 0.1127；对数离差均值的平均值为

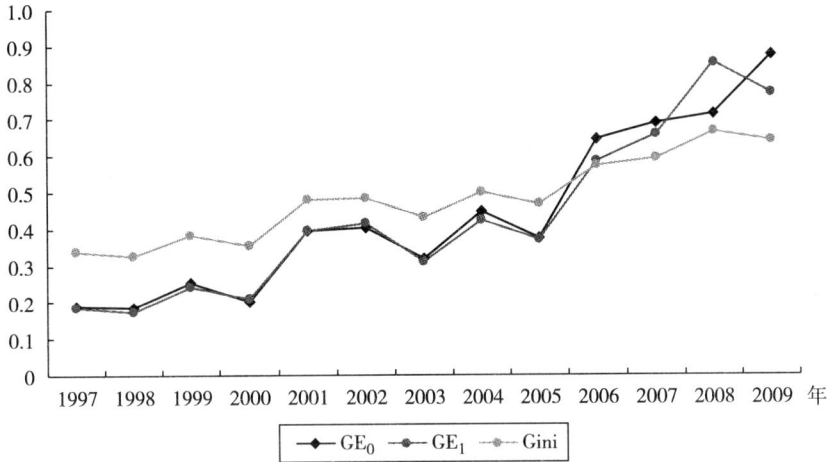

图 3-13 榆林市农村金融发展水平区域差异

0.4306，最大值为 0.8540，最小值为 0.1740，标准差为 0.2237；泰尔指数均值为 0.4382，最大值为 0.8740，最小值为 0.1861，标准差为 0.2252。泰尔指数和对数离差均值的标准差大于 Gini 系数的标准差，不难看出榆林各区县农村金融发展的差异较多是由农村金融发展水平的低水平组差异变动引起的，也就是说虽然榆林北部六县农村金融实现了快速增长，但与南部六县区域差异拉大，才引起的榆林农村金融发展县域间区域差异。

3.3.2 渭南农村正规金融发展的县域差异

3.3.2.1 涉农存贷款规模和发展速度差异

渭南市农村正规金融发展经济规模的比较，从农业存贷款的年均值、平均增长比率以及占存贷款比重均值几个方面来衡量，具体如表3-12所示。

表 3-12 　　　　渭南各县区农业存贷款区域差异情况　　　单位：万元,%

地区	农业存款				农业贷款			
	1997 年	2009 年	均值	增长率	1997 年	2009 年	均值	增长率
临渭	1 259	42 683	16 211.0	31.13	149 610	117 294	90 095.08	-1.85
韩城	1 803	27 023	9 025.46	23.15	9 621	82 630	25 488.38	17.99

地区	农业存款				农业贷款			
	1997 年	2009 年	均值	增长率	1997 年	2009 年	均值	增长率
华阴	962	14 300	4 782.92	23.07	7 002	33 112	15 046.38	12.70
华县	204	37 249	9 889.23	49.27	4 263	37 054	23 053.77	18.10
潼关	34	6 639	2 378.85	50.04	2 110	52 619	21 798.69	28.07
大荔	1 084	7 963	4 007.08	16.58	11 355	72 447	39 891.46	15.32
蒲城	298	24 053	5 449.15	40.18	5 882	57 649	43 183.85	19.19
澄城	320	26 155	6 683.38	40.32	4 850	77 113	34 268.92	23.71
白水	115	10 588	2 150.77	41.61	1 097	28 984	15 735.08	28.64
合阳	2 435	12 835	9 787.54	13.64	12 092	44 359	24 156.15	10.52
富平	1 100	8 711	4 180.08	17.25	6 282	78 997	42 986.92	21.50
最小值	34	6 639	2 150.77	13.64	1 097	28 984	15 046.38	-1.85
最大值	2435	42 683	16 211	50.04	149 610	117 294	90 095.08	28.64
均值	874	19 836.3	6 776.86	31.48	19 469.5	62 023.5	34 154.97	17.63
标准差	769.43	12 404.2	4 167.92	13.42	43 303.2	26 597.9	21 159.3	8.63

资料来源：由中国人民银行渭南市中心支行调研数据整理所得。

表 3-12 显示 1997—2009 年渭南市农村金融规模发展速度低于榆林，但也保持较快的增长速度，1997 年渭南市各区县农业存款余额为 9 614 万元，2009 年农业存款余额发展至 21.82 亿元，1997—2009 年各区县农业存款规模扩大 22.7 倍，平均增速达 31.48%。从农业存款的区域差异来看，1997 年农业存款最低的区县是潼关，农业存款仅 34 万元，最高的是合阳县，为 2 435 万元，占全部农业存款的 1/4 左右，是最低县区的 71.62 倍，2009 年农业存款最高的是临渭区，高达 42 683 万元，占全部区县农业存款的 19.56%，是最低的潼关县的 6.43 倍，农业存款极值差异有较大幅度的缩小。从农业存款的标准差来看，1997 年为 769.43 万元，2009 年已扩大到 12 404.02 万元，渭南市农业存款的差距正在不断拉大。

1997 年农业贷款余额为 21.42 亿元，2009 年增至 68.23 亿元，1997—2009 年农业贷款规模扩张了 3.19 倍，平均增速为 17.63%，低于农业存款增速近 14 个百分点。农业贷款的区域差异呈现出不断缩小的特点，1997 年农业贷款最高的是临渭为 14.96 亿元，占当年农业贷款总额的 69.87%，是最低的白水县农业贷款的 136.38 倍，2009 年农业贷款仍然是白水最低，为 2.90 亿元,最高的是临渭高达 11.73 亿元,是白水的 4 倍之多,占各区县农业贷款总额的 17.19%。农业贷款极值有缩小态势,从农业贷款的标准差可以进一步证明渭南市各区县农村金融差距正不断缩小,1997 年为43 303.2万元,2009 年已减至 26 597.9 万元。

表 3 - 13　　　　渭南各县区农业存贷款比重区域差异情况　　　　单位:%

地区	占总存款比重			占总贷款比重		
	1997 年	2009 年	均值	1997 年	2009 年	均值
临渭	50.66	12.48	21.19	0.58	1.61	2.04
韩城	6.34	8.43	7.46	1.28	2.15	1.79
华阴	6.18	21.65	14.15	0.81	2.83	1.58
华县	4.23	26.30	21.91	0.24	6.82	2.91
潼关	5.46	46.87	29.00	0.04	2.28	1.51
大荔	11.95	29.65	22.65	1.37	1.60	1.79
蒲城	2.68	8.66	10.75	0.36	3.11	1.23
澄城	5.61	45.32	28.46	0.42	4.59	2.11
白水	2.69	35.50	26.93	0.30	3.09	1.29
合阳	15.21	34.15	23.24	3.52	3.09	6.18
富平	5.62	31.56	22.13	1.75	1.38	1.80
最小值	2.68	8.43	7.46	0.04	1.38	1.23
最大值	50.66	46.87	29.00	3.52	6.82	6.18
均值	10.60	27.32	20.72	0.97	2.96	2.20
标准差	13.81	13.42	7.06	1.00	1.58	1.40

资料来源:由中国人民银行渭南市中心支行调研数据整理所得。

通过计算农业存贷款占全部存贷款的比重,进一步了解各区县农村金融在当地金融发展的地位和重要性。表 3 - 13 的结果显示,渭南市农业存贷款在整个金融体系的比重不断上升,1997 年农业存款占比最高的是临渭,最低的是蒲城县,仅 2.68%,各区县整体农业存款比重远高出榆林地区,为 10.6%,2009 年渭南市农业存款占比为 27.32%,最高的区县是潼关为 46.87%,最低的是韩城仅 8.43%。1997 年农业贷款占比最高的是合阳,最小的是潼关,2009 年最高是华县,最低是富平。农业存贷款比重不能作为农村金融发展的精确指标来衡量,毕竟占比越高,可能意味着经济越落后,金融发展水平较低,但农业存贷款占比的标准差也不断减少,也进一步验证了渭南农业存贷款区域差异有缩小趋势。

渭南作为传统农业产区，其经济基础优于陕北地区，但农业生产自身周期长、风险大等特点决定了其收益的有限性，而且农业产业结构调整和农业产业化发展也必然要缓慢于依赖资源快速发展的陕北地区。同时，农村正规金融服务严重滞后，严格的抵押担保条件将大多资金需求者拒之门外，农村金融服务的创新意识薄弱是农业产业结构调整和农业产业化发展过程中的一大障碍，因此典型农村金融发展区域差异的缩小可能并非益事，也可能是农村经济金融发展缓慢的体现。

3.3.2.2 农村正规金融发展的金融深化差异

根据基尼系数、对数离差均值（GE_0）和泰尔指数（GE_1）分别计算出渭南地区 1997—2009 年农村金融深化水平的差异（如图 3 – 14 所示）。1997—2009 年基尼系数和对数离差均值计算出的差异趋势相同，呈 U 形特征，但泰尔指数计算出的差异值 2003 年的波动与同期基尼系数和对数离差均值差异较大。

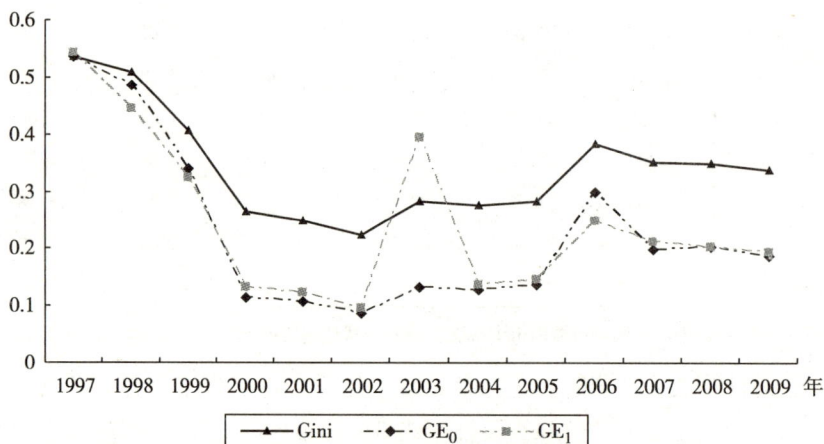

图 3 – 14　渭南农村金融发展水平区域差异

进一步分析渭南市农村金融水平县域差异统计指标的特征和变动情况。计算出 1997—2009 年的 Gini 系数均值为 0.3424，最大值为 0.5371，最小值为 0.2239，标准差为 0.0962；对数离差均值为 0.2272，最大值为 0.5371，最小值为 0.0857，标准差为 0.1466；泰尔指数均值为 0.2461，最大值为 0.5431，最小值为 0.0958，标准差为 0.1398。Gini 系数变动相对最小，意味着渭南农村金融发展水平县域间差异的变动是由低水平组和高水平组引起的。从三指标值的变动来看，大致呈现三个阶段：第一阶段是1997—2000年，农村正规金融发展的区域差异开始下降；第二阶段是2000—2005年，除2003年的 GE_1 值异常外，其余两个指标相对平稳，这是国家实施西部大开发的第一个五年，各地区农村金融得到不同程度的发展，农村正规金融发展区域差异保持平稳；第三阶段是2005—2007年，渭南农村正规金融发展出现小幅波动，之后开始下降。

3.3.3 商洛农村正规金融发展的县域差异

3.3.3.1 存贷款规模和发展速度差异

从商洛农村正规金融农业存贷款的年均值、平均增长比率以及占存贷款比重均值几个方面来分析县域间绝对差距，具体如表3-14所示。

表3-14　　　　　商洛各县区农业存贷款区域差异情况　　　单位：万元，%

地区	农业存款				农业贷款			
	1997年	2009年	均值	增长率	1997年	2009年	均值	增长率
商州	293	10 906.12	4 038.61	32.08	696	32 000.83	18 552.32	34.24
洛南	76	13 722.99	4 283.44	49.14	25 345	85 080	50 364.08	9.76
丹凤	117	100 512	15 471.31	68.15	752	48 767	34 896.92	37.84
商南	578	7 161.93	2 688.89	21.36	1 567	54 125	27 181.76	31.32
山阳	345	134 758.16	23 433.83	58.26	28 510	94168	53 006.69	9.63
镇安	123	12 193.09	4 604.10	42.41	1 785	83 453	29 308.08	34.41
柞水	2 874	38 950	12 385.31	22.20	3 125	47 609	15 288.38	23.31
最小值	76	7 161.93	2 688.89	21.36	696	32 000.83	15 288.38	9.63
最大值	2 874	134 758.16	23 433.83	68.15	28 510	94 168	53 006.69	37.84
均值	629.43	45 457.76	9 557.93	41.94	8 825.71	63 600.4	32 656.89	25.79
标准差	1 005	51 351.57	7 805.02	17.87	12 425.74	23 642.99	14 574.36	11.87

资料来源：由中国人民银行商洛市中心支行调研数据整理所得。

表3-14显示1997—2009年商洛农村金融规模发展保持了较快的增长速度。1997年商洛市各区县农业存款余额为4 406万元，2009年农业存款余额发展至31.82亿元，1997—2009年各区县农业存款规模扩大72.22倍，平均增速为41.94%。从农业存款的区域差异来看，1997年农业存款

最低的区县是洛南，农业存款仅 76 万元，最高的是柞水县，为 2 874 万元，占整体农业存款余额的 65.23%，是农业存款最低县区的 37.82 倍，2009 年农业存款最高的是山阳，高达 134 758.16 万元，占全部农业存款的 42.35%，是最低的商南的 18.82 倍。从农业存款的标准差来看，1997 年各县区农业存款的标准差为 1 005 万元，2009 年已扩大到 51 351.57 万元，商洛市农业存款的差距正在不断拉大。

1997 年农业贷款余额为 6.18 亿元，2009 年增至 44.52 亿元，1997—2009 年各区县农业贷款规模扩张了 7.2 倍，农业贷款平均增速为 25.79%，低于农业存款增速 16 个百分点。农业贷款的区域差异呈现出不断扩大的特点，1997 年农业贷款最高的是山阳，为 2.85 亿元，占当年全部区县农业贷款总额的 46.12%，是最低的商州区农业贷款的 40.96 倍，2009 年农业贷款最高的仍然是山阳县，高达 9.42 亿元，占各区县农业贷款总额的 21.15%，是最低的商州区的 3 倍左右。农业贷款的标准差进一步显示商洛市各区县农村金融发展区域差异有所扩大，但幅度相对较小，1997 年为 12 425.74 万元，2009 年增至 23 642.99 万元。

表 3-15　　　　商洛各县区农业存贷款比重区域差异情况　　　　单位:%

地区	占总存款比重			占总贷款比重		
	1997 年	2009 年	均值	1997 年	2009 年	均值
商州区	0.32	0.82	0.79	0.61	5.22	6.67
洛南县	0.13	3.23	1.61	50.82	57.62	53.37
丹凤县	0.26	31.93	6.65	1.93	51.89	54.46
商南县	1.80	2.61	2.54	4.00	50.40	44.47
山阳县	0.65	33.68	8.55	75.93	59.72	65.61
镇安县	0.40	4.77	3.69	5.54	78.41	42.01
柞水县	10.54	18.17	15.18	14.99	51.28	31.38
最小值	0.13	0.82	0.79	0.61	5.22	6.67
最大值	10.54	33.68	15.18	75.93	78.41	65.61
均值	2.01	13.60	5.57	21.97	50.65	42.57
标准差	3.80	14.32	5.06	29.56	22.24	19.18

资料来源：由中国人民银行商洛市中心支行调研数据整理所得。

通过计算农业存贷款占全部存贷款的比重，能进一步了解各区县农村金融在当地金融发展的地位和重要性。表 3 – 15 的结果显示，商洛市农业存贷款在整个金融体系的比重不断上升，1997 年农业存款占比最高的是柞水，最低的是洛南县，仅 0.13%，2009 年商洛市农业存款占比均值为13.6%，最高的山阳为 33.68%，最低的是商州区，仅 0.82%。1997 年农业贷款占比最高的是山阳，最小的是商州，2009 年最高是镇安，最低是商州。商洛农业存款占比的标准差变化较大，但低于农业贷款占比，农业贷款占比变化相对更大，这意味着商洛地区农村经济金融区域差异开始拉大，但金融机构涉农贷款的格局变化不大。

商洛地处山区，农村经济基础较差，自然资源的开采和储藏量不及榆林，农村经济金融发展相对缓慢，但从发展速度看，其各县区农业存贷款发展速度快于渭南地区，因此如何寻找农村经济新的增长点，引导农村资源向其流动是今后商洛地区农村经济发展的关键所在。

3.3.3.2 农村正规金融发展的金融深化差异

农村正规金融发展的金融深化差异，主要以农村正规金融发展水平的相对差异来衡量。根据基尼系数、对数离差均值（GE_0）和泰尔指数（GE_1）分别计算出商洛地区 1997—2009 年农村金融深化水平的差异（如图 3 – 15 所示）。以农业存款额/农林牧副渔总值所衡量的农村金融发展水平，1997—2009 年各指标计算出的差异趋势相同，呈 U 形特征。但三指标计算结果存有差异，即由对数离差均值（GE_0）和泰尔指数（GE_1）非常接近，基尼系数的值略大于前两者。

进一步分析商洛农村金融水平区域差异统计指标的特征和变动情况。所计算出的 1997—2009 年基尼系数均值为 0.3417，最大值为 0.5303，最小值为 0.2344，标准差为 0.0751；对数离差均值为 0.2119，最大值为0.7471，最小值为 0.0790，标准差为 0.1807；泰尔指数均值为 0.1885，最大值为 0.5133，最小值为 0.0751，标准差为 0.1134，基尼系数变动相对最小，意味着商洛农村金融发展水平县域间差异的变动是由低水平组和高水平组引起的。从三指标值的变动来看，1998 年三指标达到最低点，之后农村金融发展水平差距较为平稳，这应该与金融体制改革后，商业银行大量网点撤并，金融机构在农村地区锐减有关，但 2009 年商洛市农村金融发展的县域差异开始扩大。

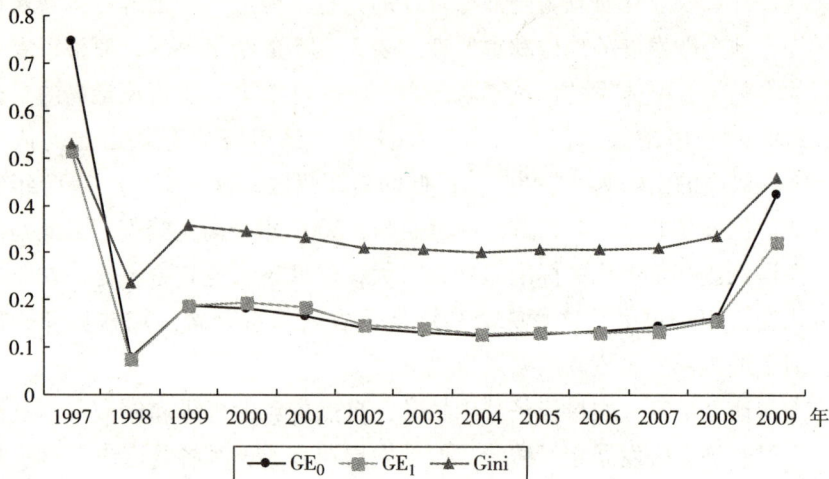

图 3 – 15 商洛农村金融发展水平区域差异

3.4 农村正规金融支农绩效的区域差异

前面对陕西农村金融发展的区域总体和县域差异进行了度量，目前正规金融发展区域差异已经呈现出农村正规金融发展规模和水平从北到南依次降低，发展速度"两头高，中间低"的格局。实际上，农村金融发展的最终目的是通过满足日益增长的农村金融需求来实现农村经济的增长，那么衡量陕西农村正规金融的区域差异，也必然要对其支农绩效的区域差异加以分析，囿于数据难以获得，只能对农村正规金融支农绩效的总体差异进行分析，县域层面支农绩效的差异研究还不能开展。

3.4.1 农村正规金融支农绩效整体分析

农村经济增长是农民收入提高、农村社会进步的前提。在农业对国民经济贡献持续走低、城乡收入差距不断拉大的背景下，将金融发展与经济增长关系的研究引入农村经济领域，从金融视角探讨农村经济增长问题，探索农村经济发展的源泉，寻求农村经济新的增长点，对提高农民收入，推动农村经济增长具有重要意义。

金融发展与经济增长的关系是现代金融理论研究的焦点问题之一。尽管国内外学者对这一问题进行了大量的实证研究，但尚未形成统一的研究结论。目前主要有三种观点：一是金融发展能够显著促进经济增长。世界银行以及国际货币基金组织等研究机构对多个国家和地区研究的结果表明，金融深化与经济增长存在显著的正向关系。国内学者的研究成果也支持这一观点（范学俊，2006；周波，2007），但金融发展对经济增长的贡献率大小存在差异，东部地区的贡献率要大于中西部地区（周立等，2002；冉光和等，2006）。二是金融发展会阻碍经济增长。目前这一现象主要是出现在西部地区（艾洪德，2004；王景武，2005；韩俊才等，2006；张珂等，2009）。三是金融发展与经济增长不存在因果关系。这一现象也主要体现在中西部地区（艾洪德，2004；杨胜刚等，2007）。此外，学者们对农村经济与农村金融间关系也开始予以关注。以不同时期的样本数据进行论证，较为普遍的观点是农村金融与农村经济之间存在长期均衡关系，农村金融发展有利于农村经济增长（安翔，2005；冉光和等，2008；陈时兴和杨帆，2009；周才云，2010），但这种农村金融的推动作用存在一定的滞后性（曾国平等，2009）。

从已有研究来看，多是从全国层面对农村金融和农村经济关系进行分析，在农村经济区域差异较大的情况下，还需要将研究视角转向某一区域。陕西地处我国西部，经济发展明显落后于东中部地区，农村经济增长相对缓慢，农民收入增加缓慢，选取陕西为研究样本对欠发达地区改革开放以来金融发展对农村经济增长的作用进行分析，考察样本期内二者的关系是相互促进还是存在抑制，不仅能够加快陕西金融体制改革，而且能够为进一步推动农村经济增长、保障国家西部大开发战略顺利实施提供保障和理论基础。

3.4.1.1 理论模型及数据来源

1. 理论模型

内生经济增长理论揭示金融发展对经济增长影响的模型较多，主要有动态两部门模型、帕加诺模型（AK 模型）以及熊彼特模型。其中，帕加诺模型是现代金融理论具有代表性的理性模型之一，该模型以内生经济增长模型为基础，将产出视为总资本存量的增函数。与其他模型相比，该模型简单明了地揭示出金融中介促进经济增长的作用。因此，选择该模型来揭示陕西农村正规金融与农村经济增长间的关系。

在一个没有政府部门的封闭经济中，假设只生产一种产品，该产品不仅可以用于消费，也可以用于投资，进行投资时产品产生一定折旧，折旧率为 δ，在人口规模不变条件下，总产出是总资本存量的线性函数

$$Y_t = AK_t \qquad (3-7)$$

其中，A 为资本边际生产率，K 为资本存量。当折旧率为 δ，投资可以表示为：$K_{t+1} - (1-\delta)K_t = I_t$，将其代入 (3-7) 式，整理如下

$$\frac{\Delta Y_{t+1}}{Y_t} = \frac{AI_t}{Y_t} - \delta \qquad (3-8)$$

当社会储蓄向投资转化过程中，部分储蓄被当做成本被消耗掉。假设储蓄转化为投资的比例为 θ，资本市场均衡时：

$$\theta S_t = I_t \qquad (3-9)$$

将 (3-9) 式代入 (3-8) 式得

$$y_t = \frac{\Delta Y_{t+1}}{Y_t} = A \frac{\theta S_t}{Y_t} = AS\theta - \delta \qquad (3-10)$$

(3-10) 式是内生经济增长理论中 AK 模型的表达式，反映了均衡经济的增长率 (Y_t) 取决于资本边际生产率 (A)、储蓄率 (S)、储蓄向投资的转化率 (θ) 和投资折旧率 (δ)。假定资本折旧率 δ 是一定的，考察农村正规金融对农村经济增长贡献的大小，也即要考察金融发展如何影响 A、S 及 θ 的。

资本边际生产率受资本产值率直接影响（安翔，2005），资本产值率可以由农村固定资产投资 (I) 与农村社会生产总值 (GDP) 之比来表示，因此可以由该指标来衡量资本的边际收益率。

$$A = \alpha + \beta \left(\frac{I}{GDP} \right) + \varepsilon \qquad (3-11)$$

储蓄率是储蓄增额与可支配收入之比。一般来说，储蓄会受到国民收入水平、实际利率、预期的不确定等诸多因素影响。我国居民储蓄的目的更多是为了预防未来的风险，而非出于盈利性目的，因此居民储蓄对利率并不敏感。与居民收入增加相比，存款加速增加时，居民储蓄存款增加额与储蓄率的走势基本一致（谭政勋，2006），因此可以认为农村居民储蓄增长率 (s) 是居民储蓄增额的表现，由此来衡量农村居民的储蓄率。

$$S = \lambda_0 + \lambda_1 s_t + \zeta \qquad (3-12)$$

储蓄向投资转化的比例不仅表示农村金融发展水平，而且是农村金融

体系效率的体现。根据麦氏和戈氏指标，由农村存贷款之和与农村社会生产总值之比来反映陕西农村正规金融发展水平，农村贷款余额与农村存款余额之比表示农村正规金融体系的效率，具体如下：

$$\theta = a_0 + a_1 FIR_t + a_2 FER_t + \mu \qquad (3-13)$$

其中，FIR_t 是农村正规金融发展水平指标，FER_t 是农村正规金融机构效率指标。

基于上述分析，可以确定影响陕西农村经济增长的要素为：农业固定资产投资占农村社会生产总值的比重（I/GDP）、农村居民储蓄增长率（s）、农村金融发展水平（FIR）以及农村金融机构效率水平（FER），因此可以构建模型如下

$$y_t = \beta_1 FIR_t + \beta_2 FER_t + \beta_3 (I/GDP)_t + \beta_4 s_t + \varepsilon_t \qquad (3-14)$$

其中，y_t 为陕西农村经济增长率，ε_t 为残差项。

2. 数据来源

数据由 1986—2010 年《陕西统计年鉴》、2000—2009 年《中国金融年鉴》、《陕西四十年》、《中国农村统计年鉴》及陕西经济信息网年度数据整理而得。其中，1978—2004 年陕西农村社会生产总值是农林牧副渔总产值和农村社会非农行业总产值之和，2005—2009 年农村社会非农行业总产值由乡镇企业增加值替代，农村社会生产总值等于农林牧副渔总产值和乡镇企业增加值之和，农村社会生产总值增长率由农村社会生产总值的对数值来表示。另外，农村存款余额等于农户储蓄加上农业存款，农村存款增长率由当年存款增额与当年存款额之比计算而得。根据陕西农村贷款及农业贷款的统计口径，1978—1987 年的农村贷款余额直接由农业贷款表示，1988—2009 年的农村贷款余额等于农业贷款加上乡镇企业贷款。

3.4.1.2 实证分析及结果检验

1. 平稳性检验

目前对于时间序列数据单位根检验的方法主要有 DF 检验、ADF 检验、PP 检验、KPSS 检验、ERS 检验和 NP 检验六种。前三种检验方法需要对被检验序列作出是否包含常数项和时间趋势项的假设，虽然在应用时不如后三种方法简便，但对被检验序列是否含有常数项和时间趋势项作出初步判断，能够为模型估计时进行趋势判断提供判断依据。另外，由于 DF 检

验方法只有当序列是一阶滞后时才有效，当序列存在高阶滞后相关，需采用增广的 DF 方法即 ADF 方法进行检验，虽然该检验方法在小样本条件下检验效果不佳，但研究样本数量较大，且各变量不存在时间趋势，因此，采用 ADF 方法进行检验即可。变量趋势选择含有常数项无趋势项形式，检验结果如表 3 – 16 所示。

表 3 – 16 单位根检验结果

变量	Y_t	FIR	FER	I/GDP	S
水平值	– 0.6493	– 1.7725	– 2.3662	– 1.0735	– 1.9949
P.	(0.8446)	(0.3865)	(0.1593)	(0.7124)	(0.2874)
一阶差分值	– 9.0964 ***	– 6.0457 ***	– 3.7621 ***	– 6.4061 ***	– 5.3273 ***
P.	(0.0000)	(0.000)	(0.0080)	(0.0000)	(0.0001)

注：表中 ***、**、* 表示在 1%、5%、10% 水平上显著。

由表 3 – 16 的检验结果可知，各变量的原序列均没有通过单位根检验，表明原序列数据是非平稳的；对变量的一阶差分进行检验，在 1% 的显著水平上均通过了检验，这说明各变量的一阶差分是单整的，即 I (0)，而原序列则是一阶单整的，即 I (1)。

2. 协整检验

虽然一些经济变量本身是非平稳序列，但它们的线性组合却有可能是平稳的，因此可以用其线性组合来解释变量间长期稳定的均衡关系。目前协整检验主要有两种方法：一种是基于回归系数的协整检验方法，如 Johansen 检验；另一种是基于回归残差的协整检验如 CRDW 检验和 E – G 检验等。研究采用第一种检验方法对各变量的长期均衡关系进行分析。

检验结果如表 3 – 17 所示。根据检验结果来看，在 5% 的显著水平上特征根迹统计值和 λ – max 统计值均大于临界值，因此，拒绝各变量间不存在协整关系的原假设，认为各变量之间至少存在一个协整关系。

表 3 - 17   Johanson 协整检验结果

假设协整向量个数	特征根迹统计量	临界值（0.05）	λ - max 统计量	临界值（0.05）
至少 0 个	88. 7975 *** (0. 0000)	69. 8189	41. 8025 *** (0. 0046)	33. 8769
至少 1 个	45. 4610 (0. 0134)	47. 8561	17. 3970 (0. 5460)	27. 5843
至少 2 个	27. 1264 (0. 0213)	29. 7971	16. 0303 (0. 2231)	21. 1316
至少 3 个	10. 4705 (0. 1001)	15. 4947	10. 4179 (0. 1859)	14. 2646
至少 4 个	0. 0069 (0. 9458)	3. 8415	0. 5388 (0. 4629)	3. 8414

选取的截距项和趋势不同，协整方程的形式和估计结果也会不同，根据变量的变动趋势，选择原序列有截距项无线性趋势的形式，利用极大似然估计的方法进行估计，结果如表 3 - 18 所示。

表 3 - 18   标准化协整系数

Y	FIR	FER	S	I/GDP
1. 0000	- 6. 3707 ***	- 26. 6449 ***	10. 8686 ***	16. 3484 ***
T 统计值	(2. 3499)	(4. 0737)	(4. 4190)	(10. 6684)

根据标准化协整系数表，可以构建协整方程如下

$$Y = -6.3707FIR - 26.6449FER + 10.8686S + 16.3484I/GDP$$

$$(3 - 15)$$

从方程（3 - 15）来看，农村储蓄率（S）和资本产值率（I/GDP），农村固定资产投资比例与农村经济增长间存在正相关关系。如果储蓄向投资转化率不变，农村社会储蓄能力和水平增加，相应地社会投资能力也会增强，投资增加可以推动经济增长，农村固定资产投资占农村社会生产总值的比增加 1 个单位，农村经济增长将增加 16. 3484 个单位，这意味着今后一定时期内储蓄和投资是推动农村经济发展的主要力量。但农村正规金融发展水平和金融体系效率指标的系数均为负，农村金融发展水平（FER）每提升一个单位，经济增长率就会下降 6. 3707 个单位，农村金融发展效率（FIR）每增加一个单位，经济增长率将会下降 26. 6449 个单位。

农村正规金融发展会长期抑制农村经济发展？这一问题似乎与理论分析和主流观点不符。农村经济发展的关键和核心即是资金问题，因此未来农村经济发展中，金融对农村经济增长的作用至关重要似乎毋庸置疑，而且协整检验的结果也显示农村储蓄增加能够推动经济增长，也证实了这一理论。但为何农村正规金融发展水平和效率指标会长期阻碍农村经济发展？为了更好地解释这一问题，需要进一步对变量间的短期变动关系进行分析，考察短期内农村金融发展是否也会抑制农村经济发展增长。

3. 向量误差修正模型

变量间存在协整关系时，对变量短期因果关系的检验可以通过建立向量误差修正模型，而且该模型也能够进一步加强对农村正规金融发展与经济增长长期关系的认识。

根据方程（3-15），建立向量误差修正模型如下

$$\Delta Y_t = \alpha ECM_{t-i} + \sum_{i=1}^{m} \beta_0 \Delta Y_{t-i} + \sum_{i=1}^{m} \beta_1 FIR_{t-i} + \sum_{i=1}^{m} \beta_2 FER_{t-i}$$

$$+ \sum_{i=1}^{m} \beta_3 S_{t-i} + \sum_{i=1}^{m} \beta_4 (I/GDP)_{t-i} + \varepsilon_t \qquad (3-16)$$

其中，Δ 表示一阶差分，m 为滞后项数，ECM 为均衡误差，表示各经济变量在短期波动中偏离长期均衡关系的程度。系数 α 体现均衡误差对因变量的控制，表示各经济变量回到均衡点的调整速度。原解释变量差分项的系数是反映各变量的波动对被解释变量的短期影响程度，所以如果 β_1、β_2 和 β_3 显著不为零，意味着农村金融发展水平和金融体系效率在短期内能够推动农村经济增长，反之则无作用。根据 AIC 和 SC 准则确定滞后阶数时，当滞后项为 1 时，AIC 值最小，当滞后阶数为 2 时，SC 值最小，最终利用方程的 LR 值来加以确定，选择合适的滞后阶数为 2。估计结果如表 3-19 所示。

表 3-19　　　　基于（3-16）式的误差修正模型检验结果

变量	回归系数	标准误差	T 检验值
ECM_t	-0.0077	0.9999	0.1017
ΔY_{t-1}	-0.7752	-0.6888	0.3529
ΔY_{t-2}	-0.0314	-0.5222	0.3638
ΔFIR_{t-1}	1.3563 ***	0.3775	3.5931

变量	回归系数	标准误差	T 检验值
ΔFIR_{t-2}	1.1894 ***	− 0.4735	4.6358
ΔFER_{t-1}	0.2277 *	− 0.3703	1.3251
ΔFER_{t-2}	− 0.6127	0.2566	1.2942
ΔS_{t-1}	− 0.8224 **	0.1718	2.2209
ΔS_{t-2}	7.5108 **	− 0.0863	2.3376
$\Delta (I/GDP)_{t-1}$	− 1.2207 ***	− 2.1961	7.6887
$\Delta (I/GDP)_{t-2}$	− 5.2958 ***	− 0.0759	7.5109

误差修正模型的检验结果显示，除了 ΔY_{t-1}、ΔY_{t-2} 和 ΔFER_{t-2} 外，其他变量的回归系数分别在 1%，5% 和 10% 的显著水平上通过了检验。

滞后一期和滞后两期的农村金融发展水平指标系数为正，说明短期内农村金融资产总量增加能够推动农村经济增长，该指标贡献率的大小，还需要运用方差分解的方法进一步验证。金融体系效率指标滞后一期的系数是正的，滞后两期的系数是负的，意味着陕西地区农村金融体系效率影响农村经济发展是十分敏感的，较低的农村金融效率水平会抑制农村经济增长，但是短期内农村金融体系效率究竟是促进经济增长还是抑制经济增长，也需要运用方差分解的方法进一步证明。此外，农村储蓄滞后一期的指标对经济增长产生负向影响，而滞后两期指标能够促进农村经济增长，说明储蓄向投资转化，存在一定的时滞效应，导致了储蓄对经济增长同样也存在时滞效应。滞后两期的农村固定资产投资均是负向，主要原因在于农村固定资产投资主要是用于农村基础设施建设和农户住房投资，不存在投资的持续经济效应。

4. 方差分解

方差分解是利用变量方差来度量结构冲击对内生变量变化的贡献度，从而评价不同结构冲击的重要性。运用该方法对短期内陕西农村金融发展各指标对农村经济增长的贡献程度进一步考察，结果如图 3 - 16 至图3 - 19 所示。

从图示不难看出，短时期内农村正规金融发展能够促进农村经济增长。从贡献率的大小来看，农村正规金融发展水平对经济增长的贡献最大，贡献率在 0 ~ 30%，这也与向量误差修正模型得出的结论一致；其次是农村固定资产投资指标，对经济增长的短期贡献在 0 ~ 20%，农村金融体系效率次之，在 0 ~ 18%，农村储蓄率对农村经济的作用最小，仅 5% 左右，但较为平稳。

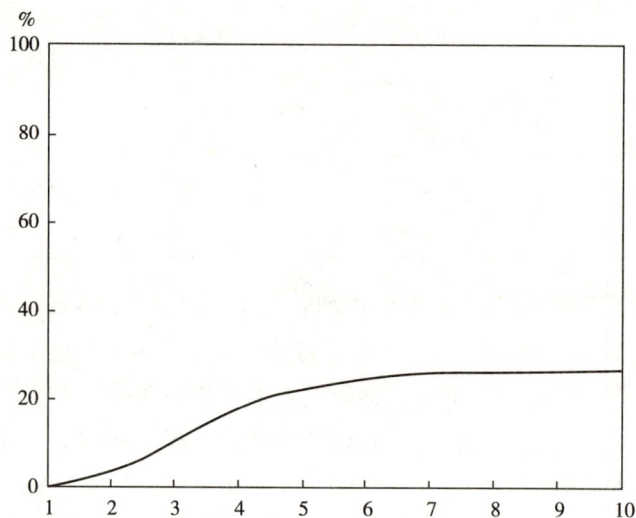

图 3 - 16　农村金融发展水平对经济增长贡献度

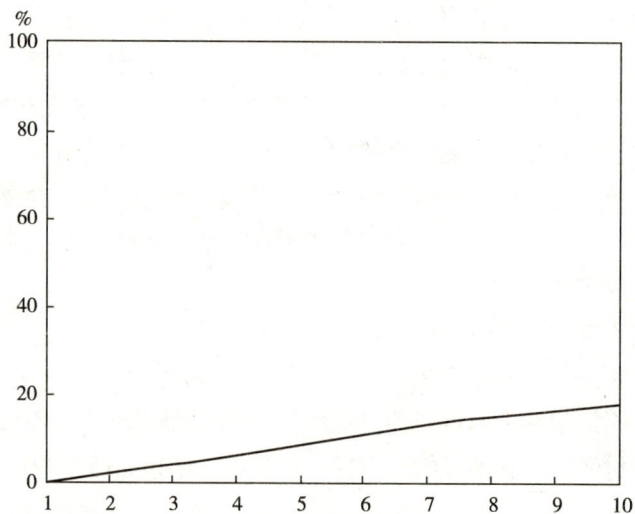

图 3 - 17　农村金融发展效率对经济增长贡献度

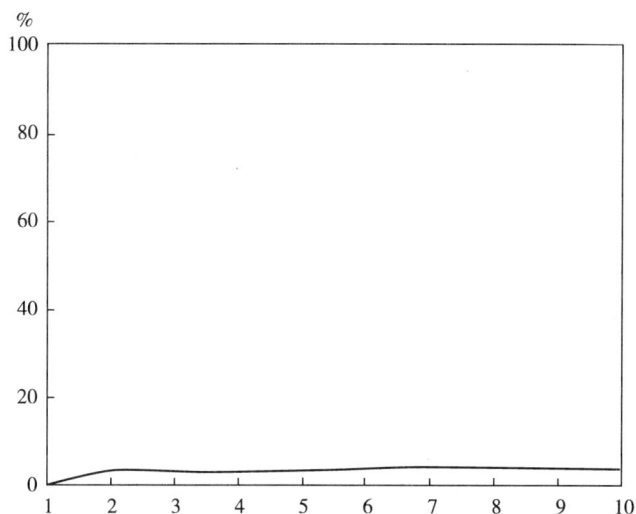

图3-18 农村储蓄率对经济增长贡献度

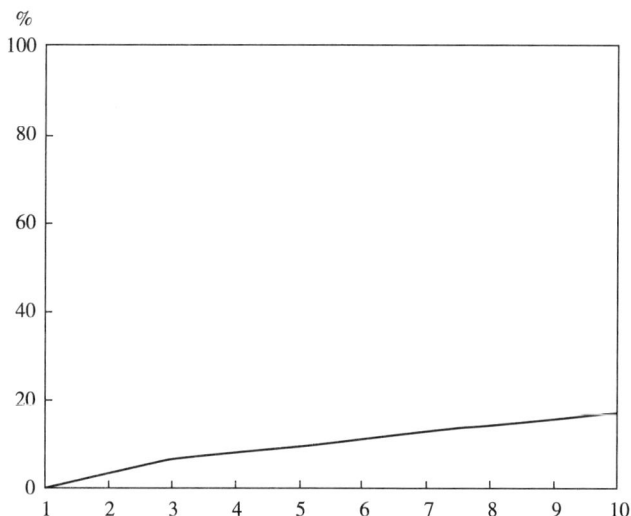

图3-19 农村固定资产对经济增长贡献度

5. 主要研究结论及解释

本研究的主要结论是短期内农村正规金融的发展对经济增长具有正向促进作用,按贡献率大小进行排序,分别是农村正规金融发展水平(0~30%)、资本边际生产率(0~20%)、农村金融体系效率(0~18%)以及农村储蓄率(5%左右),长期来看,资本边际生产率和农村储蓄率两个指标能够推动农村经济增长，而农村正规金融发展的深化指标（水平和效率）则会抑制农村经济增长。为什么短期内农村正规金融发展能够促进农村经济增长，而且对经济增长的贡献率很高，但长期却会出现阻碍农村经济发展的结果呢？出现这一结果的原因可能主要是由三方面的原因造成的：

其一，农村正规金融机构加速了农村资金外流。从农村存贷款的差额来看，陕西省农村地区 1978—2009 年的 32 年间通过农村正规金融机构流出的资金总额高达 16 208 万元，流出资金速度平均为 500 万元/年。农村金融需求主体难以提供有效的担保品，农村信用工程的开展和信用等级的评定虽然在一定程度上缓解了农村金融主体资金借贷的困难，但由于信用贷款的总规模有限，导致农村金融需求主体无法从农村正规金融途径获得贷款，农村金融的供给主体所动员的大量的资金在农村地区无法投放的情况下，为了获得较高的资本收益率，实际上长期实施着宽进严出的借贷政策，将大量资金转移出农村地区，致使农村产业发展过程中难以获得有效的资金支持。如果农村正规金融机构"嫌贫爱富"的特质不改变，农村资金外流得不到有效改善，农村存贷差进一步拉大，那么欠发达地区农村在内源资金流失和外源资金缺失（由于农业资本报酬率低下，农村地区吸引资金能力有限）的双重困境下，出现农村正规金融发展抑制农村经济增长的现象也是极有可能的。

其二，农村正规金融机构与农村经济增长协调发展难以形成。农村正规金融机构的贷款产品是采用商业银行标准贷款程序，要求农村经济主体提供一定的担保，而农村经济主体往往没有能力提供合适的担保产品，难以从农村正规金融机构获取发展资金，那么农村经济主体会因资金短缺而不能扩大生产或者是推迟扩大生产计划的实施，导致农业生产和涉农产业规模难以扩大，发展缓慢，致使农村正规金融机构发展不利于农村经济增长。相应的，农村经济增长缓慢，乡镇企业和农户收益提高缓慢，也会导致农村储蓄增长缓慢以及农村资本难以形成，农村正规金融机构的规模也会增长得更缓慢，农村正规金融机构的惜贷行为也会愈加明显，农村正规金融与农村经济增长之间不能协调发展，终会导致农村资金不断在体制外循环或者是大量流出农村地区，长期可能会制约农村经济发展。但短期来看，以农村信用社为主的农村正规金融机构在国家政策引导下，仍是农村金融市场的主力军，通过建立农户信用档案，创新涉农贷款产品等方式，加大了涉农贷款，短期内能够有力地推动农村经济增长。

其三，与农村正规金融自身运行效率有关。陕西省农村金融机构效率和资金配置效率不断下降，再加上农村正规金融机构效率对经济增长十分敏感。因此，当陕西农村经济发展水平较低时，农村正规金融机构的效率与当前的农村经济发展水平是相适应的，那么农村正规金融发展效率指标是能够推动农村经济增长的，但当农村经济增长到较高水平时，农村金融与农村经济间的协调关系尚未形成，而且农村正规金融体系的效率长期低效运转，必然与农村经济的水平不相适应，出现农村正规金融的效率指标阻碍农村经济发展的现象也就不难理解了。长远来看，如果农村正规金融机构不能有效地满足日益增长的农村经济主体的金融需求，难以提高自身的运行效率，不仅导致自身发展缓慢，还会阻碍农村经济增长。

3.4.2　农村正规金融经济贡献的区域差异

由上述分析可见，农村地区正规金融发展水平是农村经济增长的主要原因，正规金融发展的区域差异是导致农村经济区域呈现差异的重要原因，因此要考察各地区农村正规金融发展差异时，必须还要分析其对农村经济贡献的差异。

3.4.2.1　模型设定

为了研究不同区域正规金融支农绩效，借鉴前面部分的理论模型，设定模型如下

$$Y_{it} = C + \alpha_1 FER_{it} + \alpha_2 FIR_{it} + \alpha_3 S_{it} + \varepsilon_{it} \qquad (3-17)$$

其中，Y_{it} 表示农村居民人均纯收入，FER_{it} 和 FIR_{it} 分别表示第 i 个区域 t 年正规金融的发展效率和发展水平，指标计算方法同上，S 表示农户期末拥有的金融资产，包括期末现金、存款等。$i = 1，2，3$，分别表示榆林、渭南、商洛，$t = 1997，\cdots，2009$。

根据模型来看，以三样本区域农村正规金融发展水平、发展效率和期末拥有的金融资产作为解释变量，这一时期农户人均纯收入的对数值作为被解释变量，来分析不同区域正规金融对农户收入的贡献大小。

3.4.2.2　数据描述性分析

1997 年以来农户人均纯收入水平（没有剔除通货膨胀因素）呈现平稳

增长态势。但由于三大区域经济基础和发展速度的差异，农户人均纯收入的区域差异呈现新的特征：（1）1997—2009 年渭南和商洛农户人均纯收入的差异较为稳定，差距最小的 2003 年是 268 元/人，差距最大的 2009 年是 582 元/人，平均差距为 422.68 元/人；（2）1997—2003 年商洛和榆林农户人均纯收入差距甚微，差距不足 120 元/人，2003 年之后农户人均纯收入差距开始不断拉大，在 2006 年榆林农户纯收入一度超过渭南的农户纯收入后，榆林农户人均纯收入与渭南、商洛地区的差异同时拉大（如图 3 - 20 所示）。

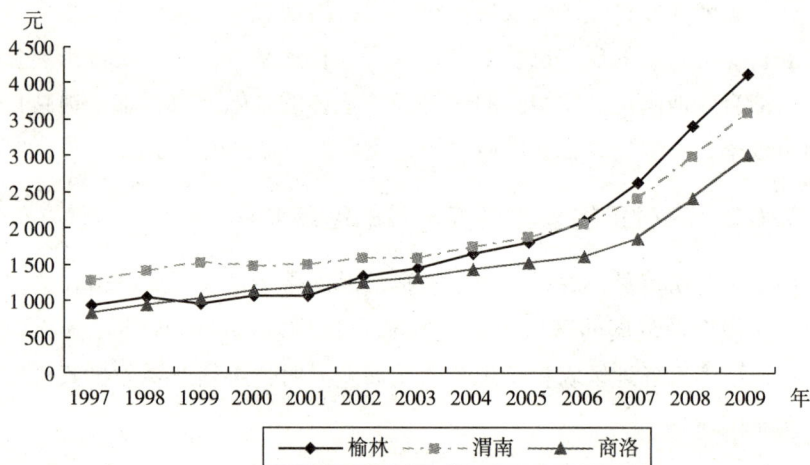

资料来源：三地区 1997—2009 年统计年鉴。

图 3 - 20　三地区农户纯收入

进一步分析三地区农业存贷款和农户金融资产情况，可以看出：（1）农业贷款额大于农业存款，贷存差额呈增加趋势。与陕西省农村资金大量流出不同的是，三地区的农业贷款均大于农业存款，且这一差额呈增加趋势，农业贷存差与当地农户的人均纯收入水平呈现反向变动关系。（2）农户存款差异较大。榆林地区农户纯收入水平高于商洛地区，但农户存款数额远远低于商洛地区，说明了生活越贫困，经济发展水平越低的地区，农户为了预防生活和生产中的风险或者是养老等，存款意愿就会越强烈。（3）农户金融资产拥有量与收入呈正向关系。从金融资产种类看，渭南地区农户拥有资产种类比较丰富，农户拥有股票、有价证券等多种类金融资产的特征业已显现，农户投资意识逐步增强，榆林地区农户手持现金比例较大，商洛地区农户则以银行存款为主，但限于收入水平有限，即使在渭南地区农户投资多种金融资产，但是规模非常之小，而其他地区农户的投资理财观念还不是很强。

表 3 - 20 　　　　　　三地区农业存贷款、农户金融资产均值 　　　　单位：元

指标	人均纯收入	农业存款	农业贷款	存款	金融资产
榆林	1 811.62	196 470.15	417 387	85.18	728.99
渭南	1 919.92	67 694.31	375 704.69	——	819.54
商洛	1 497.25	32 792.15	220 111	417.33	604.25

资料来源：三地区 1997—2009 年统计年鉴。

3.4.2.3　实证分析过程及结果解释

1. 确定模型设定形式

面板数据包含个体、指标、时间三个维度的信息，在利用面板数据建立模型时，首先需要考虑的就是设定正确的模型形式。如果面板模型形式设定不正确，估计结果就会和模拟的经济效果相去甚远。面板数据模型形式主要有联合回归模型（模型中各个体影响相同且没有结构变化）、变截距模型（个体之间存在影响但没有结构的变化）和变系数模型（个体间影响不同且存在结构变化）三种。要设定哪种模型形式，可采用协方差方法进行检验。

协方差检验假设如下：

H_0：式（3 - 17）中解释变量系数对所有截面成员是相同的；

H_1：式（3 - 17）中解释变量系数和截距项对所有截面成员都是相同的；

检验统计量符合相应自由度下的 F 分布，即

$$F_1 = \frac{(S_3 - S_1)/(N-1)(K+1)}{S_1/[NT - N(K+1)]} \sim F[(N-1)(K+1), NT - N(K+1)]$$

$$(3 - 18)$$

$$F_0 = \frac{(S_2 - S_1)/(N-1)K}{S_1/[NT - N(K+1)]} \sim F[(N-1)K, NT - N(K+1)] \quad (3 - 19)$$

其中，S_1、S_2、S_3 分别表示不同模型的残差平方和，其中 S_1 是变系数模型的残差平方和，S_2 是变截距模型的残差平方和，S_3 是联合回归模型的残差平方和，N 为截面个数，K 为非常数解释变量个数，T 为样本时间序列观

测时期数。运用 EViews6.0 对式（3-17）的三种模型形式分别进行估计，得到方程的检验值（如表 3-21 所示）。根据公式进行计算，结果显示：H_1 假设下的统计量 $F_1 = 1020.4362 > F_{0.01}(8, 27) = 3.2558$，在 1% 的显著水平上拒绝 H_1，该面板数据模型不符合联合回归模型；H_0 假设下的统计量 $F_0 = 3.0414 < F_{0.05}(6, 27) = 2.3053$，在 5% 的显著水平上拒绝了 H_0，说明该面板数据也不符合变截距模型形式，因此式（3-17）应设定为变系数模型形式。

表 3-21   三类型模型回归结果检验值

统计指标	联合回归模型	变截距模型	变系数模型
R^2	−36.9987	0.8011	0.8813
F 值	—	26.5861 ***	18.2292 ***
残差平方和	219.7460	1.2140	0.7244

注：***，**，* 分别表示在 1%，5%，10% 的显著水平上通过检验。

　　由于个体影响的差异，变系数模型有固定效应变系数模型和随机效应变系数模型两种。是采用固定效应还是随机效应，需要运用 Hausman 检验进行验证。对方程（3-17）进行两种模型的估计，结果显示固定效应变系数和随机效应变系数模型两种模型的估计结果没有实际的差异。但由于研究关注的是不同截面个体变量间的差异，因此，固定效应的变系数模型的估计结果更符合研究目的，便于解释不同地区各变量的差异。

表 3-22   Hausman 检验结果

统计指标	χ^2 统计值		自由度	Prob.
随机效应	0.0000		6	1.0000
变量	固定效应	随机效应	方差	Prob.
FER_1	−0.0670	−0.0768	−0.0001	—
FER_2	−0.0336	−0.0213	3.29E−05	0.0322
FER_3	−0.0349	−0.0405	9.97E−06	0.0782
FIR_1	0.4277	0.4131	−0.0006	—
FIR_2	−0.8684	−0.1469	0.0473	0.0009
FIR_3	0.4526	0.4097	0.0010	0.1746
S_1	−0.0004	−0.0004	−5.05E−08	—
S_2	0.0007	0.0009	4.71E−08	0.2541
S_3	0.0011	0.0011	5.69E−08	0.7510

2. 实证结果解释

由于误差项存在自相关，采用 GLS 方法对式（3 - 17）进行分析，结果如表 3 - 23 所示。

根据模型估计结果，$R^2 = 0.8813$，$F = 18.2292$，各变量在 1% 的显著水平上通过检验，说明模型回归结果较好，表明选取的农村正规金融发展水平、农村正规金融发展效率和农户拥有金融资产等三个指标能够很好地解释农户收入增长的差异。

表 3 - 23　　　　　　　　固定效应变系数模型估计结果

变量	系数	标准差	T 统计值	P 值
常数项	7.4940 ***	0.1618	46.3212	0.0000
FER_1	− 0.0670 ***	0.0134	− 5.0169	0.0000
FER_2	− 0.0336 ***	0.0114	− 2.9422	0.0066
FER_3	− 0.0349 **	0.0161	− 2.1647	0.0394
FIR_1	0.4277 ***	0.0301	14.2261	0.0000
FIR_2	0.8684 *	0.4339	2.0016	0.0555
FIR_3	0.4526 ***	0.1033	4.3801	0.0002
S_1	− 0.0004	0.0003	− 1.1669	0.2535
S_2	0.0007	0.0007	1.0410	0.3071
S_3	0.0011 **	0.0005	2.1407	0.0415
固定效应（截面）				
榆林	− 0.5200			
渭南	0.9746			
商洛	− 0.4545			
R^2	0.8813	F 值		18.2292 ***
调整后的 R^2	0.8330	D. W. 统计值		1.8503

实证结果显示：（1）榆林、渭南和商洛三地区农村正规金融发展效率与农户纯收入呈现负向关系，这一点与陕西省整体判断的结果一致，即由于农村正规金融效率低下，会影响农村金融效用的发挥，影响农户收入水平的提高。借贷对农户至关重要，不仅能够提高农户的生活消费水平，优化消费结构，而且能为农户扩大再生产提供保障，为投资新的生产领域和采用新的生产技术提供资金支持，在推动农业生产发展的同时，提高农户收入和福利水平。已有研究显示，三大地区贷存差额较大，即农业贷款的

数额远远超出农业存款的数量，在贷存差额最大的榆林地区，农村正规金融发展效率对农户收入的制约作用最大。因此制约三地区正规金融体系效率的原因应该不是贷款规模，而是与借贷资金的用途和正规金融体系效率密切相关。因为正规金融机构如果将大量的农业贷款投向农村基础建设上，虽有利于农村的长久发展，但是对农户当前增收的作用不大，而农户投资所需资金仍然难以从正规金融途径获得，从而导致各地区农业贷款实质上无益于农户增收。另一方面，制约三地区正规金融体系效率的原因还与农村正规金融机构自身运行效率低下有关。金融的三大主要功能即资金动员、配置资金和分散风险（莱文，2000），林毅夫（1999）认为资金配置功能最为重要。实现资金的最优配置资金，提高资金回报率，使得生产实际所用资金数量减少，可动员资金相对增多，不仅能够有利于增加再投资，还能够有效降低风险。

表 3 – 24　　　　　　　　三地区贷存比和单位农业产出的比较分析

年份	贷存比			单位农业产出		
	榆林	渭南	商洛	榆林	渭南	商洛
1997	1.34	30.18	13.69	11.88	1.71	1.55
1998	1.57	17.55	18.69	11.70	1.93	1.73
1999	6.72	17.38	9.04	1.22	1.83	1.69
2000	5.10	10.64	10.29	1.47	1.33	1.71
2001	5.72	7.44	7.83	1.19	1.26	1.76
2002	4.31	6.96	9.43	1.26	1.22	0.99
2003	3.35	6.25	7.45	0.98	1.20	1.35
2004	3.20	6.25	8.44	1.00	1.26	1.11
2005	2.87	5.94	11.95	0.74	1.21	1.01
2006	2.10	5.03	7.94	0.69	1.51	1.25
2007	2.06	4.45	6.07	0.59	1.68	1.25
2008	1.67	4.15	4.38	0.61	1.96	1.31
2009	1.93	3.13	5.28	0.41	1.47	0.59

资料来源：《榆林统计年鉴》、《渭南统计年鉴和商洛统计年鉴（1997—2009 年）》，其中贷存比＝农业贷款/农业存款，单位农业产出＝农业产值/农业贷款额。

　　从三地区贷存比和单位农业产出来看，三地区贷存比和单位农业产出均呈现出下降态势，进一步验证了前面的结论：农村金融体系效率的不断下降是致使农户收入出现负向增长的主要原因。从区域差异来看，首先2000年之前渭南地区高于商洛地区，之后商洛开始超过渭南，但两个地区的贷存比都远远高于榆林地区；其次单位农业产出显示，2000年之前榆林资金较为紧缺，单位农业产出高于其他两个地区，2000年榆林单位农业产出开始下降，落后于其他两个地区，2009年榆林单位农业产出仅为0.61，而同时期的渭南和商洛的单位农业产出分别为1.47和0.59。榆林地区贷存比和单位农业产出比重下降较为迅速，致使其金融体系效率对农户收入制约作用最大。贷存比的下降，进一步暴露出陕西农村正规金融市场发育先天不足，缺乏竞争性，农村信用社一家独大的情形下，正规金融机构资金运用效率低下等问题突出。

　　（2）正规金融的贡献率在渭南地区最高，商洛次之，榆林最低。正规金融支农绩效在渭南地区最高为0.8684，商洛为0.4526，榆林为0.4277。位于关中的渭南，自然条件优于陕北的榆林和陕南的商洛，金融支农贡献高，除了与其金融体系运行效率有关外，其相对优越的自然条件也发挥了积极影响。但这一结果与1997—2009年正规金融的农业贷款额并不吻合，农村正规金融在榆林地区的年均贷款额为41.74亿元，渭南地区年均37.57亿元，商洛地区仅22.01亿元，其主要原因应该在于榆林地区农村金融体系效率低，农业贷款利用效率低。此外，农业自然条件同样较差的榆林，2009年农户人均纯收入高出商洛地区1 125元/人，甚至在2006年高出渭南地区，这应该与榆林经济增长方式有关。榆林地区是典型的资源开发型地区，其经济收入增长路径与其他传统农区不同，农户收入对传统农业的依赖性小于其他两个地区，由此也可以推断其涉农贷款并未投入传统农业领域。

　　（3）农户自有金融资产对商洛农民纯收入的影响较为显著，对其他两个地区影响不显著。从农户自有金融资产数量看，渭南地区最高，榆林地区次之，商洛地区最低，与实证结果差异较大，出现这一结果的原因应该有以下方面：首先，商洛地区农户自有金融资产低于其他两个地区，但其存款比例相对较高，其农户存款的转化比例也相对较高，这一点也可以从表3-24中商洛的贷存比指标得到进一步佐证，商洛地区农户贷存比率较高，但受制于地区自然条件，耕地较为贫瘠，单位农业产出有限，农户纯收入水平较低；其次渭南地区农户投资渠道多样，金融资产种类比较繁多，分散投资但技术水平不够可能会影响这一指标对收入作用的发挥；最后是榆林地区农户存款意识较为淡薄，年均存款额不足100元/户，较低的农户存款进一步制约了农户贷款，影响农户收入增长。

为避免陕西农村正规金融抑制农村经济发展的情况出现，进一步发挥农村金融在陕西农村经济中的支持作用，需要加快农村金融改革，在市场机制的基础上，构建完善的农村金融体系，建立合作与竞争并存的农村金融运行体系，提高农村正规金融机构效率。这是目前农村金融改革的当务之急。

3.5 本章小结

建立涵盖数量和质量多维度的农村正规金融发展指标体系，从经济规模、发展速度、组织规模、金融深化对陕西农村正规金融发展的区域间和县域内差异作出全面分析，从农村金融发展的综合水平视角对陕西农村正规金融发展的区域间差异进行分析，结果显示陕西农村正规金融发展区域差异正不断拉大，呈现"U"形特征，以资源开发实现经济增长的榆林地区，农村正规金融业务发展迅速，已超过传统农区的关中地区，陕南经济基础薄弱，自然资源匮乏，农村金融发展水平最低，而发展速度要高出关中地区，形成了农村正规金融发展规模和水平从北到南依次降低，发展速度两头高，中间低的格局。

虽然陕西各市间的区域差异不断拉大，但这些差异更多的是由组内差异，即各市县域间的差异引起的，而非是组间差异引起的。基于此，对榆林、渭南和商洛三市农村正规金融发展的县域差异分别进行了分析，结果显示，榆林农村正规金融发展区域差异十分显著，呈现明显的递增态势，2009年基尼系数等各指标超过0.8，相较于榆林地区，渭南和商洛两地区呈现出明显的阶段性：初始阶段农村金融发展区域差异缩小，前者是1997—2000年，后者是1997—1998年；中间阶段是区域差异保持相对稳定；最后一个阶段是下降或者是上升，渭南2005年之后开始下降，商洛农村正规金融发展县域间差异2009年开始上升，呈现出偏"U"形特征。

陕西农村正规金融对经济增长贡献的整体判断结果分析显示：在短期

内，农村正规金融发展能够推动农村经济增长，但是长期可能会阻碍农村经济增长，原因在于农村正规金融机构惜贷、大量农村资金外流、正规金融与农村经济间协调关系尚未形成和农村正规金融机构运行效率低下。对陕西农村正规金融支农绩效的区域差异比较的结果显示，农村正规金融发展支农绩效在渭南地区最高，商洛次之，榆林最低。榆林市农村正规金融发展区域差异不断扩大但支农绩效较低，暴露出资源型地区经济转型过程中，积聚的大量社会资本并未获得最佳配置等问题。

4 陕西农村正规金融发展区域差异的成因解释

陕西农村正规金融发展的区域差异出现的原因，是受金融体系内要素的影响，还是由外部力量的推动所造成的？要回答这一问题，本章基于第2章的农村金融发展区域差异的决定模型，运用协整分析和夏普里值回归分解过程等计量方法，对造成陕西农村正规金融发展区域差异组间（各市间）和组内（县域间）的原因进行分解，尝试揭示影响陕西农村正规金融发展的要素，分析造成农村正规金融发展区域差异的根本原因，为陕西农村正规金融区域均衡发展政策建议的提出提供理论依据。

4.1 模型确定、指标选择和方法解释

4.1.1 模型确定和指标选择

根据第2章农村金融发展决定模型，可见决定农村金融发展区域差异的要素主要有四个方面：其一是地区固有因素，如地区资源禀赋、文化等要素；其二是农村经济发展水平；其三是制度因素；其四是创新能力。决定农村经济发展的最根本要素是土地、劳动力和资本，因此农村地区固有因素必须要考虑其人力资本、土地资本和其他要素。人力资本从两个方面考虑：一是当地农村从业人员的数量，二是其受教育程度。由于渭南和商洛农民受教育程度数据缺失，因此考虑以农户的文化教育用品服务支出进行替代。一般来说，家庭决策者受教育程度相对较高，对文化教育用品和子女教育上的投入相对也较多。土地资本不仅要考虑人均耕地占有量，还要考虑耕地的地力，由人均耕地面积和粮食单产两个指标来衡量，此外地区农业生产的先天条件，如平原、丘陵、山区等地形条件的影响也能够通过粮食单产这一指标体现出来。农村经济发展的情况由农户人均纯收入来衡量，由于农村非农产业数值缺失，无法全面衡量农村经济发展情况，农户作为农村的主体部分，其收入水平不仅能够直接反映当地经济水平的高低，而且其收入结构也能体现当地农村经济的结构。制度性因素主要是国

家政策或金融体制等，本书选取陕西省为研究对象，因此具有重要影响的国家政策主要是 2000 年国家实施的西部大开发战略和 2003 年的农村信用社改革试点。农村金融交易效率是农村金融机构运行的基础，因此农村金融创新能力由金融市场的交易效率和商品市场交易效率来衡量，金融市场交易效率由农业贷款与农业存款之比来衡量。商品实现交换，最为重要的条件即交通，因此商品市场交易效率由汽车通村比率体现。因此，农村金融发展的决定方程具体如下

$$y_{it} = \beta_0 + \beta_1 \times l_{it} + \beta_2 \times L_{it} + \beta_3 \times F_{it} + \beta_4 \times Edu_{it} + \beta_5 \times PR_{it}$$
$$+ \beta_6 \times S1_t + \beta_7 \times S2_t + \beta_8 \times K1_{it} + \beta_9 \times K2_{it} + \varepsilon_{it} \qquad (4-1)$$

其中，y_{it} 表示农村金融发展水平；l_{it} 表示人均耕地；L_{it} 是表示农村从业人员数量；F_{it} 表示粮食单产；Edu_{it} 表示文教用品服务支出；PR_{it} 表示农村人均纯收入；$S1$ 和 $S2$ 为虚拟变量，分别表示西部大开发战略和农村信用社改革；$K1_{it}$ 表示农村金融市场交易效率，$K2_{it}$ 表示商品市场交易效率。

根据理论模型，可以预计 l、L、Edu、PR 的系数为正，国家实施西部大开发战略和农村金融体制改革等政策实施对农村金融发展的作用，还有待进一步的验证，因此，$S1$ 和 $S2$ 这两个变量系数不确定。农村商品市场交易成本低、交易效率高，则农村经济活跃，相应地农村金融市场交易成本低，较易从银行获得贷款，那么农村金融就能较快发展，因此 $K1$ 和 $K2$ 的系数应该为正。

4.1.2 方法解释

根据研究目的，拟采用夏普里值过程①对影响农村金融发展的区域差异原因进行分解。首先是确定需要分解的方程，即农村金融发展决定方程，采用面板数据的回归分析方法来估计各变量的系数。其次是将农村金融发展区域差异的计算指标运用到农村金融发展决定方程的两端，从而计算出各自变量对农村金融发展差异的贡献度。

实际上，一种要素对农村金融发展差异的贡献取决于两个方面：一是

---

① 夏普里值分解的过程思想是取收入决定函数的某一自变量（例如 X）的样本均值，将其和其他变量的实际值一起代入收入决定函数，预测收入，认为新的收入的差异指标不包含该变量 X 的影响，其贡献率等于原差异指标与其差。如果收入差距扩大了，则说明该变量是扩大收入差距的要素，反之则不是。

该要素与农村金融发展的相关系数，在既定的要素分布下，系数越大，该要素对农村金融发展差距的贡献也越大。二是该要素自身的分布情况。在系数不变的情况下，该要素分布越不均匀，对农村金融发展的贡献会越大；反之同等条件下，该要素分布越均匀，该要素贡献会越小。

4.2 陕西农村正规金融发展区域差异分解及解释

4.2.1 各变量的单位根检验

为避免虚假回归，需要对模型变量进行单位根检验。面板数据单位根检验方法很多，有相同单位根和不同单位根过程下的检验，各种方法优缺点不同，研究采用 LLC 检验（2002），IPS 检验（2003）、ADF 检验（1999）、PP 检验（2001）等四种方法进行单位根检验，以同时通过检验为标准，来增强检验结果的可靠性。各变量单位根检验结果如表 4－1 所示。

根据检验结果可知，各变量的原始序列均没有同时通过四种方法的检验，其一阶差分序列同时通过了四种方法检验，因此各变量是一阶单整的。

表 4－1　　　　　　　　　　各变量单位根检验结果

变量	LLC 检验	IPS 检验	Chi－square	
			ADF－Fisher	PP－Fisher
$\ln Y$	－ 3.2179 ***	－ 1.2519	12.6867 **	11.0419 *
$D(\ln Y)$	－ 5.0102 ***	－ 3.8709 ***	23.4626 ***	22.5311 ***
l	－ 0.3007	0.6674	2.9089	3.04979
$D(l)$	－ 4.1822 ***	－ 2.6743 ***	23.0074 ***	30.3938 ***
L	1.1664	1.8401	1.4879	1.4879
$D(L)$	－ 4.0218 ***	－ 2.5341 ***	16.3503 **	16.3856 **
F	－ 1.0652	－ 0.7211	10.2973	10.0909
$D(F)$	－ 4.9531 ***	－ 4.4820 ***	27.3368 ***	42.6064 ***
Edu	0.0698	2.0405	0.6381	0.3366
$D(Edu)$	－ 5.1717 ***	－ 4.2734 ***	26.2884 ***	38.7261 ***
$\ln(PR)$	2.7859	2.9140	0.3377	0.0514

变量	LLC 检验	IPS 检验	Chi – square	
			ADF – Fisher	PP – Fisher
D（$\ln$（PR））	− 4. 2192 ***	− 2. 8000 ***	17. 6363 ***	18. 1073 ***
$K1$	− 1. 8234 **	− 0. 7382	7. 0909	7. 3284
D（$K1$）	− 7. 4331 ***	− 5. 7291 ***	33. 3693 ***	35. 6508 ***
$K2$	− 1. 9300 **	0. 3358	4. 8169	17. 3558 ***
D（$K2$）	− 5. 4564 ***	− 3. 6299 ***	22. 3965 ***	22. 9416 ***

注：*** 、** 、* 分别表示该变量在1%、5%和10%显著水平上通过检验。

4.2.2 农村正规金融决定方程的确定

面板数据各变量一阶差分序列是平稳的，因此可以运用恩格尔和格兰杰（1987）的协整检验方法对面板数据的协整关系进行检验。首先建立面板数据的回归方程，方程选定为半对数模型，采用该形式可以有效避免常数项难以分解的困扰；其次要对回归方程的残差项进行单位根检验，以对该面板数据是否存在协整关系进行判断，如果残差项平稳，那么该面板数据存在协整关系。对回归方程的残差项进行单位根检验，结果显示该序列是平稳的，该面板数据的协整关系存在，结果如表4－2所示。

表4－2　　　　　　　　残差序列的单位根检验

方法	LLC 检验	IPS 检验	Chi – square	
			ADF – Fisher	PP – Fisher
统计值	− 6. 1482 ***	− 4. 5589 ***	28. 1462 ***	33. 4169 ***
P.	0. 0000	0. 0000	0. 0001	0. 0000

检验表明面板数据各变量间存在协整关系，可以采用恩格尔和格兰杰两步法来估计协整方程。面板数据不符合随机效应，因此采用截面固定效应进行回归，估计结果如表4－3所示。调整的 $R^2 = 0.9638$，F 统计量在1%的显著水平上通过了检验，该回归模型整体拟合得较好。

表4－3　　　　　　　　协整方程估计结果（1）

变量	系数	标准差	T 统计值	Prob.
C	− 16. 9348 ***	2. 7980	− 6. 0524	0. 0000
l	0. 6268 ***	0. 0728	8. 6096	0. 0000

续表

变量	系数	标准差	T 统计值	Prob.
L	$-1.41E-07$	$8.92E-08$	-1.5796	0.1250
F	-0.0002 **	0.0001	-1.8373	0.0764
EDU	-0.0014	0.0009	-1.6026	0.1199
PR	0.1815	0.1889	0.9610	0.3445
$S1$	0.3897 **	0.1464	2.6623	0.0125
$S2$	-0.2050	0.18046	-1.1359	0.2653
$K1$	0.0435 **	0.0207	2.1020	0.0443
$K2$	15.5389 ***	3.1972	4.8601	0.0000
R^2	0.9638	F 统计值	85.8881 ***	
调整后 R^2	0.9526	D－W 统计值	1.8623	

变量人均耕地变量（l）和商品交易效率（$K2$）分别在 1% 的显著水平上通过了检验，西部大开发战略（$S1$）和农村金融交易效率（$K1$）在 5% 的显著水平上通过了检验，粮食单产（F）在 10% 的显著水平上通过了检验，其余变量如教育变量、农村金融体制改革、农户纯收入等变量均未通过检验。地区固有因素中，对农村金融发展产生重要影响的是耕地资源和代表地力的粮食单产，人力资源数量和人力资本质量的受教育程度均未通过检验，这意味着陕西农村金融发展主要依赖于土地资源，人均耕地资源相对丰富的地区，其金融发展相对较快。农村正规金融涉农贷款主要投向种植业和农机具购买，因此人均耕地面积的大小会直接影响到正规金融机构涉农贷款的数量，进一步影响农村金融发展水平。但从资金的需求程度和收益来看，相较于其他经济作物或者是苹果等林业作物，一般粮食作物的种植成本相对较低，依赖自家经营性资金或者其他收入来源的贴补就能够得到满足，一般不需要大规模的举债投资，且粮食作物的产出要远远低于果业等其他经济作物的收入，由此可以推断，粮食单产高的地区，相应的存贷款业务相对较少。因此以传统农业为主，尤其是以粮食种植为主的地区，农村金融发展水平相对较低。

此外，国家西部大开发战略的实施对陕西农村金融发展产生了重要影响，但农村金融体制改革作用不显著。国家西部大开发战略实施后，农村正规金融机构涉农贷款不断增加，国家的政策性投资带来陕西农村金融发展水平的提高和实质性改善。但2003年以农村信用社改革为首的新一轮农村金融体制改革并未带来构建新型农村金融体系、盘活农村金融市场供需严重失衡的希望。中央政府改革农村信用社的初衷是通过进行大量的注资和改革农村信用社管理体制，发展农村金融市场，改善金融服务（张杰，2007），但由此看来，"花钱买机制"的效果在陕西并不理想。实际上，农村信用社改革已经成为中央政府和地方政府的博弈工具，而博弈效果不佳的主要原因是在这场博弈中忽略了真正市场主体，仅仅完全依赖行政推动的改革，最终还是不免落入"上有政策下有对策"行政博弈的陈规之中（张杰，2007）。

根据这一结果，研究需要进一步对决定农村金融发展的变量进行筛选，最终确定运用人均纯收入、人均耕地、粮食单产、商品交易效率和农村金融交易效率等五个变量重新进行回归，结果如表4-4所示。这五个变量在95.45%的程度上决定了农村金融发展水平，F值统计量显示该方程在1%的显著水平上通过检验，而且人均纯收入、农村金融交易效率在10%的显著水平上通过检验，其余变量在1%的显著水平上通过检验，意味着这五个变量是决定陕西整体农村正规金融发展的重要变量，也是影响陕西整体农村正规金融发展区域差异最为重要的因素。

表4-4 协整方程估计结果（2）

变量	系数	标准差	T统计值	Prob.
C	-11.6931 ***	1.8520	-6.3137	0.0000
PR	0.3353 **	0.1896	1.7683	0.0865
l	0.5575 ***	0.0517	10.7805	0.0000
F	-0.0005 ***	8.51E-05	-6.0939	0.0000
FER	0.0406 **	0.0214	1.8962	0.0670
$K2$	9.2133 ***	2.2464	4.1014	0.0003
$S1$	0.3925 **	0.1529	2.5668	0.0151
R^2	0.9545	F统计值	112.0017 ***	
调整后 R^2	0.9460	D-W统计值	1.7278	

根据回归结果，可以构建陕西农村金融决定方程如下

$$\ln Y_{it} = -11.6931 + 0.3353 \times PR_{it} + 0.5575 \times l_{it} - 0.0005 \times F_{it}$$
$$+ 0.0406 \times K1_{it} + 9.2133 \times K2_{it} + 0.3925 \times S1 \qquad (4-2)$$

4.2.3 差异分解结果及原因解释

选用半对数模型，不能直接进行方程的分解，首先要对两端同取对数才可进行分解。半对数模型中的常数项对分解结果不产生影响，因此在分解时不进入分解方程，同样，国家西部大开发战略是普遍政策，因此该变量的贡献率也不作考虑。夏普里值的分解过程可以采用联合国世界发展经济学研究院（UNU-WIDER）所开发的 Java 程序①，该程序能够简便求解出不同差异指标的分解结果。研究分别使用基尼系数（Gini 系数）、对数离差均值（GE$_0$）和泰尔指数（GE$_1$）三个指标对陕西各年农村金融发展差距进行分解，将全部被解释部分的农村金融发展差距作为分母来计算不同因素的相对影响，因此不同因素的影响之和为 100%。由于基尼系数（Gini 系数）、对数离差均值（GE$_0$）和泰尔指数（GE$_1$）各指标的侧重点不同，计算结果并不一致，因此以各指标计算出的要素贡献值的均值为分析依据。

表 4-5 　　陕西省农村正规金融发展差距的夏普里值分解结果

年份	PR		l		K1		F		K2	
	排序	均值	排序	均值	排序	均值	排序	均值	排序	均值
1997	5	-0.88	1	50.91	4	-9.17	2	43.64	3	15.50
1998	5	-1.22	1	61.02	4	-8.81	2	35.41	3	13.60
1999	4	-1.96	1	45.32	5	0.23	2	38.55	3	17.86
2000	5	-2.06	1	52.05	4	-7.67	2	35.85	3	21.83
2001	5	-0.55	1	66.88	4	-6.20	3	16.05	2	23.81
2002	1	83.07	2	11.12	5	-0.32	4	2.48	3	3.65
2003	5	0.03	1	68.47	4	-4.85	3	17.77	2	18.58
2004	5	0.68	1	71.44	4	-6.52	3	12.82	2	21.57
2005	5	0.67	1	64.96	4	-6.89	2	20.64	3	20.62
2006	5	1.44	1	75.08	3	-4.29	2	24.19	4	3.58
2007	5	1.71	1	77.64	4	-2.91	2	18.53	3	5.04
2008	5	1.97	1	78.80	4	-2.28	2	16.53	3	4.99
2009	4	2.40	1	79.35	5	-2.06	2	14.53	3	5.78
合计	4	6.56	1	61.77	5	-4.75	2	22.85	1	13.57

---

① 该软件是万广华老师提供的程序测试版本，在此表示衷心感谢。

回归分解结果显示（如表4-5所示），造成陕西农村金融发展差距扩大的主要因素是人均耕地、表示地力的粮食单产、农村商品市场交易效率和农户人均纯收入，农村金融交易效率提高是缩小农村金融发展差异的主要原因。

在经济发展相对落后的陕西，区域固有因素即耕地和地力要素是农村经济发展的重要因素，其中人均耕地对陕西农村金融发展区域差异的贡献率平均为61.77%，除个别年份外，人均耕地的贡献率都在50%以上。代表地力的粮食单产指标在1997—2009年平均贡献率为22.85%，这一要素的贡献率2006年开始有所下降。虽然农村居民收入渠道日益多样，但总收入构成中，家庭经营收入仍占重要地位，因此不同区域内人均耕地和地力的差异对农户收入的区域差异作用甚大，而农村收入区域差异反映到农村金融层面，即表现为农村正规金融发展的区域差异。从微观层面而言，农村人均耕地有限，大量劳动力外出务工，其创造的劳动价值大多并未转流入当地，准确地讲是未回流到当地农村金融机构，大多数的资金在直接满足生活、生产需要过程中再次流出当地。人均耕地少，土地贫瘠，所需投资自然有限，对金融机构的资金需求也不强烈，农村资金在当地无力消化，自然会通过正规金融机构流向经济相对发达地区。在劳动价值和本地储蓄外溢的情况下，其他条件相同，人均耕地较少、土地贫瘠的地区，农村金融发展会相对迟缓。

随着农业产业化的步伐加快，土地这一稀缺资源在农业生产中的作用日益突出，不同类型的农业产业和产业化过程中所需要的资金也不尽相同。陕南地处山区，人均耕地有限，耕地相对贫瘠，受地区固有因素影响，农村金融经济基础薄弱。近年随着国家支农力量的加大，依赖秦岭等山地优势资源，核桃、中药等山区特色农业产业开始迅速发展，金融支农力度也不断加大，农村存贷业务发展速度较快。关中地区地域宽广，土地相对肥沃，人口密集，工、农业较为发达。样本点之一的渭南素有"关中粮仓"之称，以粮食为主的传统农业收益相对较低，农村金融机构支农力量相对有限，渭南地区农业贷款仅占全部贷款的2%，大量贷款被投向电力、煤炭、制造业等行业。关中地区金融机构长期对传统农业的投入较少，农业产业化发展缓慢，导致其农村金融发展已经开始落后。受国家西部大开发战略影响极大的陕北地区，依托其丰富的自然资源，经济总量实现快速增长，耕地资源丰富，人口较少，红枣、土豆等农产品产量较高，农村金融发展势头迅猛，远超过关中地区。统计资料显示，榆林市 2010 年个人贷款中，农户贷款增长迅速，占个人贷款的 55% 左右（中国人民银行西安分行货币政策分析小组，2011）。因此，区域的固有要素——耕地是今后较长一段时期内导致农村金融发展区域差距不断拉大的重要原因。

影响陕西农村金融发展区域差距的另一重要因素是商品交易效率。分解结果显示，1997—2009 年该变量对农村金融发展差异的贡献率为13.57%，呈现出不断下降的趋势。商品市场发达，交易发生的频率高、金额大，需要相应配套的转账、汇兑、借贷等金融服务来实现商品交易的顺利完成，因此商品交易效率的高低能反映农村金融服务水平的高低。陕西"十一五"期间，累计投资 338.8 亿元，基本实现 100% 的建制村通公路，农村公路建设由关中延伸至陕南、陕北，形成省内不同区域的均衡发展①。实际上，由于不同区域内地理条件的差异，实现村村通汽车尚存一定难度。正是由于基础设施条件的差异，也影响了农村商品交易发展的区域差异，进一步影响到了农村金融发展的区域差异。今后随着农村公路、广播、网络等基础设施的不断完善，农村商品交易效率对农村金融发展差异的影响会逐步减弱。

从分解结果来看，1997—2009 年农村居民人均纯收入对陕西农村金融发展差距的贡献率为 6.56%，其中 1997—2001 年，农村居民人均纯收入能够缩小农村金融发展，而之后开始不断拉大农村金融发展区域差距。对于这一结论，可以从两个角度理解：其一是国家西部大开发战略的实施效果具有一定的滞后性。人均纯收入指标的变化与国家政策基本一致，在国家实施西部大开发战略之前，陕西农村居民人均纯收入相对较低，区域间居民不平衡的现象尚未凸显。随着政策的不断推进，政策效果逐步显现，区域间农户人均纯收入差距不断拉大，而收入水平的拉大，也导致了农户储蓄的差异扩大，进一步也影响农户资金需求的差异，最终影响农村金融发展水平的区域差异。其二是劳动力转移带来的影响。农业机械化程度提高，大量富余劳动力外出务工，家庭工资性收入比重增加，根据上述分析，大量的外出务工价值虽然提高了农户人均纯收入，但可能并未为当地

---

① 数据来源：陕西公路信息网 . 2011 - 3 - 11. http：//www. sxhighway. gov. cn/Syc_Hygl_XiangXi. gl？id = 112&classid = &Ku_type = 2&Mtype = 2&table_N = ［2012 - 02 - 20］.

的金融机构创造价值，因此劳动力转移的区域差异会造成农村金融发展水平差异的拉大。正是由于这两方面的原因，农户人均纯收入从缩小农村金融发展区域差异发展到之后的扩大农村金融发展区域差距，尽管农户人均纯收入的贡献率不大，但拉大农村金融发展区域差异的作用呈现递增态势。

1997—2009 年，农村金融交易效率缩小农村金融发展水平的平均贡献率为 4.75%，贡献率是各变量中最小的，间接反映出陕西农村金融发展缓慢，农村金融交易效率相对较低。除了 1999 年外，其余年份计算出的贡献率均是缩小农村金融发展的区域差异。农村金融交易效率是决定农村金融发展水平的关键性要素，农村金融机构交易效率高，交易成本低，农村金融市场信息获取便利，农村金融机构能快速锁定其目标客户，有效避免逆向选择和道德风险，快速实现农村金融机构及金融服务的发展。不同区域农村金融交易效率的贡献率大小恰好反映出农村金融交易效率的区域差异，1997—2009 年贡献率大小呈现出明显的阶段性：第一阶段是 1997—2002 年，如果不考虑 1999 年，这期间农村金融交易效率的贡献率呈现下降态势，不同地区农村金融交易效率差距不断拉大。实际上，在不同区域设置与行政机构平行的金融机构，金融机构的人工成本、业务成本等运行成本会逐步增加，当地区金融机构数量与当地经济水平不匹配时，高昂的运行成本必然会反映到交易成本上，导致金融交易成本增加，引起农村金融交易效率区域差异增大，其对缩小农村金融发展区域差异的贡献也有所降低。第二阶段是 2003—2005 年，2003 年陕西作为农村信用社改革试点之一，开始对农村信用社体制进行改革，金融体制改革的绩效尽管不甚明显，但反映在区域差异上，体现出区域农村金融效率差异有所缩小。农村信用社的业务重组和改革虽然并未换来长期的、稳健的经营机制，但是以信用社员工和社员入股信用社的方式换取中央财政的大量资金，短期内自然实现了农村信用社的良好绩效。农村信用社根本性的问题仍未解决，但长期历史包袱和经营困难在增资扩股与中央注资的行为下也得以缓解（张杰，2007）。这些因素的影响反映在第三阶段（2005—2009 年），农村金融发展效率的区域差异进一步拉大。不同地区农村金融发展基础不同，地方政府行为存在差异，农村信用社改革效果的区域差异开始逐步拉大，对农村金融发展差异的贡献率逐年下降，导致区域农村金融发展的差距会进一步拉大。

综上分析，影响农村金融发展区域差异的要素在不断发生变化，未来会导致其差距拉大的可能是耕地、农户人均纯收入和农村金融交易效率这三个要素。但随着经济不断发展，金融需求主体对金融供给的影响也会越来越大，因此不同地区农村金融需求主体的差异也可能会影响到农村金融发展的区域差异。

4.3 陕西农村正规金融发展县域间差异的分解及原因解释

陕西农村金融发展差异主要体现为县域间的差异，因此要对造成差异的原因进行分解，不仅要分析造成各市间差异的原因，还要考虑造成县域差异的原因。此外，仅对陕西整体进行分解可能会忽略掉区域性的独特特征，造成分解误差，因此要对三地区农村正规金融发展县域间差异逐一分解并作出解释。

4.3.1 榆林农村正规金融发展县域间差异分解及原因解释

4.3.1.1 单位根检验结果

各变量单位根检验结果如表4-6所示。根据检验结果可知，各变量的原始序列均没有同时通过检验，其一阶差分序列同时通过了检验，因此各变量是一阶单整的。

表4-6　　　　　　　　　　　各变量单位根检验结果

变量	LLC 检验	IPS 检验	Chi - square	
			ADF - Fisher	PP - Fisher
Y	0.2474	—	12.2302	15.4611
$D(Y)$	−15.7788 ***	—	174.537 ***	182.263 ***
l	−0.5810	0.4503	27.1915	27.1915
$D(l)$	−8.7064 ***	−6.3372 ***	82.6380 ***	118.839 ***
L	0.2458	1.5561	23.0436	22.1615
$D(L)$	−8.8968 ***	−7.3885 ***	91.2791 **	118.749 **
F	−1.2953 *	−0.2450	26.6967	32.8864
$D(F)$	−17.9122 ***	−13.5947 ***	152.618 ***	171.932 ***
Edu	−1.0098	1.42642	18.0578	15.7169

续表

变量	LLC 检验	IPS 检验	Chi – square	
			ADF – Fisher	PP – Fisher
D (Edu)	− 11. 9848 ***	− 10. 0642 ***	120. 661 ***	156. 740 ***
$\ln PR$	− 4. 35786 ***	1. 5020	22. 8930	13. 3994
D ($\ln PR$)	− 14. 9616 ***	− 9. 74902 ***	109. 396 ***	172. 840 ***
$K1$	− 3. 2090 ***	− 1. 0037	− 1. 0037	− 1. 0037
D ($K1$)	− 10. 3076 ***	− 8. 2267 ***	101. 3820 ***	135. 4850 ***
$K2$	− 1. 6896 **	− 0. 3286	23. 2518	39. 7816 ***
D ($K2$)	− 11. 7037 ***	− 10. 0417 ***	96. 0339 ***	106. 383 ***

注: ***、**、* 分别表示该变量在 1%、5% 和 10% 显著水平上通过检验，农村金融发展指标因选择变量形式不同，部分检验指标缺失。

4.3.1.2 农村正规金融决定方程的确定

研究采用恩格尔和格兰杰（1987）协整检验方法，对回归方程的残差进行单位根检验。检验结果如表 4 − 7 所示，结果显示回归方程的残差序列是平稳的，因此该面板数据存在协整关系。

表 4 − 7　　　　　　　　残差序列的单位根检验

方法	LLC 检验	IPS 检验	Chi – square	
			ADF – Fisher	PP – Fisher
统计值	− 3. 8167 ***	− 2. 0339 **	37. 6773 **	46. 3387 ***
P.	0. 0001	0. 0210	0. 0374	0. 0040

检验表明面板数据各变量间存在协整关系，采用恩格尔和格兰杰两步法来估计长期协整方程。面板数据不符合随机效应，因此采用截面固定效应进行回归，估计结果如表 4 − 8 所示。调整后的 $R^2 = 0.9910$，F 统计量在 1% 的显著水平上通过了检验，因此该回归模型整体拟合得较好。DW = 1.9160，表明模型各变量不存在序列自相关。

表 4 − 8　　　　　　　　协整方程估计结果

变量	系数	标准差	T 统计值	Prob.
C	− 19. 3838 ***	0. 7145	− 27. 1295	0. 0000
l	0. 2202 ***	0. 0103	− 21. 3568	0. 0000

续表

变量	系数	标准差	T 统计值	Prob.
L	− 0. 2619 ***	0. 0182	− 14. 4250	0. 0000
F	− 0. 0016 ***	3. 70E − 05	− 42. 0327	0. 0000
EDU	− 0. 0062 ***	0. 0002	− 40. 60261	0. 0000
PR	3. 2832 ***	0. 0596	55. 1001	0. 0000
$K1$	0. 3122 ***	0. 0381	8. 1922	0. 0000
$K2$	4. 9448 ***	0. 6385	7. 7440	0. 0000
$S1$	1. 4722 ***	0. 0881	16. 7146	0. 0000
$S2$	1. 1486 ***	0. 0960	11. 9603	0. 0000
R^2	0. 9910	F 统计值		1 778. 814 ***
调整后 R^2	0. 9904	D − W 统计值		1. 9160

所有变量均在1%的显著水平上通过了检验，与理论分析要素基本一致，但是变量方向与预期不符。地区固有因素中，除人均耕地对农村金融发展产生正向影响外，代表地力的粮食单产、人力资源数量和人力资本质量的教育投资对农村金融发展均产生负向影响。榆林的农村正规金融发展决定方程进一步验证了耕地资源对农村金融发展的重要性。此外，粮食单产高的地区，多是传统农业为主的地区，农村金融发展水平相对较低。在农村产业吸附劳动力能力有限的情况下，大量劳动力选择外出务工来增加收入，其创造的经济价值并未直接以储蓄的形式流入当地，而是存留在务工地区或者直接在当地进行生活或生产消费。这种隐含的以劳动力转出为依托的资金转移方式，也成为农村资金外流的主要渠道。即使这部分资金流入本地，大量农村劳动力尤其是中青年劳动力选择外出就业而非发展本地产业，对资金的需求较低，而农村正规金融机构在当地无法消化大量的储蓄资源，或者在趋利性驱动下，将资金转移出当地。总之，正是由于外出劳动力价值外溢以及对本地储蓄需求较低，劳动力资源过于丰富会对农村金融发展水平产生负向影响。榆林代表农村经济发展水平的农户纯收入指标对农村金融发展水平具有正向作用。

此外，国家政策对榆林农村金融发展的影响较大。西部大开发战略实施后，榆林农村的涉农存贷款不断增加，榆林农村金融发展水平得到提高。2003 年农村信用社改革在榆林效果良好，有力地促进了农村金融水平的提高，农村信用社发展较好的神木设立了农村商业银行，其他地区的农村信用社改制为农村合作银行，农村信用合作业务发展迅速。截至 2010 年末，榆林市农村合作金融机构存贷款余额已增长为 2006 年的 5 倍之多，存贷款业务的市场份额也增长了 6 个百分点左右[①]。农村金融市场交易效率对榆林农村金融发展产生正向影响，同时榆林加大农村基础设施建设，交通不断改善，农村商品交易效率不断提高，对农村正规金融发展产生了正向影响。

4.3.1.3 差异分解结果及原因解释

榆林市农村金融发展决定方程能直接进行分解，结果如表 4 - 9 所示。由于国家西部大开发战略和金融体制改革在榆林各县区实施时间相同，因此这两个变量不进行分解。

表 4 - 9　　　　　榆林市农村金融发展区域差异分解结果

年份	K1	PR	Edu	l	L	F	K2
1997	47. 44	13. 13	1. 42	0. 78	4. 07	28. 93	4. 24
1998	96. 12	1. 54	0. 40	0. 27	1. 52	0. 33	- 0. 17
1999	85. 27	0. 59	- 0. 41	0. 74	6. 53	4. 73	2. 54
2000	79. 70	2. 01	1. 75	1. 15	5. 96	8. 28	1. 16
2001	70. 43	- 15. 92	5. 71	1. 85	15. 85	22. 17	- 0. 10
2002	16. 65	- 2. 61	13. 04	8. 60	18. 63	43. 83	1. 88
2003	37. 32	- 9. 47	13. 55	5. 60	16. 71	37. 78	- 1. 49
2004	19. 54	- 5. 31	15. 30	8. 61	24. 97	36. 45	0. 43
2005	12. 58	- 6. 70	26. 24	10. 23	26. 48	31. 67	- 0. 50
2006	2. 01	51. 24	20. 00	3. 82	6. 58	15. 14	1. 21
2007	0. 94	- 5. 64	19. 68	4. 44	24. 21	58. 77	- 2. 40
2008	1. 30	- 5. 16	25. 28	7. 31	40. 44	34. 82	- 3. 99
2009	1. 42	13. 48	21. 65	5. 19	23. 74	36. 24	- 1. 72
合计	36. 21	2. 40	12. 59	4. 51	16. 59	27. 63	0. 08

相较于陕西整体，影响榆林市县域间农村金融发展差异的指标较多，理论分析的要素均能扩大榆林市农村金融发展差异。其中贡献率最大的是

---

① 中国人民银行西安分行货币政策分析小组：《区域金融运行报告》，2011（2）：110。

农村金融交易效率指标，贡献率为 36.21%；其次是粮食单产，贡献率为 27.63%；其余的顺次为受教育程度、劳动力资源、耕地资源、人均纯收入和农村商品交易效率。如果将区域的固有因素贡献率加总，则区域固有因素对农村金融发展县域差距的影响最大，贡献率为 61.32%。

固有因素中，表示粮食单产的地力要素年均贡献率为 27.63%，人力资源要素的年均贡献率为 16.59%，教育投入程度影响的年均贡献率为 12.59%，耕地面积的年均贡献率为 4.51%。榆林耕地资源丰富且县域间人均耕地面积差异相对较小，因此人均耕地要素的贡献相对较小，但是耕地的产量却差异颇大，榆林的地理特征大致呈现出风沙草滩和丘陵沟壑区两种地形，再加上自然灾害影响的不确定，粮食单产区域差异较大。根据前面的分析，粮食单产低，种植其他农作物的可能性较大，涉农投资相对较多，对资金需求较为旺盛，反之，粮食单产高，以粮食种植为主，则会对资金需求不强烈。因此，粮食单产的区域差异是影响榆林农村金融发展区域差异的重要因素。劳动力资源以及当地农村产业吸收劳动力资源能力的县域差异是导致农村金融发展县域差异的重要原因，因此劳动力外流引致的金融资源外流现象在今后一段时期内会扩大当地农村金融发展的差距。教育投入的县域间差异相对较大，教育投入是反映劳动者质素的侧面要素，这一要素的贡献率 2002 年开始增加，未来可能对农村金融发展区域差异的影响不断加大。

1997—2009 年农村居民人均纯收入对榆林农村金融发展差距的贡献率为 2.4%。出现这一结果可能有两个方面的原因：一是榆林市农民纯收入样本不均匀；二是农村金融发展与经济增长未能协调发展，农村经济增长对农村金融发展影响不大。回归方程结果显示，榆林农村经济对农村金融发展的贡献较大，因此农村居民人均纯收入指标解释力弱的原因应该是由样本分布不均引起的。这一点应该不难理解，在资源开发前，榆林地区各区县农户收入增加相对缓慢，资源开发后，部分区县农民收入呈现跨越式增长，从而引起该指标分布不均匀。

与陕西省整体出现不一致的是榆林农村金融交易效率是导致农村正规金融发展区域差异扩大的重要因素。1997 年农村金融交易效率的贡献率为 47.44%，1998 年贡献率增至 96.12%，这应该是榆林市经济跨越式增长在农村金融上的反映。1999—2002 年，榆林市各县农村金融交易效率对农金融发展区域差异的影响也开始有所下降。2003年以农村信用社为首的农村金融体制改革，榆林市部分农村信用社被改制成为农村商业银行和农村合作银行，不同形式下农村金融交易效率的区域差异开始拉大，引起该指标的贡献率有所增大。但2003年后，该要素的贡献进一步下降，2007年已下降至0.94%。其后放宽农村金融市场的限制，允许在有条件地区成立村镇银行等新型农村金融机构，进一步拉大了县域间农村金融交易效率的差距，对农村金融发展区域差异的贡献也有所增加。长期来看，农村金融市场交易效率的差距仍会存在，但可能不是导致榆林农村正规金融发展差距扩大最重要的要素。

榆林农村商品交易效率对农村金融发展差异的影响较小，贡献率仅为0.08%，而且会随着农村公路等基础设施的不断完善，农村商品效率对农村金融发展差异的影响会更小。据有关统计①显示，截至2009年底，榆林农村公路总里程达到24 053公里，建制村通达率达到95.5%。此外，随着农村公路、广播、网络等基础设施的不断完善，榆林农村商品交易效率对农村金融发展区域差距的作用会不断削弱。

综上分析，影响榆林农村金融发展县域间差异的要素在不断发生变化，未来影响榆林市农村金融发展县域差异主要还是固有要素的差别，具体体现为土地的地力和劳动者数量及质素。随着经济不断发展，农村金融交易效率和农村商品交易效率对榆林农村金融发展县域差异的影响较小，有缩小农村金融发展区域差异的可能。此外，如果农村金融与经济之间协调发展机制一旦形成，那么区域间经济发展的差异，即农户人均纯收入的区域差异会拉大农村金融发展差距。

4.3.2　渭南农村正规金融发展县域间差异分解及原因解释

4.3.2.1　单位根检验结果

各变量单位根检验结果如表4-10所示。根据检验结果可知，各变量的原始序列均没有同时通过检验，其一阶差分序列同时通过了检验，因此各变量是一阶单整。

---

① 资料来源：榆林百姓网．2010-11-04．《榆林：农村公路实现从建设到管养转型》．http://www.chinahighway.com/news/2010/450178.php［2012-02-23］.

表4-10   各变量单位根检验结果

变量	LLC 检验	IPS 检验	Chi - square	
			ADF - Fisher	PP - Fisher
Y	0. 5774	—	9. 8569	12. 7907
$D(Y)$	-12. 2368 ***	—	134. 167 ***	143. 839 ***
l	-5. 9579 ***	-1. 4429 *	31. 1030 *	30. 4703
$D(l)$	-10. 8275 ***	-4. 2020 ***	59. 8305 ***	111. 383 ***
L	1. 3622	2. 8211	5. 5737	5. 3059
$D(L)$	-10. 1822 ***	-6. 4105 ***	76. 3923 ***	84. 7567 ***
F	-0. 4181	0. 6120	19. 7564	17. 0269
$D(F)$	-10. 5212 ***	-8. 5490 ***	98. 8181 ***	100. 717 ***
Edu	-0. 4017	1. 6095	11. 3989	10. 6958
$D(Edu)$	-8. 3759 ***	-5. 7578 ***	70. 1700 ***	70. 5089 ***
$\ln PR$	3. 1297	5. 6423	3. 1567	0. 7393
$D(\ln PR)$	-9. 2824 ***	-3. 5322 ***	47. 4727 ***	78. 4304 ***
$K1$	-3. 5923 ***	-1. 5221 *	32. 6547 *	30. 5420
$D(K1)$	-10. 8734 ***	-8. 4580 ***	98. 8989 ***	131. 8880 ***
$K2$	1. 3627	—	3. 8591	3. 4388
$D(K2)$	-11. 7037 ***	—	124. 417 ***	136. 844 ***

4.3.2.2 农村正规金融决定方程的确定

研究采用恩格尔和格兰杰（1987）的协整检验方法，对回归方程的残差序列进行单位根检验，结果显示该序列是平稳的，该面板数据存在协整关系，结果如表4-11所示。

表4-11   残差序列的单位根检验

方法	LLC 检验	IPS 检验	Chi - square	
			ADF - Fisher	PP - Fisher
统计值	-5. 9773 ***	-4. 2143 ***	57. 1111 ***	65. 9302 ***
P.	0. 0000	0. 0000	0. 0001	0. 0000

检验结果表明面板数据各变量间存在协整关系，采用恩格尔和格兰杰两步法来估计长期协整方程。面板数据不符合随机效应，因此采用截面固

定效应进行回归，估计结果显示农村金融交易效率不显著，去掉该指标后的回归结果如表 4 - 12 所示。调整后的 $R^2 = 0.7451$，F 统计量在 1% 的显著水平上通过了检验，该回归模型整体拟合较好；DW = 1.9160，表明模型不存在序列自相关。

表 4 - 12　　　　　　　　　　协整方程估计结果

变量	系数	标准差	T 统计值	Prob.
C	− 1.9964 ***	0.3865	− 5.1651	0.0000
l	− 0.1429 ***	0.0163	− 8.7908	0.0000
L	− 1.19E − 06 ***	1.25E − 07	− 9.5242	0.0000
F	− 6.30E − 05 ***	1.54E − 05	− 4.0903	0.0001
EDU	− 0.0012 ***	0.0001	− 9.7658	0.0000
PR	0.3763 ***	0.0532	7.0679	0.0000
S1	0.2297 ***	0.0313	7.3303	0.0000
S2	0.2646 ***	0.0316	8.3683	0.0000
K2	0.3314 ***	0.1084	3.0558	0.0027
R^2	0.7595	F 统计值		52.5157 ***
调整后 R^2	0.7451	D − W 统计值		1.6880

所有变量均在 1% 的显著水平上通过了检验。其中渭南地区固有因素虽然系数较小，但人均耕地、代表地力的粮食单产、人力资源数量和人力资本质量的教育投资对农村金融发展产生的是负向影响。渭南作为传统农区，农业生产周期长、成本高、见效慢、抗自然灾害能力差，蕴含风险大。商业银行在经营战略调整和市场定位转轨的过程中，资金投向明显偏好效益好和风险小的行业，甚至会忽视该行业或者企业的实际资金需求问题，而农业高风险、低收益的特征决定其根本无法获得商业银行的青睐，再加上借贷需求主体无法提供有效的抵押担保产品，大量的农村正规金融机构即使有国家政策引导，也不大情愿提供贷款，"马太效应"十分明显。因此在渭南地区，人均耕地面积和粮食单产等指标会制约农村金融发展。

此外，农村产业吸附劳动力有限，大量劳动力外出务工来增加收入，其创造的经济价值并未直接以储蓄的形式流入当地，而是存留在务工地区或者直接在当地用于生活或者生产消费，劳动力受教育程度越高，创造的经济价值可能性越大，农村资金通过这一隐性渠道外流的资金规模就越大。另外，即使这部分资金流入本地，大量农村劳动力尤其是中青年劳动力选择外出就业而非发展本地产业，再加上农村借贷需求者无法提供有效担保，难以获得贷款。因此，不论是有效需求过低还是农村金融供给不足，农村正规金融机构最终会在趋利性的驱动下，将大量资金转移出农村，因此渭南的劳动力数量和受教育程度无益于农村金融发展。

渭南代表农村经济发展水平的农户纯收入指标对农村金融发展具有正向作用，说明农村经济发展能够促进农村金融的发展。农村经济与农村金融间是否形成良好互动机制，还有待检验。渭南地势平坦，境内交通便利，县县通铁路、通高速，乡乡通油路，村村通公路，道路通村率达到100%，农村基础设施良好。因此，农村商品交易效率对渭南农村金融发展具有推动作用，这与理论分析一致。

此外，制度性要素对渭南农村金融发展也产生了重要影响。西部大开发战略的实施使渭南农村经济得到快速发展，农户收入水平实现快速增长，有力地促进了当地农村金融发展。2003 年的农村信用社改革同样促进了渭南农村金融的发展，改善了农村金融机构的运营绩效。截至 2010 年底，富平、韩城等地成立村镇银行，小额贷款公司发展至 16 家。新型农村金融机构的发展，活跃了农村金融市场，加快了农村金融发展。

4.3.2.3 差异分解结果及原因解释

渭南农村金融发展决定方程能直接进行分解，分解方法与陕西省整体分析方法相同，分解结果如表 4 – 13 所示。

表 4 – 13　　　　渭南市农村金融发展县域间差异分解结果

变量	PR	Edu	l	L	F	K2
1997	7. 83	16. 47	4. 46	0. 01	34. 02	37. 22
1998	7. 15	38. 43	– 4. 13	0. 01	26. 96	31. 57
1999	6. 95	18. 52	3. 64	0. 01	49. 58	21. 31
2000	17. 73	28. 81	10. 41	0. 01	11. 35	31. 69
2001	23. 43	33. 91	6. 67	0. 00	17. 98	18. 01
2002	17. 49	31. 27	11. 52	0. 01	19. 50	20. 22
2003	10. 22	42. 75	14. 55	0. 01	19. 45	13. 02
2004	20. 37	54. 20	8. 46	0. 00	7. 39	9. 59

续表

变量	PR	Edu	l	L	F	K2
2005	4.93	95.70	11.35	0.00	-14.40	2.41
2006	0.61	62.32	-4.18	42.74	-3.42	1.93
2007	0.07	41.27	0.84	53.93	1.70	2.19
2008	3.92	27.84	6.06	55.04	3.32	3.82
2009	4.55	31.11	6.92	47.40	8.08	1.94
合计	9.63	40.20	5.89	15.32	13.96	14.99

回归分解结果显示，影响渭南县域间农村金融发展差异的指标中，贡献率均值最大的是教育投入，贡献率为40.2%；其他要素相对较为均衡，劳动力要素的贡献率为15.32%，排在第二位；农村商品交易效率贡献率14.99%，排在第三位；其余要素的排序依次是代表耕地地力的粮食单产、农户人均纯收入和人均耕地。如果按照四大要素进行归类，其中固有要素的贡献率高达75.37%。

区域固有要素中，对渭南农村正规金融发展区域差异的影响依次是教育投入、劳动力资源、粮食单产和人均耕地。分阶段来看，2000年之前，固有要素中对农村正规金融发展区域差异影响最大的是代表地力要素的粮食单产。教育投入贡献的均值最大，这一点与其他地区明显不同，说明渭南不同地区对教育投入的差距较大，因此教育投入的贡献率较大，资料显示2001—2006年以来渭南家庭用于文教的支出区域差异不断增大。耕地要素的贡献率并未呈现出规律性，但整体贡献率较小，这意味着渭南地区人均耕地占有量区域差异不大。代表地力的粮食单产要素贡献率呈现阶段性的波动：第一阶段是1999年以前，这期间地力要素的贡献率为30%；第二阶段是1999—2007年，这期间该要素的贡献有所下降，甚至个别年份贡献率为负，能够缩小农村金融发展的区域差异。第三阶段是2007年之后，固有要素中的劳动力资源变量开始加剧农村金融发展的区域差异。这应该与渭南农业产业导向发生转变密切相关，渭南市大力发展苹果、酥梨、秦川牛、生猪、特色高效农业等大区域特色产业，发展高效农业等区域特色产业，属于劳动密集型农业，要求必须具备一定的劳动力数量，因此劳动力数量的区域差异成为影响农村金融发展区域差异的重要因素。在推进农业产业化发展的过程中，一般对产业技术的要求相对较高，在教育投入较高的地区，农户受教育程度相对较高，一般发展新产业的意愿较为强烈，对资金需求的意愿也较强，同时也有利于农村金融发展；反之，在教育投入较少的地区，农户受教育程度相对较低，对于发展农业产业化的意愿不强烈，对资金需求不强烈，不能推动区域农村金融发展。农业产业化要求其承担主体必须具备相对较高的文化水平，这也进一步验证了代表劳动力质素的教育投入的区域差异是造成传统农区农村正规金融发展区域差异的重要原因。

1997—2009 年，农村居民人均纯收入对渭南农村金融发展差距的贡献率均值为 9.63%，呈现出明显的阶段性：第一阶段是 2000 年以前，贡献率为 7% 左右，其原因是在西部大开发之前，渭南市农民纯收入县域间差异不大，因此对农村金融发展区域差异影响较小；第二阶段是 2000—2004 年，这期间渭南市农业结构出现调整，区域特色产业开始发展，导致农民纯收入区域差异不断拉大，因此对农村金融发展的区域差异贡献相对较大；第三阶段是 2005—2009 年，对农村金融发展的贡献率开始有所减少，可能是由农村居民人均纯收入区域差异缩小引起的。

农村商品交易效率对渭南农村金融发展差距的贡献率为 14.99%，2003 年之前区域间的基础设施差异较大，这一要素贡献率较高。随着农村公路等基础设施的不断完善，农村商品交易效率的贡献率开始有所下降，而且随着农村公路、广播、网络等基础设施的不断完善，农村商品交易效率的作用会进一步减小。

综上分析，影响渭南农村金融发展县域间差异的要素不断发生变化，主要体现为固有要素间的变动。随着经济不断发展，未来决定渭南农村金融发展县域间差异的因素应该是劳动力资源及其素质，虽然农村金融交易效率指标未进入决定农村金融发展的方程，但未来该要素的作用也不能忽视。

4.3.3 商洛农村正规金融发展县域间差异分解及原因解释

4.3.3.1 单位根检验结果

各变量单位根检验结果如表 4－14 所示。根据检验结果可知，各变量的原始序列均没有同时通过检验，其一阶差分序列同时通过了检验，因此各变量是一阶单整。

表 4 - 14   各变量单位根检验结果

变量	LLC 检验	IPS 检验	Chi - square	
			ADF - Fisher	PP - Fisher
Y	0.5382	—	7.6505	5.8262
$D(Y)$	− 15.1126 ***	—	84.2481 ***	91.5507 ***
l	− 2.5572 ***	− 1.0789	17.6664	18.2212
$D(l)$	− 7.1893 ***	− 4.6263 ***	47.1022 ***	71.9222 ***
L	− 0.7561	0.8484	7.8129	7.3417
$D(L)$	− 8.2695 ***	− 5.1225 ***	48.4903 ***	62.7270 ***
F	− 0.2722	—	7.8891	3.7239
$D(F)$	− 11.7737 ***	—	114.511 ***	136.199 ***
Edu	− 1.5816	0.0261	13.5391	12.6385
$D(Edu)$	− 8.1374 ***	− 5.8403 ***	55.1728 ***	98.6363 ***
$\ln PR$	6.4121	7.5975	0.0899	0.0536
$D(\ln PR)$	− 2.6939 ***	− 1.7557 **	23.1508 *	21.6922 *
$K1$	− 4.1433 ***	—	27.4467 **	19.9489
$D(K1)$	− 11.8165 ***	—	107.432 ***	116.170 ***
$K2$	− 0.3310	1.7260	4.8744	4.1295
$D(K2)$	− 5.8855 ***	− 3.8147 ***	38.6428 ***	47.2913 ***

4.3.3.2　农村正规金融发展决定方程的确定

研究采用恩格尔和格兰杰（1987）的协整检验方法，对回归方程的残差进行单位根检验，结果显示该序列是平稳的，该面板数据存在协整关系，结果如表 4 - 15 所示。

表 4 - 15   残差序列的单位根检验

检验方法	LLC 检验	Chi - square	
		ADF - Fisher	PP - Fisher
统计值	− 1.7550 **	35.8084 ***	33.5291 ***
P.	0.0396	0.0011	0.0024

检验表明面板数据各变量间存在协整关系，采用恩格尔和格兰杰两步法来估计长期协整方程。面板数据不符合随机效应，因此采用固定效应进行回归，估计结果显示代表地力的粮食单产等指标不显著，去掉这些指标

后的回归结果如表 4 - 16 所示。调整后的 R^2 = 0.8362，F 统计量在 1% 的显著水平上通过了检验，该回归模型整体拟合较好。

表 4 - 16 协整方程估计结果

变量	系数	标准差	T 统计值	Prob.
K1	0.0008 ***	0.0002	3.1768	0.0021
PR	0.5571 ***	0.0641	8.6904	0.0000
l	- 0.7072 ***	0.0579	- 12.2037	0.0000
L	- 0.0715 ***	0.0053	- 13.5065	0.0000
K2	- 1.7741 ***	0.4738	- 3.7446	0.0003
R^2	0.8435	F 统计值		52.5157 ***
调整后的 R^2	0.8362	D - W 统计值		1.4108

进入模型的所有变量均在 1% 的显著水平上通过了检验。地区固有因素中，人均耕地和劳动力资源对农村金融发展产生负向影响，代表地力的粮食单产和代表人力资本质量的教育投资未通过检验。

商洛地处秦岭山区，耕地资源缺乏，家庭经营性收入低，农户纯收入结构中，工资性收入是主要渠道，2008—2011 年占比分别为 64.9%、66.8%、68.3%、52.4%。虽然商洛市政府大力发展当地林业等特色经济，家庭经营性收入有所提高，但工资性收入仍然是农户纯收入的主要渠道。此外，耕地资源有限，经营投入低，因此农户对金融机构的经营性资金借贷需求不强烈，相应地耕地产出较少，农村经济发展缺乏有力的引擎，储蓄增加也相对困难，从而出现人均耕地要素制约农村金融发展的现象。此外，当地农业产业吸收劳动力相对有限，大量劳动力外出务工，导致大规模的劳动力价值在当地正规金融机构体系外运转，因此，当地产业对劳动力吸收有限也制约着当地农村正规金融发展，这与前面的分析一致。由于商洛地区耕地资源稀缺和劳动力外出务工，当地农村金融发展相对缓慢。

商洛代表农村经济发展水平的农户纯收入指标对农村金融发展水平具有正向作用，农村经济发展能够推动农村正规金融发展。农村金融交易效率对农村金融发展的影响较小，这应该与当地农村正规金融机构运行效率相对较低有关。农村商品交易效率对商洛农村金融发展产生了负向影响，实际原因应该是由于山区农户居住分散，公路等基础设施服务发展落后，再加上农产品资源有限，农村商品交易市场不发达，导致农村商品交易效率指标对商洛农村金融发展产生负向影响。

4.3.3.3 差异分解结果及原因解释

商洛农村金融发展决定方程能直接进行分解,分解方法与陕西省整体分析方法相同,分解结果如表4－17所示。

表4－17　　　　　　　　商洛农村金融发展县域差异分解结果

年份	K1		PR		l		L		K2	
	均值	排序	均值	排序	均值	排序	均值	排序	均值	排序
1997	14.25	3	－6.76	4	77.75	1	－4.04	5	18.80	2
1998	17.83	3	－15.23	4	81.13	1	－3.80	5	20.08	2
1999	10.33	3	－0.45	5	75.49	1	－4.22	4	18.85	2
2000	8.72	3	－6.19	4	72.96	1	4.40	5	20.11	2
2001	6.34	4	－19.38	2	104.48	1	0.82	5	7.73	3
2002	1.18	5	－3.77	3	86.94	1	－2.45	4	18.09	2
2003	1.59	5	－4.27	3	79.66	1	6.43	4	16.58	2
2004	－0.82	5	－10.40	4	69.76	1	8.04	3	33.41	2
2005	－0.42	5	－3.94	3	78.26	1	5.58	4	20.52	2
2006	－0.47	5	－3.36	3	89.66	1	2.65	4	11.51	2
2007	－0.83	5	－1.88	4	82.03	1	5.71	3	14.97	2
2008	－0.60	5	2.27	4	87.74	1	4.80	3	5.79	2
2009	－0.67	4	0.05	5	92.36	1	4.75	2	3.52	3
合计	4.34	4	－5.64	3	82.94	1	2.21	5	16.15	2

回归分解结果显示,造成商洛农村金融发展县域间差距扩大的主要因素应该归结于人均耕地、农村劳动力资源、农村商品市场交易效率和农村金融交易效率,农户人均纯收入是缩小农村金融发展差异的要素。

在经济相对落后的商洛,人均耕地和劳动力资源是农村经济发展的重要因素,其中人均耕地对商洛农村金融发展区域差异的贡献率平均为82.94%,而且贡献率居高不下,是影响商洛农村正规金融发展县域差异的最重要因素。商洛耕地资源稀缺,不同县区农业产业特色差异明显,对资金需求差异较大,对农村金融发展的县域差异影响颇大。劳动力资源对农村金融发展的县域差异贡献率为2.21%,是各要素中贡献最小的。2000年之前,这一要素有益于缩小农村金融发展区域差异,其后则开始扩大农村金融发展区域差异，这应该与农村劳动力流出有关，是因劳动力外出务工造成的农村资金外流现象的区域差异在农村金融发展区域差异上的体现。

影响商洛农村金融发展区域差距的另一最重要因素是商品交易效率，年均贡献率为 16.15%，位于第二位。商洛地处山区，实现村村通汽车尚存一定难度，农村基础设施条件的区域差异较大，影响了商洛农村商品交易的区域差异，进一步反映到农村金融发展上，导致其区域差异较大。随着农村道路、信息等基础设施的不断完善，农村商品交易效率对农村金融发展差异的影响会进一步减弱。

农村金融交易效率指标的年均贡献率为 4.34%，基本呈现下降态势。商洛农村金融交易效率的贡献率大致呈现两个阶段：第一阶段是 1997—2003 年，农村金融交易效率的贡献率递减趋势表明县域间农村金融交易效率差距在不断缩小。由于经济发展水平差异和固有要素相差较小，金融机构的运行效率差距也不断缩小。第二阶段是 2004—2009 年，受农村信用社体制改革的影响，区域农村金融效率差异有所缩小，体现为农村金融交易效率的贡献率为负，一定程度上缩减了农村金融发展的区域差异。

从分解结果来看，1997—2007 年，农村居民人均纯收入能够缩小农村金融发展，对商洛农村金融发展差距的贡献率为 -5.64%。从变动趋势来看，2008 年之前人均纯收入指标的贡献率为负，2008 年之后贡献值转为正值。商洛农村居民纯收入相对较低，区域间居民收入差距不明显，再加上商洛农村居民收入结构中工资性收入长期占比较大，根据前面的分析，劳动力转移是农村金融资源转移的另一渠道，因此有利于缩小农村正规金融发展区域差异。2008 年之后，商洛大力发展特色农林产品，提高了富余劳动力在本地消化的能力，减少了劳动力外出务工，避免了劳动力价值转移的问题，因此农村居民纯收入指标开始扩大农村正规金融区域间的差异。

综上分析，影响商洛农村金融发展区域差异的要素不断发生变化，未来会导致其差异拉大的可能是耕地和农户人均纯收入这两个要素，而农村金融交易效率和农村商品交易效率则能够缩小区域差异。

4.4　本章小结

以农村金融发展决定方程为基础，运用夏普里值分解过程对决定陕西农村金融发展组内差异和组间差异分别进行分解。结果显示，不论是组内差异还是组间差异，影响农村金融发展区域差异最大的都是区域内的固有要素。在不同区域内，会因其固有要素的不同而存在差异。在土地稀缺的商洛，耕地资源及地力对农村金融发展差异的贡献较大，在榆林地区，耕地要素的影响相对较小，但农村金融交易效率的影响相对较大。因此要均衡区域农村金融发展，必须要因地制宜，根据地区特色，制定不同的区域金融发展战略。

5 陕西农村正规金融发展区域差异变动趋势分析

第3章分析结果显示，陕西农村正规金融发展差异绝对值呈现扩大态势。撇开受经济变动等要素影响后的长期趋势是扩大还是收敛？其波动特征如何？农村正规金融发展的区域差异是否会出现收敛，是如何形成的？收敛速度如何？针对这些问题，本章运用时间序列分解、H－P滤波方法、σ收敛和绝对β收敛等实证分析方法逐一进行回答。

5.1 农村正规金融发展区域差异波动：1997—2009年

陕西农村正规金融发展区域差异今后一段时期内趋异的速度和趋势以及波动特征如何，是判断陕西农村金融发展区域差异和进行区域差异调控的重要依据，因此，本研究采用时间序列分析法与H－P滤波方法对1997—2009年陕西农村正规金融发展区域差异及县域间差异的变动趋势与波动特征进行分析。

5.1.1 时间序列分解与H－P滤波方法

时间序列数据主要受到四个方面因素的影响：一是长期趋势（T），即社会经济现象的长期发展方向是一定的；二是季节变动影响（S），即社会经济现象会随着季节的变化而呈现固定规律的变动；三是循环变动或者是不规则变动（C），它是一种反复高低的波动；四是偶然性波动（I），也是不规则变动，是自然或者是社会偶然性因素引起的社会经济现象的变动。假设引起这四种波动的原因不同，但相互联系，且对该事物的影响是相互的，该时间序列的观察值（Y）就可以表示为各种要素的乘积，即 $Y = T \times S \times C \times I$。由于样本数据为年度数据，季节性因素的影响无法体现，因此乘法模型可以简化为：$Y = T \times C \times I$。

要求出各部分的变动特征值，可采用剩余法，具体分解思路如下：首先采用H－P滤波方法分解出长期趋势（T），然后由 Y 除以长期趋势得到 $C \times I$ 部分，对这部分进行移动平均得到 C，这部分除以 C 即可得到 I 部分的值。

H－P滤波方法是分析宏观经济趋势和经济变动常用的一种方法，最初是用于分析美国经济周期，其基本原理是假定时间序列数据 $\{Y_t\}$ 有两部分组成，一部分是时间趋势部分 $\{Y_t^T\}$，另一部分是波动部分，即 $\{Y_t^\varepsilon\}$。可以表示为：$\{Y_t\} = \{Y_t^T\} + \{Y_t^\varepsilon\}$。该方法的主要目的即是分解出 $\{Y_t^T\}$，因此该问题可以转化为最小值的求解问题，具体表示如下

$$\text{Min} \sum_{t=1}^{T} (Y_t - Y_t^T)^2 + \lambda \left[C(L) Y_t^T \right]^2 \tag{5-1}$$

其中，$C(L)$ 是延迟算子多项式，$C(L) = (L^{-1} - 1) - (1 - L)$，将该式代入上式，可表示为

$$\text{Min} \left\{ \sum_{t=1}^{T} (Y_t - Y_t^T)^2 + \lambda \sum_{t=1}^{T} \left[(Y_{t+1}^T - Y_t^T) - (Y_t^T - Y_{t-1}^T) \right]^2 \right\} \tag{5-2}$$

这一最小化问题，由 $\lambda \left[C(L) Y_t^T \right]^2$ 部分来体现趋势变化，主要是依赖参数 λ，随 λ 的变化而变化。在实际应用中，该参数需要事先确定，对于年度数据，该参数的经验取值为100。

5.1.2　陕西农村金融发展区域差异的时间序列分解

对陕西农村金融发展区域差异进行时间序列分解，以揭示陕西农村金融发展区域差异的变动趋势与波动特征，分解结果如表5-1和图5-1所示。从长期趋势来看，陕西农村金融发展的区域差异呈现U形特征，1997—2003年农村正规金融发展区域差异不断缩小，2004年之后开始逐步扩大，但是扩大的速度还比较慢，变动幅度仅为0.0233。

表5-1　1997—2009年农村金融发展区域差异的时间序列分解结果

年份\指标	GE₁	Trend	C	I
1997	0.5238	0.5108	0.0130	78.8057
1998	0.5115	0.5049	0.0068	148.7641
1999	0.5423	0.4987	0.0436	24.9651
2000	0.4897	0.4931	− 0.0034	− 294.73
2001	0.5152	0.4884	0.0267	39.4535
2002	0.3838	0.4853	− 0.1015	− 7.7923
2003	0.4780	0.4847	− 0.0067	− 147.9803

续表

指标 年份	GE$_1$	Trend	C	I
2004	0.4449	0.4863	− 0.0413	− 22.1391
2005	0.4299	0.4899	− 0.0600	− 14.6208
2006	0.5495	0.4950	0.0544	20.3987
2007	0.5677	0.5004	0.0673	16.8474
2008	0.5543	0.5053	0.0491	22.3564
2009	0.4616	0.5096	− 0.0481	− 18.8421

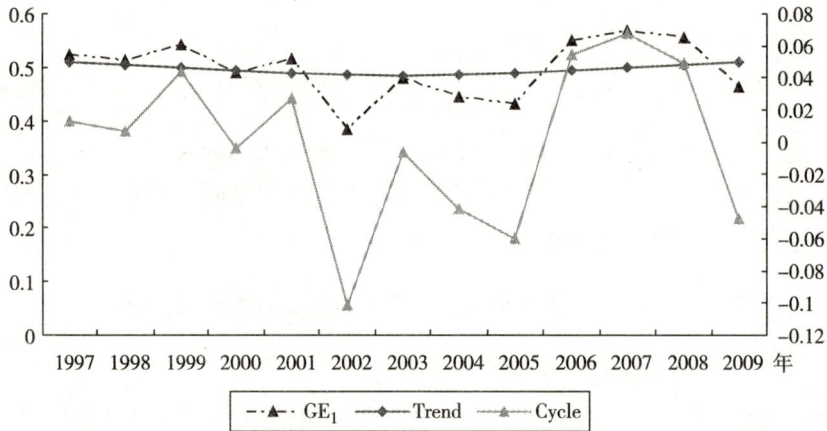

图 5 – 1　陕西 1997—2009 年农村金融发展区域差异的 H – P 长期趋势

受到经济政策等因素的影响，农村金融发展区域差异存在长期变动的同时，还会表现出一定的波动性，即存在循环变动与不规则变动。从图 5 – 1 可以看出，1997—2009 年，出现的第一个谷底是 1998 年，因此以两个谷底之间的距离来衡量，第二次出现在 2000 年，间隔为 2 年，第三次出现时间在 2002 年，间隔仍然是 2 年，第四次是 2005 年，间隔为 3 年；第五次尚未出现，但是大于 4 年是必然的。虽然这种循环波动不能作为金融发展差异循环周期的准确度量，但可以肯定的是循环波动的周期越来越长，波动的短期现象不常出现，这远远低于李敬（2007）、田霖（2006）估测的省际区域金融发展差异的 8 ~ 9 年的循环周期。

为进一步精确分析陕西省各区域间农村金融发展差异的长期变动特征，研究尝试建立 H – P 滤波的长期趋势序列（Trend）与时间变量（t）

的回归方程。为避免虚假回归，首先对 H - P 长期趋势（Trend）进行单位根检验，检验结果见表 5 - 2。选取时滞为 1，具有截距和时间趋势的形式。检验结果 T 统计值为 - 11.8707，在 1% 的显著性水平上拒绝趋势序列有单位根的假设，因此 H - P 长期趋势（Trend）是平稳序列。

表 5 - 2   H - P 长期趋势（Trend）的单位根检验结果

		T 统计值	Prob.
	ADF 统计值	- 11.8707 ***	0.0001
临界值	1% 水平上		- 5.1249
	5% 水平上		- 3.9334
	10% 水平上		- 3.4200

根据 Trend 和时间变量 t 的数据特征，建立回归方程如下：

$$Trend = c + \alpha t + \beta t^2 + \varepsilon \qquad (5 - 3)$$

如果 β 为正，且该系数通过显著性检验，说明陕西省农村金融发展水平的长期趋势（T）确实是呈现加速上升态势。对方程（5 - 3）进行回归，结果如表 5 - 3 所示。

表 5 - 3   H - P 长期趋势对时间变量的回归结果

变量	系数	标准差	T 统计值	Prob.
常数项	0.5207 ***	0.0017	312.9770	0.0000
t	- 0.0099 ***	0.0005	- 18.0428	0.0000
t^2	0.0007 ***	3.80E - 05	18.6589	0.0000
R^2	0.9721	F 统计值		174.1995
调整后的 R^2	0.9665	P 值		0.0000

表 5 - 3 的回归结果显示，各变量解释了被解释变量的 97.21%，F 统计值也在 1% 的显著水平上通过了检验，方程回归结果十分理想，各变量均在 1% 的显著水平上通过了检验，且 t^2 的回归系数为 0.0007，因此，H - P 长期趋势（T）呈现加速上升态势。回归方程可以表示如下

$$Trend = 0.5207 - 0.0099t + 0.0007t^2 \qquad (5 - 4)$$

对方程（5 - 4）求关于时间 t 的导数，可得

$$\frac{d_{trend}}{d_t} = - 0.0099 + 0.0014t \qquad (5 - 5)$$

由此可见，每增长 1 年，陕西省农村金融发展区域差异会增加

0.0014，呈现加速扩张态势，而且这一速度大于李敬（2007）计算的区域金融发展差异0.0004，这意味着农村金融发展区域差异在陕西省的扩张速度大于全国平均水平，而且在短期内不会走向收敛。

5.1.3 农村正规金融发展县域间差异的时间序列分解

第3章分析结果显示，陕西农村正规金融发展区域差异主要体现为县域间差异，因此在分析整体各市间差异波动特征的同时，还要对各样本地区县域间差异的变动特征逐一进行分析。

5.1.3.1 榆林农村正规金融发展县域间差异分解

按照时间序列分解与H-P滤波方法，尝试对榆林市农村金融发展县域间差异进行分解，结果如表5-4和图5-2所示。第3章分析的结果显示，榆林农村金融发展水平的区域差异呈现不断扩大的特征，分解的结果进一步验证了这一结论。从图5-2来看，榆林农村金融发展县域间差异的长期趋势一直是递增状态，1997年为0.1376，区域差异较小，2005年已经超出同时期陕西农村正规金融发展区域差异，2009年农村正规金融发展区域差异已经扩大至0.7782，远远大于陕西整体农村正规金融发展区域差异。

表5-4 榆林市1997—2009年农村金融发展
县域差异的时间序列分解结果

年份 \ 指标	GE_1	Trend	C	I
1997	0.1850	0.1376	0.0475	28.3404
1998	0.1740	0.1804	-0.0064	-151.8019
1999	0.2438	0.2236	0.0201	54.0998
2000	0.2079	0.2678	-0.0599	-12.9722
2001	0.3963	0.3135	0.0828	15.2642
2002	0.4170	0.3606	0.0563	20.5198
2003	0.3113	0.4102	-0.0989	-7.6764
2004	0.4244	0.4634	-0.0391	-23.4394
2005	0.3706	0.5209	-0.1503	-4.7325
2006	0.5842	0.5826	0.0016	619.6248
2007	0.6591	0.6470	0.0121	84.2085
2008	0.8540	0.7126	0.1414	8.4757
2009	0.7708	0.7782	-0.0074	-133.5368

受经济政策等因素的冲击，农村金融发展区域差异存在长期变动的同

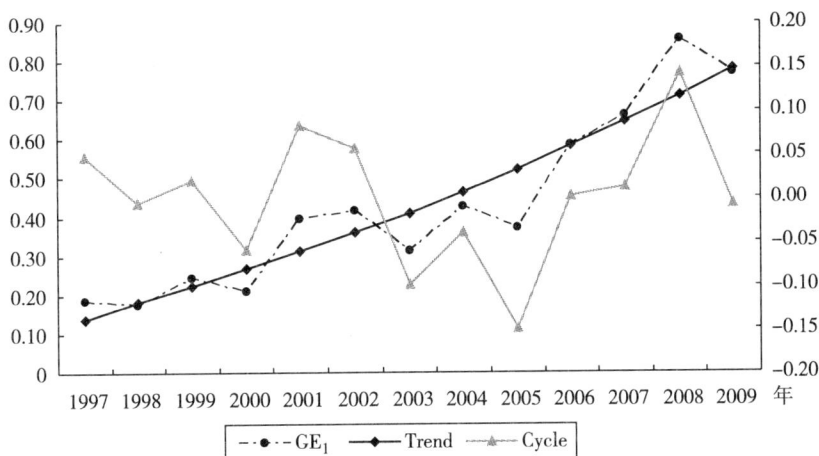

图 5 - 2 榆林市 1997—2009 年农村金融发展区域差异的 H - P 长期趋势

时, 还会表现出一定的波动性, 即存在循环变动与不规则变动。从图 5 - 2 可以看出, 1997—2009 年, 出现的第一个谷底是 1998 年, 以两个谷底之间的距离来衡量, 第二个谷底在 2000 年, 间隔为 2 年, 第三次出现时间在 2003 年, 间隔是 3 年, 第四次是 2005 年, 间隔为 2 年; 第五次尚未出现, 但是大于 4 年是必然的。虽然这种循环波动不能作为榆林市农村金融发展区域差异的循环周期的准确度量, 但可以肯定的是循环波动周期会越来越长, 波动的短期现象不常出现。

为进一步精确分析榆林市县域间农村金融发展差异的长期变动特征, 尝试建立 H - P 滤波的长期趋势序列 (Trend) 与时间变量 (t) 的回归方程。为避免虚假回归, 首先对 H - P 长期趋势 (Trend) 进行单位根检验, 检验结果如表 5 - 5 所示。选取时滞为 2, 没有截距和时间趋势的形式。检验结果 T 统计值为 - 2. 6814, 在 5% 的显著性水平上拒绝趋势序列有单位根的假设, 因此 H - P 长期趋势 (Trend) 是平稳序列。

表 5 - 5　　　　　H - P 长期趋势 (Trend) 的单位根检验结果

		T 统计值	Prob.
	ADF 统计值	- 2. 6814**	0. 0130
临界值	1% 水平上		- 2. 8167
	5% 水平上		- 1. 9823
	10% 水平上		- 1. 6011

根据 Trend 和时间变量 t 的数据特征，运用回归方程（5 - 3）对榆林市农村正规金融发展的长期趋势进行回归，结果如表 5 - 6 所示。

表 5 - 6　　　　　　　　H - P 长期趋势对时间变量的回归结果

变量	系数	标准差	T 统计值	Prob.
常数项	0.1056 ***	0.0024	43.3150	0.0000
t	0.0345 ***	0.0008	43.0485	0.0000
t^2	0.0013 ***	0.0001	23.8723	0.0000
R^2	0.9999	F 统计值		41616.830
调整后的 R^2	0.9999	P 值		0.0000

表 5 - 6 的回归结果显示，各变量 100% 解释了被解释变量，F 统计值也在 1% 的显著水平上通过了检验，方程回归结果十分理想，各变量均在 1% 的显著水平上通过了检验，且 t^2 的回归系数为 0.0013，因此 H - P 长期趋势（T）是呈现加速上升态势。回归方程可以表示如下

$$\text{Trend} = 0.1056 + 0.0345t + 0.0013t^2 \qquad (5 - 6)$$

对公式（5 -6）求关于时间 t 的导数，可得

$$\frac{d_{trend}}{d_t} = 0.0345 + 0.0026t \qquad (5 - 7)$$

由此可见，每增长 1 年，榆林市农村金融发展县域差异会扩大 0.0026，呈现加速扩张态势，且扩大速度要快于陕西农村正规金融发展的 0.0013，意味着短期内榆林地区县域间差异不具有收敛性。

5.1.3.2　渭南农村正规金融发展县域间差异分解

对渭南农村金融发展区域差异的时间序列进行分解，分解结果如表 5 -7 和图 5 -3 所示。虽然渭南农村金融发展县域间差异呈现 W 形特征，但其长期呈现出递减趋势，县域间区域差异缩小速度较为缓慢。

表 5 - 7　　　　　　　渭南 1997—2009 年农村金融发展
区域差异的时间序列分解结果

年份＼指标	GE_1	Trend	C	I
1997	0.5431	0.4023	0.1409	9.5849
1998	0.4455	0.3616	0.0840	14.6741
1999	0.3230	0.3223	0.0007	1354.1170
2000	0.1312	0.2866	- 0.1554	- 2.9458

年份 \ 指标	GE₁	Trend	C	I
2001	0.1235	0.2569	−0.1335	−3.6003
2002	0.0958	0.2338	−0.1380	−2.9699
2003	0.3949	0.2167	0.1782	10.2271
2004	0.1366	0.2035	−0.0669	−10.0305
2005	0.1457	0.1941	−0.0484	−15.4989
2006	0.2491	0.1875	0.0615	21.5800
2007	0.2121	0.1824	0.0296	39.2210
2008	0.2041	0.1780	0.0261	43.8828
2009	0.1949	0.1738	0.0211	53.0787

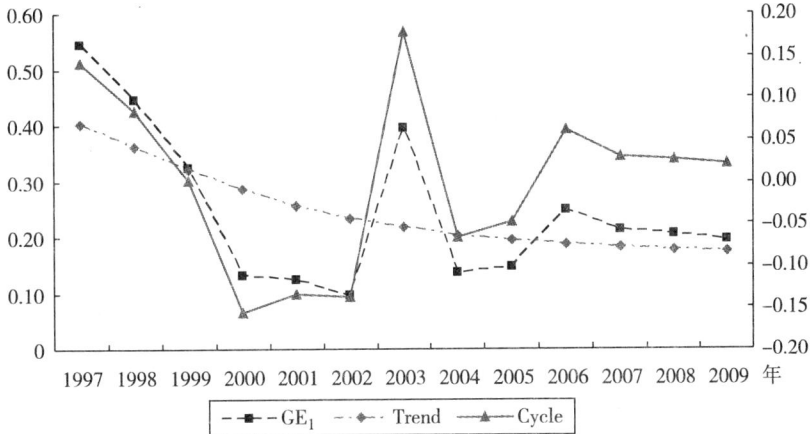

图 5 – 3 渭南市 1997—2009 年农村金融发展县域差异的 H – P 长期趋势

受到经济政策等因素的冲击影响，农村金融发展区域差异存在长期变动的同时，还会表现出一定的波动性，即存在循环变动与不规则变动。从图 5 – 3 可以看出，1997—2009 年，出现的第一个谷底是 2000 年，因此以两个谷底之间的距离来衡量，第二个在 2004 年，间隔为 4 年，第三次尚未出现，但是大于 4 年是必然的。渭南农村金融发展区域差异波动较小，波动周期大于陕西省整体和榆林地区，这可能与渭南市经济金融发展较为稳定，未出现如陕北等依托资源开发实现经济金融快速跨越的情况有关，因此其循环波动较为稳定，且周期较长。

建立 H - P 滤波的长期趋势序列（Trend）与时间变量（t）的回归方程，进一步精确分析渭南市县域间农村金融发展差异的长期变动特征。为避免虚假回归，首先对 H - P 长期趋势（Trend）进行单位根检验，检验结果见表 5 - 8。选取时滞为 1，具有截距和时间趋势的形式。检验结果 T 统计值为 - 15.4025，在 1% 的显著性水平上拒绝趋势序列有单位根的假设，因此 H - P 长期趋势（Trend）是平稳序列。

表 5 - 8　　　　　　H - P 长期趋势（Trend）的单位根检验结果

		T 统计值	Prob. *
	ADF 统计值	- 15.4025 ***	0.0001
临界值	1% 水平上		- 5.1249
	5% 水平上		- 3.9334
	10% 水平上		- 3.4200

根据渭南市 Trend 和时间变量 t 的数据特征，建立回归方程如下

$$Trend = c + \alpha t + \varepsilon \qquad (5 - 8)$$

如果 α 为正，则渭南市农村金融发展的长期趋势是不断上升的，反之则是缩小的。回归结果如表 5 - 9 所示。

表 5 - 9　　　　　　H - P 长期趋势对时间变量的回归结果

变量	系数	标准差	T 统计值	Prob.
常数项	0.3731 ***	0.0162	23.0968	0.0000
t	- 0.0181 ***	0.0020	- 8.9139	0.0000
R^2	0.8784	F 统计值	79.458 ***	
调整后的 R^2	0.8673	P 值	0.0000	

表 5 - 9 的回归结果显示，各变量解释了被解释变量的 87.84%，F 统计值也在 1% 的显著水平上通过了检验，方程回归结果比较理想，各变量均在 1% 的显著水平上通过了检验。回归方程可以表示如下

$$Trend = 0.3731 - 0.0181t \qquad (5 - 9)$$

t 的回归系数为 - 0.0181，由此可见，渭南农村正规金融发展县域差异的长期趋势（T）是呈现收敛性的，农村正规金融发展区域差异会有所下降，呈现收敛性特征。

5.1.3.3　商洛农村正规金融发展县域间差异分解

对商洛农村金融发展区域差异的时间序列进行分解，分解结果如表

5-10和图5-4所示。从长期趋势来看，商洛农村金融发展的区域差异呈现U形特征，1997—2005年一直处于极为缓慢的下降态势，2005年之后区域差异开始逐步扩大，但是扩大速度还比较慢，2009年商洛农村正规金融发展区域差异的泰尔指数值仍小于1997年的水平。

表 5 - 10　　　　　　　　　商洛 1997—2009 年农村金融发展

区域差异的时间序列分解结果

指标 年份	GE₁	Trend	C	I
1997	0.5133	0.2712	0.2421	7.8177
1998	0.0751	0.2449	−0.1698	−1.8047
1999	0.1889	0.2210	−0.0321	−26.5904
2000	0.1938	0.2003	−0.0065	−148.7689
2001	0.1846	0.1831	0.0015	679.3121
2002	0.1485	0.1698	−0.0214	−40.9174
2003	0.1410	0.1608	−0.0197	−44.4977
2004	0.1284	0.1561	−0.0277	−29.7289
2005	0.1305	0.1557	−0.0252	−33.2417
2006	0.1329	0.1593	−0.0264	−31.6095
2007	0.1346	0.1662	−0.0316	−25.6282
2008	0.1562	0.1757	−0.0195	−45.5480
2009	0.3230	0.1866	0.1364	12.6923

从图5-4可以看出，1997—2009年，出现第一个谷底是1998年，第二个谷底出现在2008年，间隔为11年，循环波动的周期越来越长，远远大于陕西整体、榆林和渭南地区，且商洛1999—2008年期间农村金融发展差异长期停滞且波动甚微。

由H-P滤波的长期趋势序列（Trend）与时间变量（t）的回归方程来分析商洛村金融发展差异的长期变动特征。首先选取无时滞，具有截距的形式对H-P的长期趋势（Trend）进行单位根检验（见表5-11），检验结果在1%的显著性水平上拒绝趋势序列有单位根的假设，因此H-P长期趋势（Trend）是平稳序列。

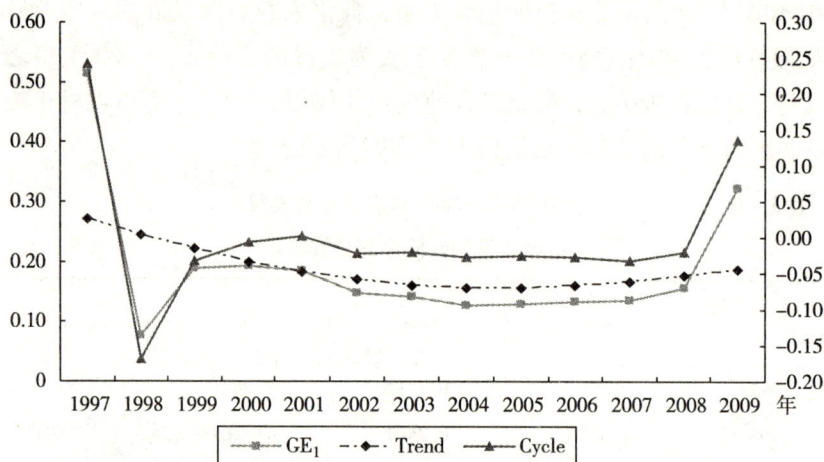

图 5 - 4　1997—2009 年商洛农村金融发展县域差异的 H - P 长期趋势

表 5 - 11　　　　H - P 长期趋势（Trend）的单位根检验结果

		T 统计值	Prob.
	ADF 统计值	- 7. 4142 ***	0. 0001
临界值	1% 水平上		- 4. 1220
	5% 水平上		- 3. 1449
	10% 水平上		- 2. 7138

根据 Trend 和时间变量 t 的数据特征，运用回归方程（5 - 3）对渭南市农村正规金融发展的长期趋势进行回归，结果如表 5 - 12 所示。

表 5 - 12　　　　H - P 长期趋势对时间变量的回归结果

变量	系数	标准差	T 统计值	Prob.
常数项	0. 3036 ***	0. 0012	259. 4613	0. 0000
t	- 0. 0335 ***	0. 0004	- 87. 1897	0. 0000
t^2	0. 0019 ***	0. 0000	71. 0286	0. 0000
R^2	0. 999	F 统计值		5 596. 214
调整后的 R^2	0. 999	P 值		0. 0000

表 5 - 12 的回归结果显示，各变量解释了被解释变量的 99. 9%，F 统计值也在 1% 的显著水平上通过了检验，方程回归结果理想，各变量均在 1% 的显著水平上通过了检验，且 t^2 的回归系数为 0. 0019，因此 H - P 长期

趋势（T）是呈现加速上升态势。回归方程可以表示如下

$$\text{Trend} = 0.3036 - 0.0335t + 0.0019t^2 \qquad (5-10)$$

对方程（6-10）求关于时间 t 的导数，可得

$$\frac{d_{trend}}{d_t} = -0.0335 + 0.0038t \qquad (5-11)$$

由此可见，每经过 1 年，商洛农村金融发展区域差异会增加 0.0038，呈现加速扩张态势，这意味着商洛农村金融发展区域差异会进一步呈现扩张态势。

5.1.4　农村正规金融发展区域差异 U 形特征的解释

李敬（2007）认为，区域金融发展差异应该是呈现"帽子形"特征，将区域金融发展差异按照时间路径特征划分为四个阶段：第一阶段是直接政策干预期，此阶段受国家直接控制政策影响较大，区域金融发展差异总体较低，甚至会进一步缩小；第二阶段是市场化趋异期，随着市场化改革，决定区域金融发展差异的因素如生产者受教育程度、社会福利水平、商品市场和金融市场交易效率等要素不断趋异，导致区域金融发展差异会逐步扩大；第三阶段是市场化趋同期，主要是经济发展到一定程度之后，随着决定区域金融发展的各种要素不断趋同，最终导致区域金融发展差异逐步缩小，并最终进入区域差异稳定期，即第四个阶段。

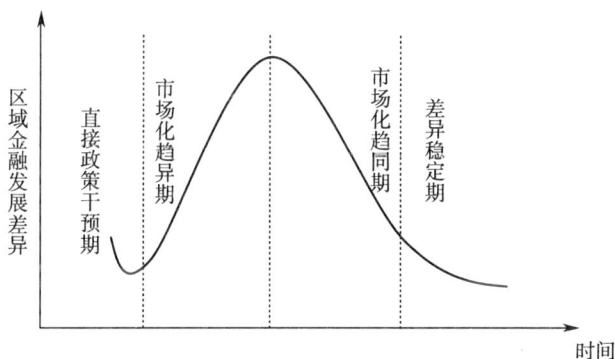

资料来源：李敬. 中国区域金融发展差异研究［D］. 重庆：重庆大学，2007。

图 5－5　区域金融发展差异变动的"草帽形"特征

陕西整体农村金融发展水平呈现出 U 形特征，似乎并不支持这一结

论。实际上周立（2004）和李敬（2007）对区域金融发展差异研究的结果同样证实中国区域金融发展差异变动目前呈现出 U 形特征。李敬（2007）对此的解释是目前区域金融发展的差异变动仅仅是"草帽形"变动特征的一部分，即通过国家政策的直接干预，通过控制信贷规模和信贷配给等手段，来缩小区域金融发展，之后随着市场化改革，决定区域金融发展的要素不断异化，会逐步扩大区域金融发展。这一解释也完全可以用于解释陕西省农村金融发展区域差异所出现的 U 形特征。

改革开放后，在国家政策向非农产业和东部倾斜的背景下，农产品价格长期低于市场价格，农业为非农产业提供廉价的原料。通过设置与行政机构平行的金融机构，广泛吸纳农村社会闲散资金，同时对农村地区实行严格的信贷配给，农村金融机构在农村地区持续发挥着抽水机的作用，将大量的农村资金转移到城市或者发达地区。随着金融体制改革的深入，大量金融机构撤离农村地区，一方面会导致农村金融服务出现空白，另一方面也为农村金融资源在当地消化提供了契机。在国家支农政策的引导下，以农村信用社为主的农村金融机构也逐步增加了涉农贷款业务。更为重要的是国家政策的直接干预，即西部大开发战略的实施，地处西部的陕西在国家政策引导下，农村金融发展的区域差异呈现出缩小迹象，这一特征在2002 年尤为明显。之后国家直接干预的政策效果逐步减弱，影响不同区域农村金融发展的地方固化要素、产业结构、经济水平以及创新能力等要素逐步开始发挥作用，导致农村金融发展的区域差异进一步扩大。研究期内陕西农村金融发展区域差异呈现出的 U 形特征，这应该是农村金融发展区域差异"草帽形"特征的一部分，目前陕西农村正规金融发展的区域差异正处于市场化的趋异期。

同样，榆林地区农村金融发展区域差异呈现不断递增的态势，原因是在农村经济快速发展的带动下，决定农村金融发展区域差异的各要素不断异化，目前榆林地区可能已经进入了农村正规金融发展的市场趋异期。渭南地区农村金融发展区域差异在经历了下降，上升再下降的过程，农村正规金融发展的区域差异应该是处于市场趋同期。此外，区域差异的趋同现象究竟是农村正规金融发展低水平均衡的体现，还是农村正规金融发展与农村经济增长已经形成良好互动，农村正规金融发展的市场均衡状态已经形成，还需要进行检验。商洛地区农村金融发展水平低，区域差异呈现出偏"U"形特征，即农村正规金融发展区域差异还处于国家直接干预期向市场异化期转轨的过程中，可以推测未来商洛农村正规金融发展县域间差异会不断加大。

5.2 农村正规金融发展的收敛机理分析

根据影响农村正规金融发展差异的要素和作用机制，从理论上分析陕西农村正规金融发展的收敛机制，夏普里值分解结果显示，对陕西农村正规金融发展组内差异和组间差异影响最大的是区域固有因素。

5.2.1 固有要素的影响机理

第4章的分析结果显示，区域内耕地、劳动力等固有要素对农村正规金融发展的区域差异影响巨大。耕地要素难以实现区域间流动，因此区域间耕地要素的差异是难以实现区域平衡的，但耕地要素的地力要素可以通过发展适宜的特色农业，提高农业收益来发挥作用，例如陕南地区利用优越的自然生态环境，大力发展生态旅游和生态农业，提高农业的单位产出，不仅能够吸引到正规金融机构的投资，还能够促进农村经济的发展，提高农民收入。当农业收益而非规模取胜，即耕地的数量不再是农业发展的硬约束时，区域间耕地地力的贡献就会不断缩小，农村正规金融发展区域差异也会不断缩小，甚至可能会趋向收敛。

同时劳动力资源能够通过劳务输出和输入实现金融资源区域间的流动。随着本地产业结构不断升级和产业的快速发展，区域间工资收益差距不断缩小，不仅本地大量的劳动力会选择就地工作，还可能吸引大规模的外来劳动力资源，而且随着教育水平的不断提高，劳动力素质不断提高，在为当地创造巨大的经济价值和社会收益的同时，也会增强自我价值实现，在提高自身价值的愿望十分强烈的情况下，必然会催生对农村金融服务的需求，要求农村正规金融提供多样化的金融服务和产品。如果具有有效的抵押担保产品或者是第三方担保机构，那么农村正规金融能够得到较快发展。劳动力在本地就业，能够改善区域内资本的双轨道外流现象，在推动农村正规金融发展的同时也会缩小区域差异。但是要发挥劳动力资源的这一功能，必须要满足两个基本条件：其一是农村产业已经发展到一定规模，能够吸纳较多数量的劳动力资源；其二是农村经济主体能够提供有效的抵押产品。实际上，农村产业的周期长、低收益决定了其发展速度要缓慢于工业化的过程，而且农村产权的资质认定只是在小范围内开展了试验，还不具备大规模推广的条件，法律上也尚未给予认可，因此可以推断，固有要素短期内对农村正规金融区域差异的决定性作用还会很大，在长期内耕地地力和劳动力要素的区域差异会有所缩小，能够促进农村正规金融发展区域差异的缩小，实现农村正规金融发展的区域收敛，其时间路径应该是倒 U 形。

5.2.2　经济促进机理

经济金融水平不同，经济增长与金融发展的关系也会不同，可能会出现相互促进、相互阻碍或单向促进的复杂局面。在经济发达地区金融更容易发挥集聚效应，实现快速发展。区域经济发展的不平衡，加剧了区域资本（资金）等稀缺资源通过金融中介从经济欠发达地区流向发达地区，或者在国家政策的引导下向政策偏好的产业或者地区流动，从而加剧或者是缩小了区域农村正规金融发展的差距。

当前中国经济发展区域差异日益显著，主要表现为城乡差距、四大板块间的区域差距、省内差距、城市间差距和农村间的发展差距，尤其是伴随着农村城镇化和工业化的推进，区域农村经济发展的差距也日益明显。已有研究显示，农村经济发展的区域差异主要是由自然资源禀赋、区位优势、基础设施、产业结构、人口文化等要素引起的（马艳秀，2010）。农村经济发展落后，必然引起农村资金的外流，导致区域农村金融发展落后，因此区域农村经济发展的差异必然会影响区域农村金融发展的差异。

陕西经济发展相对落后。西部大开发战略实施前，关中地区经济发展要远远超过陕北和陕南地区。西部大开发战略实施后，陕北地区凭借其优越的自然资源，在资源丰富的地区实现了经济的快速崛起，农村经济金融得以迅速发展；关中地区农业基础较好，但农业产业结构升级和产业化的发展道路要慢于资源开发的发展道路；陕南经济基础和自然资源相对较差，经济自然相对落后。实际上，西部大开发第一个五年，农村经济发展的区域差异有所下降，之后再进一步扩大。随着促进经济公平发展政策的不断推进，不发达地区农村特色产业经济保持较快的速度发展，农村经济的区域差异会得到改善并不断缩小。例如榆林市为发展南部六县的农村经济，增加在南部六县的投资项目，要求北部六县实现一帮一，实现区域经济共同发展。因此，在政府政策支持和落后地区区域农村特色产业不断发展的情况下，农村经济的区域差异未来会呈现出收敛特征，即农村经济发展区域差异可能会呈现出草帽形的特征，如果农村金融发展区域差异只受经济要素影响，那么农村正规金融发展区域差异可能也会呈现出草帽形特征。

5.2.3 教育促进机理

教育是影响农村正规金融差异的重要要素，尽管在部分地区的农村正规金融发展决定方程中，该指标对农村正规金融发展的区域差异并未产生影响，但是经济主体教育程度的提高，有益于投资决策能力和资本运用能力的提高，也有利于促进经济金融发展。因此，在其他要素影响不变的情况下，如果教育程度区域呈现收敛性，那么农村正规金融发展也会出现收敛的可能。第 4 章的分析结果显示，在榆林和渭南，教育投入是形成农村金融发展区域差异的重要原因，因此根据区域内家庭教育投入的变化路径，可推知农村正规金融发展区域差异的变动特征。

对于理性生产者而言，接受教育或者培训最重要的是能够获得较高的回报率，即回报越高，生产者越愿意进行教育投资。Jeffrey Nugent 和 P. A. Yotopoulos（1986）（转引自李敬，2007）分别对 12 个高收入国家和 14 个低收入国家的中级教育的社会回报率以及大学水平教育的社会回报率和私人回报率进行估计，结果显示低收入国家教育回报率明显高于高收入国家（见表 5 - 13），因此收入低的国家或者地区愿意投入更多的教育支出。

表 5 - 13 　　　　　　　　教育回报率比较 　　　　　　单位:%

回报率类型	教育类别	低收入国家	高收入国家
社会回报率	中级水平教育	18	10
	大学水平教育	13	8
私人回报率	大学水平教育	22	11

资料来源: Hagen，Everett E. 1986. The Economics of Development. The fourth edition，IRWIN. : 225. 转引自李敬. 中国区域金融发展差异研究［D］. 重庆：重庆大学，2007。

"知识改变命运"是中国农村家庭对教育的普遍认知，也是农村家庭为子女投入大量教育费用的不竭动力，即使在困难地区，"再苦不能苦孩子，再穷不能穷教育"也是地区教育发展的重要宗旨。随着国家义务教育政策的实施，农村家庭受教育程度不断得到提高，用于文化教育用品及服务费用的支出不断增加。然而教育投入不断增加，可能并未带来高的教育投资回报率。已有对农村地区教育投资回报率研究显示，落后地区的教育投资回报是有限的，而且不能解释区域收入的差异（杜育红和孙志军，2003），教育被当做进入城市或者是寻求高收入工作的工具时，农村教育的投资回报率被低估（Zhao，1997），但被低估的部分往往是农村教育的社会回报率，如果简单狭隘到某一区域，实际上区域内农村教育的回报通过人口流动而被其他地区所分割，造成区域内教育收益下降。而且中国工资长期保持较低的水平，对人力资本投资和服务没有定价，导致教育投资的私人回报率一直是低于社会回报率（Heckman，2003）。同时，农村教育投入也会受到收入水平的硬约束，农村收入水平的区域差异不平衡，教育投入的费用以及教育的质量也会不平衡。

在农村经济发展不平衡的国家，区域间的教育发展可能会拉大，但随着国家义务教育政策的进一步普及、教育公平机制的不断完善和农村收入水平的日益提高，农村区域间受教育程度的差异会有所下降。最为重要的是区域经济不断发展，农村劳动力外出务工数量减少，由于人口流动导致的区域教育回报收益的外溢现象也会得到改善，农村教育的区域差异会有所减小。因此短期内农村教育的区域差异会不断扩大，长期内应该会趋同，即教育回报的区域差异相对较小，农村教育的发展路径将会呈现出近似倒 U 形特征。

5.2.4 创新能力促进机理

农村商品交易效率和金融交易效率区域间差异是陕西农村正规金融发展区域差异形成的重要因素。如果假定其他要素不变，农村商品交易效率和金融交易效率呈现出收敛性，则农村正规金融发展的区域差异可能也会出现收敛。

市场的交易效率是与其交易成本息息相关的，交易成本越高，交易效率就会越低，同时它也受到国家政策、行业政策以及完善的市场交易场所和交易主体的影响。交易成本是在执行市场交易时使用价格机制所付出的代价（成本）（科斯，1937），包括事前交易成本（如达成协议、调查费用等）和交易完成时的成本（如解决协议本身问题的费用）（威廉姆森，1977），因此交易完成是一项涉及政治、经济、社会制度和文化方方面面的工程。在不同的制度环境和文化环境下，交易成本会有很大差异，如著名的"莱索托试验"，在秘鲁和在美国佛罗里达州获得小型企业许可的时间相差了1 000多倍。

陕西区域内虽然经济法律法规是相同的，但是政府的经济服务功能、市场完善等软环境上仍然呈现出很大的差异，导致各区域内交易成本也存在差异，且影响交易成本最为重要的要素是区域的交通和通信条件（杨小凯，1999；转引自李敬，2007）。陕西地理特征十分典型，北部黄土高原、中部平原、陕南山地，关中平原的交通基础要优于其他两个地区，随着村村通等政策的推进，农村区域的基础设施差异不断缩小，交易成本也会逐渐减小，农村商品交易效率会趋于收敛。

农村金融交易效率不仅取决于交易成本，也会受到国家金融政策和金融机构运行效率的影响，实际上区域金融政策相同的情况下，如果不存在区域创新激励等政策，金融机构区域设置相似，那么农村金融交易效率的影响十分微小。第4章陕西农村正规金融发展区域差异分解显示，陕西农村金融交易效率的贡献率为−4.75%，实际上各市间的金融机构的效率正在不断趋同，但县域间差异十分明显。以榆林为例，农村金融交易效率的年均贡献率为36.21%，可见，榆林农村金融交易效率的县域间差异十分显著，例如个别地区新型农村金融机构数量较多，提供的金融服务产品较为全面，而个别乡镇甚至还出现金融服务空白。陕西农村正规金融发展交易效率的收敛性已然显现，但是县域间的差异还在不断扩大，其发展的时间路径可能会呈现倒U形特征。

5.2.5 国家政策干预机制

第4章的分析结果显示，国家实施西部大开发战略和农村金融体制改革，尤其是西部大开发战略是有利于陕西农村正规金融发展的，这意味着国家经济金融政策的倾斜和干预有利于农村正规金融发展水平趋同。李敬（2007）对全国区域金融分析的结果显示，西部大开发战略实施以后，西部各省间的金融发展水平差异明显缩小。实际上陕西农村金融发展水平区域差异在 2003 年达到了最低点，但之后的农村金融体制改革，加快了农村地区主要正规金融机构农村信用社绩效的区域差异，导致农村正规金融发展的区域差距又进一步拉大。国家直接的政策干预效果虽然立竿见影，但是持续性差，而且行政直接干预造成的负面影响是会恶化金融环境，导致金融运行行政化，对金融的长期可持续发展是不利的（冉光和，2004；转引自李敬，2007）。

国家在实施直接经济金融行政干预政策的同时，还会通过控制影响经济金融的要素来实现农村正规金融发展区域差异的缩小，例如通过加大对落后地区基础设施的建设、增加教育投入、减少金融服务的空白乡镇数量等政策手段，实现农村正规金融发展区域差异的缩小。这种间接干预政策虽然见效慢，但是通过优化经济金融环境来促进农村金融发展的区域差异缩小，有利于金融的可持续发展。由于国家或者地方政府财力有限，难以在全国或者全地区全面进行扶持，只能分步骤地、有重点地进行扶持和投资，会先发展一个地区，然后再带动其他地区发展，这一过程中必然会进一步拉大农村正规金融的区域差异。但长期来看，农村经济金融协调发展战略的实施，在一定程度上能够推进农村金融区域均衡发展。由此可以推断，国家政策干预下的农村正规金融发展区域差异可能会呈现出倒 U 形特征。

根据陕西农村正规金融发展的收敛机制分析，可以看出影响其发展的大部分要素均呈现倒 U 形特征，可以推断陕西农村正规金融发展的区域差异未来可能会走向收敛。但是由于决定不同区域农村金融发展区域差异的要素不同，而且同一要素在不同区域内的贡献率也不同，现阶段的收敛性是已经显现，还是仍在不断扩大中，有待实证分析检验。

5.3 农村正规金融发展收敛性实证检验

收敛性研究由 Kutsnets（1955）和 Williamson（1965）最早开始研究，但直到 1992 年 Barro – I – Martin 发表开创性论文后，"收敛"一词才开始出现。目前收敛性检验的方法主要有 σ 收敛、绝对 β 收敛和条件 β 收敛。研究借鉴这些主要用于分析收入差异的方法，尝试揭示陕西农村金融发展区域差异的收敛性是否存在。

5.3.1 实证检验方法

5.3.1.1 σ 收敛

σ 收敛是对经济体发展的标准差分布情况进行判断，标准差逐渐变小，则认为其发展差异存在 σ 收敛。因此，用于衡量农村金融发展区域差异的检验方程为

$$\sigma_t^2 = \frac{1}{n} \sum_{i=1}^{n} \left(\log y_{it} - \frac{1}{n} \sum_{i=1}^{n} \log y_{it} \right)^2 \qquad (5-12)$$

其中，y_{it} 表示第 i 个地区 t 时期农村金融发展水平，σ_t 表示 n 个地区之间农村金融发展水平对数值 $\log y_{it}$ 的标准差。若在 $t+T$ 年满足：$\sigma_{t+T} < \sigma_t$，则意味着 n 个地区 T 阶段农村金融发展水平具有 σ 收敛；如果任意年份 $s < t$，均有：$\sigma_s < \sigma_t$，即这 n 个地区金融发展水平具有一致的 σ 收敛。

5.3.1.2 绝对 β 收敛

绝对 β 收敛的前提条件认为在资本报酬递减规律作用下，初始发展水平低的地区具有较发展水平高的地区更高的增长率，随着时间推移，金融不断发展，所有地区都将收敛于同一稳定时期。

R. J. Barro 和 X. Sala - i - Martin（1990，1992）研究认为，在封闭经济体内，经济（收入）等发展大致是呈现 log 线形形式，其检验方程为

$$\frac{1}{T} \log \left(\frac{y_{i,t}}{y_{i,0}} \right) = x_i^* + \left(\frac{1 - e^{-\beta T}}{T} \right) \times \log \left(\frac{\hat{y}_i^*}{\hat{y}_{i,0}} \right) + \mu_{i,0,T} \qquad (5-13)$$

其中，i 表示经济单元，0 和 T 分别表示期初和期末，T 是观察时间长度，$y_{i,0}$、$y_{i,T}$ 分别表示期初和期末的农村金融发展水平。X_i^* 是稳态的农村金融发展水平增长率，$\hat{y}_{i,0}$ 表示期初农村金融发展水平，$\hat{y}_i^*$ 为稳态的农村金融发展水平，$\mu_{i,0,T}$ 为误差项，系数 β 为收敛速度，即 $\hat{y}_{i,0}$ 接近 $\hat{y}_i^*$ 的速度。因此，系数 β 为正，且越大，则扩散速度越快；反之，如果为负，则表示农村金融发展水平是趋于收敛的。

虽然 β 系数收敛是可能随经济单元的不同而发生变化，但是在实际分析中可以忽略这种差异。根据新古典增长理论，仅仅是技术水平方面的差异并不会影响 β 值的大小，因此不同经济单元的 β 值大致相同，但其他方面仍然是存在差异的（R. J. Barro and X. Salai Martin，1992）。实际分析中，若假定 X_i^* 和 $\hat{y}_i^*$ 不变，则上式可以表示为

$$\frac{1}{T-t}\log\left(\frac{y_{i,T}}{y_{i,t}}\right) = B - \left[\frac{1-e^{-\beta(T-t)}}{T-t}\right] \times \log y_{it} + \mu_{i,T} \qquad (5-14)$$

其中，i 表示经济单元，t 和 T 分别代表期初与期末时间，$T-t$ 为样本期长度，$y_{i,t}$、$y_{i,T}$ 分别表示期初和期末人均收入，β 为收敛速度，表示 y_{it} 趋近 y_i^* 的速度，B 为常数，$\mu_{i,T}$ 为随机扰动项。重新定义后的公式可以隐含认为 β 的大小取决于期初农村金融发展水平，是与其他参数无关的。

对公式（5-14）两边同时取对数，则可以得到线性回归方程如下：

$$\frac{1}{T-t}(\log y_{i,T} - \log y_{i,t}) = \alpha + \beta \times \log y_{i,t} + \varepsilon_{it} \qquad (5-15)$$

5.3.2 实证检验结果及解释

5.3.2.1 σ收敛检验结果及解释

运用式（5-12）分别对榆林、渭南和商洛三地区以及各地区内部农村金融发展水平进行计算，结果如表 5-14 所示。

表 5-14   σ收敛检验结果

年份	全省	榆林	渭南	商洛
1997	0.6837	0.2755	0.4562	0.6237
1998	0.6536	0.2805	0.4519	0.1910
1999	0.5855	0.3225	0.3897	0.2820
2000	0.5468	0.2776	0.2024	0.2698
2001	0.5703	0.3838	0.1967	0.2537
2002	0.4654	0.3826	0.1774	0.2390
2003	0.5378	0.3553	0.2180	0.2292
2004	0.5104	0.4191	0.2207	0.2275
2005	0.4994	0.3801	0.2287	0.2351
2006	0.5916	0.5062	0.3859	0.2419
2007	0.6084	0.5020	0.2718	0.2566
2008	0.6037	0.6296	0.2848	0.2710
2009	0.5585	0.5719	0.2681	0.4790

从全省整体情况来看，2009 年三地区农村金融发展水平的标准差为 0.5585，小于 1997 年的 0.6837，因此 1997—2009 年农村金融发展水平符合 σ 收敛，但由于三地区农村金融发展水平的标准差并不存在任何一个年

份均小于前一年份，故不存在一致的 σ 收敛。以农村金融体制改革的 2003 年为界，将研究时期分为 1997—2003 年和 2004—2009 年两个阶段，前一个时期全省整体存在 σ 收敛，但 2004 年农村金融发展水平的标准差为 0.5104，小于 2009 年的标准差值 0.5585，因此 2004—2009 年不存在 σ 收敛。

分地区计算结果显示，榆林农村金融发展水平整体或者是分阶段均不具有 σ 收敛；渭南各区县的农村金融发展水平 1997 年的标准差为 0.4562，2009 年已降至 0.2681，存在 σ 收敛，1997—2003 年农村金融发展水平存在 σ 收敛，2004—2009 年也存在 σ 收敛；商洛各区县整体上农村金融发展水平存在 σ 收敛，但与全省整体特征一样，1997—2003 年这一时期农村金融发展水平具有 σ 收敛，但是 2004—2009 年不存在 σ 收敛。

由此可见，全省和三地区农村金融发展水平的 σ 收敛具有明显的区域性和阶段性特征。农村金融体制改革前，除榆林地区外，全省整体、渭南和商洛均存在收敛特征，农村金融体制改革后，仅渭南地区农村金融发展水平还存有 σ 收敛特征。

5.3.2.2 绝对 β 收敛检验结果及解释

选择衡量农村金融发展水平的金融相关比率指标对三市下辖县区数据进行收敛性实证检验，对方程（5-15）进行估计，回归结果如表 5-15 所示。

表 5-15　陕西省及样本地区农村金融发展水平的收敛性检验结果

区域	指标	1997—2009 年	1997—2003 年	2004—2009 年
全省	常数项	0.1302	0.2341	2.5433
	β 系数值	-0.0183	-0.0714	-0.9666
	R^2	0.3138	0.4830	0.4830
	F 检验值	0.4574	0.9342	0.9342
榆林	常数项	0.034	0.1031 **	0.7537
	β 系数值	0.0754 **	0.0345 *	5.1245 ***
	R^2	0.371	0.2926	0.7242
	F 检验值	5.9063 **	4.1371 *	26.2602 ***

续表

区域	指标	1997—2009 年	1997—2003 年	2004—2009 年
渭南	常数项	0.4364 ***	0.5142 ***	0.0678 **
	β 系数值	− 0.2929 *	− 0.4581 **	− 0.0181 *
	R²	0.2926	0.4015	0.0394
	F 检验值	3.7233 *	6.0384 **	0.3689
商洛	常数项	0.6251 **	0.6886 ***	0.1112
	β 系数值	− 0.7032	− 0.9028 **	− 0.0189
	R²	0.3068	0.6948	0.0236
	F 检验值	2.2128	11.3805	0.1208

绝对 β 收敛结果与 σ 收敛基本一致，可能是由于样本数量仅选取了渭南、榆林和商洛三个地区数据进行收敛性检验，影响了全省农村金融发展收敛性检验的结果，检验结果并不显著，陕西省农村金融发展没有出现 β 收敛。

从三个样本地区区域内金融发展水平差异的收敛性结果来看，（1）榆林农村金融发展水平呈现出发散态势，研究时期整体上以 0.0754 的速度扩散，分阶段显示 1997—2003 年扩散速度为 0.0345，2004—2009 年扩散速度骤然加快为 5.1245，这显示了新一轮的农村金融体制改革之后，榆林地区农村正规金融发展区域间差异更为明显。（2）与榆林地区不同的是，1997—2009 年渭南农村正规金融发展县域间差异呈现出收敛现象，商洛地区同期不存在收敛现象，渭南和商洛农村金融发展水平区域差异在 1997—2003 年呈现出明显的收敛现象，农村地区金融资源因各地趋同的金融机构出现金融发展差异缩小的结果，2004—2009 年仅渭南地区存在 β 收敛，商洛不存在 β 收敛。长期以来，金融机构将大量农村金融资源以多存少贷的方式转移出农村地区，影响当地涉农产业发展，进一步影响农村经济发展和自有金融资源的凝聚，造成农村金融发展的区域差异不断拉大。

5.4 本章小结

时间序列分解与 H–P 滤波分析结果显示，陕西农村正规金融发展区域差异的波动特征呈现 U 形特征，是农村正规金融发展区域差异草帽形特征的一部分，未来农村正规金融发展区域差异还会呈现异化趋势，商洛农村正规金融发展县域间差异也呈现同样的特征，但渭南和榆林农村正规金融发展区域差异的趋势恰恰相反，前者是继续扩大，而后者是呈现收敛性的。理论的收敛机制分析表明，决定陕西农村正规金融发展的区域差异短期内还是不断异化，但长期可能会出现趋同现象，运用 σ 收敛和绝对 β 收敛的实证研究结果进一步证明了这一结论。农村金融体制改革前，除榆林地区外，全省整体、渭南和商洛均存在收敛特征，农村金融体制改革后，仅渭南地区农村金融发展水平还存在收敛特征。绝对 β 收敛和 σ 收敛具有一定的相似性，陕西农村正规金融发展不存在绝对 β 收敛，榆林地区呈现扩散态势，2004 年之后扩散速度加快，商洛地区仅 1997—2003 年存在绝对 β 收敛，但渭南地区不论是整体还是分阶段都具有绝对 β 收敛现象。

6 陕西农村正规金融发展区域差异的合理性判断

第 3 章和第 5 章的研究结果显示，陕西省农村正规金融发展区域差异呈现出 U 形特征，未来区域差异会加速扩散。农村正规金融发展县域间差异在不同区域呈现出的趋势特征不尽相同，商洛地区 2004—2009 年收敛和扩散特征不明显，渭南地区县域间差异表现出收敛性特征，榆林县域间差异十分大，泰尔指数 2009 年已超过 0.8，而且还在不断扩大中。因此今后较长一段时期内，陕西农村正规金融区域间和区域内的差异会长期存在。

陕西农村经济发展相对落后，金融基础十分薄弱，农村资金依旧匮乏，如果单纯追求区域金融发展平衡，那么经济金融可能会长期陷入低水平均衡状态。2009 年全国农村居民人均纯收入过万元的地区已达 3 个，同年陕西省农村居民人均纯收入仅 3 437.6 元，较全国平均水平低 1 715.6 元，在全国 31 个省市排名倒数第四位。陕西农村经济发展总量小，发展动力不足，总体相对落后，同时农村正规金融发展的区域差异又呈现出明显的多层次的复杂局面。因此，必须对现阶段陕西农村正规金融发展区域差异的合理性进行判断，探讨在经济金融欠发达的陕西，农村经济金融的发展战略应该是以消除区域间不平衡为主，大力调控金融发展的区域差异，还是优先发展经济金融，忽视区域间经济金融差异。毕竟如果单纯追求缩小农村正规金融发展区域差异，可能会导致农村经济发展长期停滞不前，显然对于欠发达地区并不合适，因此可能需要在经济金融发展区域差异中寻求农村正规金融发展的"均衡"发展，"均衡"不是"平等"，也不是"平分"。

所谓"均衡"是一种相对稳定的状态，博弈理论认为"均衡"是多方博弈所形成的一种稳定状态，经济学中强调"均衡"是市场交易主体在一定条件下形成的一种相对稳定状态，管理哲学理念中的"均衡"强调组织或者系统的整体和谐，认为它是组织或者系统内部各要素之间结构能够相对稳定，相互适应，相互协调，各要素质、量和能等方面保持合理的"度"。因此，农村正规金融发展的区域均衡可以看做包含农村经济主体和农村产业发展与农村正规金融机构在内的农村经济金融系统，在外部经济环境、国家政策环境和地方政府环境等多要素共同作用下形成的一种稳定状态。这种稳定状态必须基于农村经济主体和农村产业发展的需求，要求必须从金融需求和产业发展的视角看待农村正规金融发展的区域差异，农村正规金融发展区域差异调控目标也绝不是简单地缩小正规金融区域间的总量、规模的差异，以实现区域农村正规金融发展的收敛态势和经济金融长期低水平均衡状态，而是要根据区域经济和产业发展以及农村经济主体的金融需求来制定农村正规金融发展战略，在有效满足区域经济主体金融服务需求以及推动区域农村经济快速健康发展的前提下，实现农村正规金融区域内"小平衡"和区域间的"大平衡"。

要正确对待陕西农村正规金融发展区域差异的变动在不同区域内呈现明显差异性特征，必须要建立一定的考核标准，对农村正规金融发展区域差异的合理性进行定量验证，考核农村正规金融发展在区域内是否不断满足了农村经济主体的金融需求，是否对农村经济和产业的贡献不断增加，农村正规金融发展区域差异的扩大或收敛是否与当地经济发展相匹配。

6.1 区域差异合理性的评价标准

衡量农村正规金融发展的合理性，应该参照如下标准：

1. 农村正规金融发展是否满足了日益增长的金融服务需要。农村正规金融发展在不断满足农村经济主体日益多样化的农村金融服务需求的过程中实现农村正规金融机构数量和金融业务增加的过程中最终引起农村金融制度的变迁。因此，区域农村金融发展的根本任务就是满足农村经济主体多样化、多层次的金融服务需求，最终目标是实现农村产业结构调整，农民收入提高，农村经济发展。

2. 农村金融发展是否与当地农村经济发展水平相适应。农村金融发展能够促进农村经济的发展，农村金融发展也必须与其经济水平相适应，强制性的农村金融制度变迁如果与经济发展的水平和结构不相适应，必然会导致制度变迁的成本加大，且效果不佳。如果当地农村金融发展能够满足当地经济主体的金融需求，则农村金融发展区域差异是农村经济差异的体现，调控经济差异才是根本。

3. 农村金融发展区域差异扩大是否影响金融和经济资源配置效率。如果社会整体金融资源的配置效率明显下降，那么农村金融发展的区域差异已经造成了市场配置的不合理，即部分产业资金供给已经饱和，而金融机构仍然愿意为其提供贷款，支持其过度扩张发展，导致金融资源配置效率降低，则农村金融发展的区域差异就需要调控和控制。

4. 农村金融发展差异是否已经影响到金融资源的相对价格。资金在农村地区极其稀缺，一般来说，完全竞争的农村金融市场且不存在区域间资金流动的情况下，资金价格即是农村金融市场交易主体供需双方共同作用下的均衡结果。实际上，目前农村金融市场是外部供给的，受到国家政策的制约，农村金融供给主体不得不改变其"非农"偏好，向农村地区提供信贷支持，因此农村正规金融机构的借贷利率是相对偏低的，导致其具有很大的"寻租"空间。如果区域间正规金融机构的实际资金价格差异不断扩大，甚至在农村非正式金融的交易价格上也有体现的话，则说明农村金融发展区域差异会影响经济的可持续发展，造成区域不平衡加剧。

5. 农村金融发展区域差距是否影响落后地区经济发展甚至导致农村产业衰竭。农村经济发展区域差异是农村金融发展区域差异产生的主要原因，落后地区经济发展速度过慢，农村经济缺乏持续增长的动力。以区域分工为基础发展和树立特色农村产业的农村经济发展道路，虽然能够避免产业雷同发展，形成互补，但也有可能难以发挥产业的集聚效应而导致落后地区产业衰退，经济缺乏动力。这种情况下必须要调控区域发展差距。

6. 保持社会政治稳定。金融是经济的核心，农村经济发展需要农村金融的快速发展，区域间的农村金融发展差异扩大，会导致农村经济发展不平衡进一步扩大。如果农村经济发展引发分配严重不公平、贫富矛盾尖锐，则不可能保障经济的持续健康发展。

6.2　区域差异合理性的判断

对陕西农村正规金融发展区域差异合理性的判断，基于数据的可得性，目前只能从两个方面进行定量判断：一是农村正规金融发展满足农村经济主体金融需求程度是否得到不断提高；二是农村正规金融发展与农村经济增长协调度是否不断得到改善。如果农村正规金融发展能满足当地农村经济主体的金融需求，或者是与当地农村经济发展水平相匹配，那么农村正规金融区域差异的存在就是合理的，农村金融区域差异扩大也是有效的，否则即使农村金融发展区域差异存在收敛，也可能是农村金融的低水平均衡，也可能会导致区域农村经济发展处于迟滞的泥潭。

6.2.1 农村正规金融的满足度判断

要分析农村正规金融发展满足农村经济主体的需求程度，首先必须要回答清楚农村金融需求是什么。关于这一问题，张杰（2007）在实地调查数据的基础上进行了案例分析，以农户借贷为出发点，简单分析了农村金融需求的用途、规模、期限特征以及利率等，认为非正规机构在资金的满足程度方面远远高于正规金融机构，原因在于农村正规金融机构在资金用途、规模和期限特征等方面要求过于严格，与农村实际的金融需求脱节。2011 年陕西政策研究室对关中的咸阳地区农户借贷需求进行调查，结果显示 50% 以上的农户进行借贷是用于生活消费，生产性借贷趋势显著，尤其是非农借贷需求强烈，农户借贷融资规模大，最高借贷金额为 35 万元，最低仅 0.05 万元，农户资金需求分层特征已经显现。借贷期限和结构上，农村正规金融机构借贷利率低于非正规金融 3 个百分点，期限一般不超过 3 年，且借贷当月必须还息。基于这一认知，考核农村正规金融机构对农村经济主体的满足度，必须从借贷用途、规模、期限结构以及利率等方面综合考量。限于数据的有限性，研究只能从借贷规模满足度指标予以衡量。

6.2.1.1 陕西农户金融需求调查分析：以咸阳为例

2011 年陕西省政策研究室按照优、中、差的原则，对渭城区的正阳镇、周陵镇和秦都区的双照镇 3 个乡镇农户资金需求情况进行实地调查，每个乡镇内选取 2~3 个村庄，共调查 8 个村庄。完成问卷 258 户，其中有效问卷 256 份，问卷有效率为 99.2%，调查内容涉及 2008—2011 年上半年农户借贷来源、用途、规模、期限和利率情况。对咸阳地区农户借贷情况的调查结果显示，农户目前的资金需求大致呈现出以下特征。

1. 借贷渠道日趋多样，以非正规渠道借贷为主

此次调查的 258 户农户中，2008—2011 年上半年期间发生借贷的农户共计 118 户，其中从非正规途径融资 64 户，正规途径贷款 36 户，组合贷款（从正规途径和非正规途径均获得借款）农户 18 户。按每年对发生借贷行为农户数量进行统计（见表 6-1），结果显示，三年半内仅非正规途径融资的有 99 户，占 61.88%，仅从正规金融渠道贷款的有 41 户，占

25.63%，从两种途径同时获得贷款的有 20 户，占比为 12.5%。根据衣明卉（2011）对农村正规金融对农户信贷满足度的分类，即完全满足、完全不满足和不完全满足，可以认定目前咸阳农户正规金融能够完全满足的比重为 25.63%，不完全满足的比重为 12.5%，完全不满足的农户比重为 61.88%。显而易见，农户从正规金融、非正规金融等多途径筹措资金的态势已经显现，农村金融体制改革后正规金融对农户贷款有所增加，但非正规借贷仍是农户融资的主要渠道。

表 6-1 　　　　　　　　　正规和非正规金融渠道借贷农户数量比 　　　　单位：户，%

指标	2008 年		2009 年		2010 年		2011 年上半年		合计	
	户数	比重	户数	比重	户数	比重	户数	比重	户数	比重
正规金融	7	15.55	14	31.11	16	29.63	4	25.00	41	25.63
非正规金融	30	66.67	24	53.33	34	62.96	11	68.75	99	61.88
组合贷款	8	17.78	7	15.56	4	7.41	1	6.25	20	12.50
合计	45	100.00	45	100.00	54	100.00	16	100.00	160	100.00

注：按照当年发生借贷行为的农户数量统计，由于个别农户不止一年发生借贷，故加总数量大于实际发生贷款农户。

资料来源：王磊玲，罗剑朝. 农户借贷需求调查与分析：以陕西省为例 [J]. 开发研究，2012（1）：77~81.

2. 非正规借贷更多倚重亲戚朋友借款

为进一步了解农户详细的非正规融资渠道，调查问卷将非正规融资渠道分为亲戚、邻居、朋友、合作社或资金互助社等几种。结果显示（见表 6-2），向亲戚借贷占 59.86%，向朋友借款占 26.76%，向邻居借款占 3.52%，其他的有息贷款比重占 9.15%，专业合作社或资金互助社借款占 0.71%。

显然，农户非正规金融融资选择的次序分别是亲戚、朋友、有利息的民间借贷、邻居和合作社或资金互助社，这是与中国乡村社会所特有的圈层结构是一致的，以家庭为核心，以血缘关系为纽带向外延伸，由小家到村邻。由村到镇及县，再依次扩展到地市、省、国家等，每个农户都可以在某个圈层找到自己的位置，家庭内保障的要求也因此赋予每个人为其亲戚朋友提供必要帮助的义务，由此便形成了农村当中普遍的熟人借贷和友情借贷。

表6-2　　　　　　　　　农户非正规金融融资渠道　　　　　　单位：户, %

借贷来源	2008 年		2009 年		2010 年		2011 年上半年		合计	
	户数	比重	户数	比重	户数	比重	户数	比重	户数	比重
亲戚	27	61.36	23	60.53	28	60.87	7	50.00	85	59.86
邻居	2	4.55	1	2.63	1	2.17	1	7.14	5	3.52
朋友	11	25.00	10	26.32	12	26.09	5	35.71	38	26.76
合作社或资金互助社	0	0.00	0	0.00	1	2.17	0	0.00	1	0.70
其他	4	9.09	4	10.53	4	8.70	1	7.14	13	9.15
合计	44	100.00	38	100.00	46	100.00	14	100.00	142	100.00

注：将组合贷款分类统计。

3. 正规金融渠道融资中，农村信用社一枝独秀

由表6-3可知，从农村信用社获得贷款的农户比重为72.31%，通过国有商业银行贷款的农户比重为12.31%，从国家开发银行等金融机构获得贷款的农户比重为10.77%，获得邮政储蓄贷款的农户只有1家，尚无有农户通过村镇银行贷款。目前虽然个别农户从国有商业银行获得贷款，但贷款用于城市购房，属于商业性贷款的范畴，如果不考虑这部分农户，仅涉农类的贷款，农村信用社承担比重达82.46%，邮政储蓄银行、村镇银行和小额贷款公司等新型农村金融机构支农力量仍旧有限。

表6-3　　　　　　　　　农户正规金融融资渠道分析　　　　　单位：户, %

借款来源	2008 年		2009 年		2010 年		2011 年上半年		合计	
	户数	比重	户数	比重	户数	比重	户数	比重	户数	比重
农村信用社	11	73.30	18	85.70	15	75.00	3	33.33	47	72.31
邮政储蓄银行	—	—	—	—	—	—	1	11.11	1	1.54
村镇银行	—	—	—	—	—	—	—	—	0	0.00
国有商业银行	3	20.00	2	9.50	2	10.00	1	11.11	8	12.31
小额信贷公司	—	—	—	—	1	5.00	—	—	1	1.54

续表

借款来源	2008 年		2009 年		2010 年		2011 年上半年		合计	
	户数	比重	户数	比重	户数	比重	户数	比重	户数	比重
其他	1	6.70	1	4.80	2	10.00	3	33.33	7	10.77
缺失	—	—	—	—	—	—	1	11.11	1	1.54
合计	15	100	21	100	20	100	9	100	65	100

注：信息缺失农户是亲友帮忙贷款，对具体的贷款途径并不清楚。

4. 生活性借贷占一半以上，生产性借贷有增加趋势

本次调查将把农户贷款用途分为 9 个项目：（1）种植业；（2）养殖业；（3）购买农机具；（4）非农产业；（5）子女上学；（6）买房/造房；（7）婚嫁丧娶；（8）看病就医；（9）其他。按照生产性用途和生活消费性划分，前四类归为生产性借贷支出，（1）（2）（3）项是涉农贷款，（4）项为非农贷款，（5）（6）（7）（8）项是生活消费性借贷支出。将调查农户以此标准进行归类，结果如表 6-4 所示。

当前农户借贷用于生活消费的占 53.37%，生产性消费支出的比重是 43.26%，这一比例与位于发达地区的江苏省比例相当（56%：46%）。农户收入差距较大，但借贷用途比例相当，意味着在中国，高昂的教育支出成本和医疗费用远远超出了农户的实际支付能力，完善的社会保障体制的缺失，使得农户不得不举借大量资金用于子女上学和看病就医。生产性消费支出中，用于农业生产的农户比重为 30.34%，非农产业贷款农户比重为 12.36%。从趋势看，贷款用于农业的农户比重在下降，用于非农产业的农户比例不断增加。

表 6-4 　　　　　　　农户借贷用途分析　　　　　　单位：户,%

贷款用途			2008 年		2009 年		2010 年		2011 年上半年		合计	
			户数	比重	户数	比重	户数	比重	户数	比重	户数	比重
生产性借贷	涉农贷款	种植业	5	10.20	21	36.21	7	12.96	0	0.00	33	18.54
		养殖业	5	10.20	5	8.62	3	5.56	1	5.88	14	7.87
		购买农机具	0	0.00	2	3.45	4	7.41	1	5.88	7	3.93
	合计		10	20.41	28	48.28	14	25.93	2	11.76	54	30.34
	非农产业贷款		5	10.20	5	8.62	8	14.81	5	29.41	22	12.36
	合计		15	30.61	33	56.90	22	40.74	7	41.18	77	43.26

贷款用途		2008 年		2009 年		2010 年		2011 年上半年		合计	
		户数	比重	户数	比重	户数	比重	户数	比重	户数	比重
生活消费性借贷	子女上学	11	22.45	7	12.07	12	22.22	6	35.29	36	20.22
	建房/买房	14	28.57	4	6.90	12	22.22	2	11.76	32	17.98
	婚丧嫁娶	5	10.20	9	15.52	3	5.56	1	5.88	18	10.11
	看病就医	2	4.08	3	5.17	3	5.56	1	5.88	9	5.06
	合计	32	65.31	23	39.66	30	55.56	10	58.82	95	53.37
其他		2	4.08	2	3.45	2	3.70	0	0.00	6	3.93
总计		49	100	58	100	54	100	17	100	178	100

生活消费性借贷的次序为子女上学（20.22%）、建房/买房（17.98%）、婚丧嫁娶（10.11%）、看病就医（5.06%），这与中国农户的消费心理也是一致的。"望子成龙，望女成凤"的观念下，中国农户对子女教育是十分重视的，但是目前中国教育尤其是大学，高昂的学费远超出一般农户的承担能力，必须依靠借款来实现。除了子女培养外，房屋也是中国农户最为重视的项目，改善居住条件是中国农户的普遍愿望，因此借款用于建房/买房的农户比例相当大，排在第二位。婚丧嫁娶作为家庭生命周期内的常规性支出，随着生活成本的提高，费用支出变大。此外，农村合作医疗虽已普及，但是先花费后报销的报销制度，使得农户必须要先借款再还款，借贷支出仍时常发生。农户还反映农村合作医疗医院收费不规范，对享有合作医疗的农户收取较高费用或者开具较贵的药品，导致实际看病支出仍然居高不下。

生产性借贷的次序是种植业（18.54%）、非农产业（12.36%）、养殖业（7.87%）和购买农机具（3.93%）。调查区域主要是农业产区，以设施农业为主的新型种植业的发展，引发了农业投资的新一轮高潮，在高收益驱动下，农户投资意愿强烈，用于设施农业等新型种植业的借贷比例较大。同时，调查区域养殖产业发达，并逐渐形成规模，因此发展畜牧产业的借贷性投资位于第三。在国家农机具政策补贴下，农户购买农机具的数量增多，借贷资金用于购买农机具的农户也较多。除了涉农贷款外，非农产业的借贷比例仅次于种植业，且有增加趋势。发展非农产业是农户增收的主要渠道，有能力的农户对非农产业资金需求十分迫切。

5. 农户借贷规模大，且借贷数量差异大

所调查的 118 户农户的资金需求量巨大，从总规模来看，三年半内从正规和非正规金融途径借贷总额为 451.91 万元（其中有 2 户信息缺失），每户平均每年借贷金额为 1.09 万元。此外正规金融和非正规金融借贷额标准差很大，意味着农户资金需求分层逐渐显现，两极分化现象加剧，少数农户对资金需求数额巨大。

农户从正规金融机构获得贷款最高为 35 万元，最低为 0.1 万元，农户贷款主要集中在 3 万元。从正规金融获得较大额度贷款的农户数量较少，用途主要是商业购房，只有 1 户自主创业，投资开办开心农场，并未用于纯粹意义的种植业投资。对于一般农户而言，纯粹发展种植业贷款最高 6 万元，购买农机具贷款最高 5 万元，用于非农产业贷款，额度最高获得 14 万元，正规金融贷款额度限制较大。

表 6 - 5 农户正规金融和非正规金融途径贷款规模 单位：万元

年份	贷款途径	最大值	最小值	均值	标准差
2008	正规金融	20	0.5	4.55	5.75
	非正规金融	1.5	0.05	3.07	3.64
2009	正规金融	6	0.4	2.67	1.30
	非正规金融	30	0.06	3.81	6.79
2010	正规金融	3.5	0.4	4.51	7.72
	非正规金融	25	0.06	3.66	4.97
2011 年上半年	正规金融	10	0.1	3.71	3.23
	非正规金融	30	0.2	6.16	9.81
合计	正规金融	35	0.1	3.99	5.38
	非正规金融	30	0.05	3.80	5.69

注：将组合贷款分开考虑。

农户从非正规金融途径借款最少的仅 500 元，最高的 30 万元，农户借款主要集中在 2 万元。除了个别农户外，多数农户借款规模不大，亲戚朋友间借款，期限宽松，一般没有利息，借贷规模相对自由，因此标准差也大于正规金融借贷。从调查期限内的样本借款情况来看，发展种植业借款最高为 5 万元，畜牧业借款最高 25 万元，购买农机具最多 5 万元，上学借款最多 4 万元，婚丧嫁娶最高 10 万元，看病借款最多 8 万元。

虽然正规金融和非正规金融途径借贷均值差异不大，但相比较正规金融，非正规金融借贷期限、利率条件宽松，对借款用途没有要求，因此农户偏好从非正规金融借款。调查期内，样本农户从非正规金融途径融资规模高达429.15万元，远远大于正规金融融资规模227.6万元，进一步验证了农村非正规金融在农户生产和平滑消费方面发挥重要作用。如此大规模的民间资金借贷，还处在国家金融监管的范围之外，其中蕴含的金融风险极大。

农户借贷途径日益多样化，同时从正规金融和非正规金融两种途径借款的农户数量增多，但仍是以非正规金融途径借贷为主，尤其偏好亲戚朋友间的友情借贷。此外，付息的私人借贷比重有所增加，虽然其贷款利率略高于正规金融，但凭借借贷手续简便、无抵押担保、还款自由等优势，成为农户筹措资金新途径。专业合作社或者资金互助社等组织形式在调查样本区域内并未发生资金借贷或者担保。农村金融体制改革后，正规金融对农户借贷有所增加，但农村金融市场中仍是农村信用社一家独大，对农户贷款占80%以上，小额贷款公司、村镇银行等新型农村金融机构的贷款仍是寥寥无几，国有商业银行主要是对农户在城市购房给予资金支持，个别地区获得了国家政策性银行贷款，但这种借贷方式具有很大的不稳定性。

借贷用途上，50%以上的农户借贷是用于生活消费支出，生产性借贷农户有增加趋势。中国农户重视子女教育，目前中国大学教育成本过高，远超出农户的实际承受能力，这些农户借贷都是为了满足子女上大学的费用支出，因此子女上学费用排在借贷首位。住房投资与中国农户"家"的情结有关，投资较大，排在第二位。农村社会保障体制的不完善和缺失，使得农户在看病就医方面借贷的比例也很大。

农户借贷规模大，资金需求分层明显。2008—2011年，调查样本农户借贷总规模为451.91万元，平均每户每年借贷额1.09万元，资金规模十分庞大，其中从非正规金融渠道借贷的资金量高达129.15万元，是正规金融渠道借贷规模的20倍左右，农村金融市场蕴含潜在风险极大，一旦监管不力，发生风险，必然造成大规模农户利益受损。此外，农户借贷规模差异较大，最高借贷金额为35万元，最低仅500元，且标准差极大，这意味着农户资金需求分层的特点已经显现。

6.2.1.2 样本地区正规金融机构对农户贷款的满足度分析

首先分析榆林、渭南和商洛2006—2010年三地区的农户数量以及对每户贷款的均额。其次通过测算，衡量农户从正规金融获得的贷款是否满足了日益增长的资金需求。榆林、渭南和商洛2006—2010年从正规金融获得贷款农户数量和每户贷款金额如表6-6至表6-8所示。

从中国银监会公布的农村金融服务情况来看，榆林市2006—2010年获得贷款的农户数量和贷款规模波动较大，2010年获得贷款的农户数量最多的地区已达33 364户，最少的地区仅4 921户，平均农户数量为13 292户，贷款规模最高地区达858 331万元，最少的仅47 571.06万元，实际上2007年可获得贷款农户最多的地区已达到近8万户，但贷款规模较小，导致每户贷款规模极小。2006—2009年获得贷款农户数量占总农户的比重一直呈下降态势，2006年占比为50%，2009年下降至23%。不同地区对农户信贷满足程度差异较大，以2006年为例，可获得贷款农户最低占比仅0.15，最高达0.84。从每户可获得的贷款规模来看，除了2007年之外，平均每户可借贷规模呈递增态势，2006年平均每户可借贷资金1.95万元，2010年已增加至13.59万元，但区域差异同样十分显著，2010年可获贷金额最低的地区是5.19万元，最高的已达64.39万元。

表6-6　　　　　　　　榆林市获贷农户数量和平均贷款金额

单位：户，万元，万元/户

年份	指标	贷款农户数量	农户贷款规模	贷款农户数量占比	每户借贷数额
2006	极小值	11 768	21 193	0.15	0.51
	极大值	55 352	168 648	0.84	5.65
	均值	28 723.58	49 610.58	0.50	1.95
2007	极小值	7 279	9	0.11	0.00
	极大值	681 971	3 344.00	0.82	0.39
	均值	79 559.17	664.92	0.48	0.05
2008	极小值	6 604	26 412	0.09	0.90
	极大值	59 953	313 376	0.88	25.29
	均值	19 745	86 211.95	0.35	5.29
2009	极小值	5 521	36 006	0.08	2.72
	极大值	21 810	593 528.60	0.52	43.83
	均值	13 180.08	127 329.13	0.23	9.63

续表

年份	指标	贷款农户数量	农户贷款规模	贷款农户数量占比	每户借贷数额
2010	极小值	4 921	47 571.06	0.09	5.19
	极大值	33 364	858 331	0.40	64.39
	均值	13 292.17	185 178.16	0.23	13.59

数据来源：根据中国银监会官方网站资料整理所得。

从中国银监会公布的农村金融服务情况来看，渭南 2010 年获得贷款的农户数量最多的地区已达 120 398 户，最少的地区仅 11 741 户，平均农户数量为 46 661 户，贷款规模方面最高地区为 143 704 万元，最少的仅 27 333 万元。2006—2009 年获得贷款农户数量占总农户的比重一直呈递增态势，2009 年已达到 60%，2010 年下降了 14 个百分点。正规金融对农户的满足度相当高，但不同地区对农户信贷满足程度差异较大，以 2006 年为例，可获得贷款农户最低占比仅 13%，最高 74%。每户可获得的贷款规模呈现出明显的增加态势，2006 年平均每户可借贷资金 0.99 万元，2010 年已增加至 1.9 万元。此外，农户可借贷资金规模区域差异同样十分显著，2006 年可借贷资金极值差距为 2.25 万元，2010 年可借贷资金极值差距为 4.38 万元。

表 6 - 7　　　　　渭南市获贷农户数量和平均贷款金额

单位：户，万元，万元/户

年份	指标	贷款农户数量	农户贷款规模	贷款农户数量占比	每户借贷数额
2006	极小值	16 027	14 512	0.13	0.28
	极大值	120 468	82 605	0.74	2.53
	均值	53 898.73	40 238.45	0.50	0.99
2007	极小值	14 185	15 083	0.33	0.45
	极大值	121 225	75 874	0.78	4.01
	均值	59 497.55	47 698.09	0.54	1.11
2008	极小值	12 206	17 441	0.34	0.31
	极大值	125 376	81 788	0.83	3.03
	均值	56 937.45	43 568.27	0.54	1.07

续表

年份	指标	贷款农户数量	农户贷款规模	贷款农户数量占比	每户借贷数额
	极小值	11 907	26 269	0.33	0.84
2009	极大值	120 484	117 735	0.99	4.39
	均值	55 107.09	64 319.27	0.60	1.48
	极小值	11 741	27 333	0.17	0.67
2010	极大值	120 398	143 704	0.78	5.05
	均值	46 661.18	64 456.55	0.46	1.90

数据来源：根据中国银监会官方网站资料整理所得。

　　商洛 2010 年获得贷款的农户数量最多的地区已达 81 266 户，最少的地区仅 23 896 户，平均农户数量为 48 048 户，贷款规模方面最高地区为 141 007 万元，最少的仅 61 155 万元，平均为 98 127.42 万元，农户贷款规模有超过渭南的趋势。2006—2009 年获得贷款农户数量占总农户的比重虽有波动，但整体呈现下降趋势，2006 年占 87%，2007 年有所下降，2008 年又增加至 72%，之后又开始有所下降，2010 年该比重下降至 60%。不同地区对农户信贷满足程度差异较大，2010 年可获得贷款农户最低占比仅 0.36，最高达 0.83。每户可获得的贷款规模低于榆林地区，但高出渭南地区，呈现出明显的增加态势，2006 年平均每户获得借贷资金 0.60 万元，2009 年已增加至 2.43 万元，2010 年有所下降，幅度不大，但区域差异十分显著，2009 年农户获贷资金最高的地区为 9.16 万元，最低的仅 0.95 万元。

表 6-8　　　　　　　　商洛市获贷农户数量和平均贷款金额

单位：户，万元，万元/户

年份	指标	贷款农户数量	农户贷款规模	贷款农户数量占比	每户借贷数额
	极小值	23 906	21 586	0.60	0.34
2006	极大值	85 969	63 108	0.91	0.90
	均值	66 206	38 202	0.87	0.60
	极小值	0.00	0.00	0.00	0.00
2007	极大值	162 573	89 591	0.56	1.32
	均值	69 040	41 570.86	0.54	0.61

续表

年份	指标	贷款农户数量	农户贷款规模	贷款农户数量占比	每户借贷数额
2008	极小值	21 800	14 130	0.49	0.20
	极大值	101 340	87 488	0.92	1.56
	均值	60 600.71	47 111	0.72	0.87
2009	极小值	9 244	47 395	0.14	0.95
	极大值	83 079	115 513	0.85	9.16
	均值	52 884.14	78 771.57	0.64	2.42
2010	极小值	23 896	61 155	0.36	1.54
	极大值	81 266	141 007	0.83	2.84
	均值	48 047.57	98 127.42	0.60	2.23

数据来源：根据中国银监会官方网站资料整理所得。

官方公布的农村正规金融满足度明显高出实地调查数据。欠发达地区农户贷款主要是依赖于正规金融机构，但是从正规金融获得的资金究竟是否满足了经济主体实际的信贷需求还很难确定。实际的信贷需求不仅包括已经满足的完全或者是不完全信贷需求，还包括潜在的信贷需求，正规金融机构的信贷需求满足程度应该远远小于其实际信贷的供给度（满足度）。根据当地农村经济和产业结构发展情况，测算出当地农村经济主体对农村金融的需求量，通过农村正规金融实际供给量与农村金融需求量的比值来测度农村正规金融的信贷满足程度，通过对当地农村正规金融满足程度进行纵向比较，从而考核农村正规金融对农户信贷需求的满足程度是否得到改善。

武翠芳（2007）以农村生产总值与经济金融相关乘数的乘积计算出农村金融资金的需求总量，金融相关系数是地区生产总值和M_2的比值，其中M_2等于存款和流通中的现金之和。各市M_2数据无法获取，导致金融相关系数无法计算，考虑到农户作为农村最重要的经济主体，基于农户家庭视角，农户家庭的现金收入相当于流通中的现金，银行存款和借出款相当于其存款，家庭总收入代表家庭的经济能力，因此以独立家庭现金收入与家庭存款总和与家庭总收入的比值来测算经济金融相关系数[①]，计算出各地

---

① 该测算方法由于忽略了农村企业等经济主体，可能导致资金的满足程度偏高。

农村资金满足程度如表6-9至表6-11所示。

表6-9　　　　　　　1997—2009年榆林农村正规金融满足度　　　单位：亿元

年份　＼指标	经济金融相关系数	农业产值	资金需求量	实际资金供给量	资金缺口	资金满足率
1997	1.24	14.21	17.61	1.20	-16.41	0.07
1998	1.06	17.85	18.87	1.53	-17.34	0.08
1999	1.47	9.62	14.13	7.86	-6.27	0.56
2000	1.11	13.66	15.19	9.29	-5.90	0.61
2001	1.22	13.03	15.86	10.94	-4.92	0.69
2002	1.05	18.46	19.35	14.71	-4.64	0.76
2003	1.13	19.07	21.53	19.50	-2.03	0.91
2004	1.11	25.38	28.16	25.41	-2.75	0.90
2005	1.08	28.61	31.02	38.61	7.59	1.24
2006	1.04	35.33	36.67	51.49	14.82	1.40
2007	1.02	48.31	49.46	81.26	31.80	1.64
2008	1.02	66.11	67.25	108.31	41.06	1.61
2009	1.00	70.88	70.72	172.50	101.78	2.44
合计	—	—	405.82	542.61	136.79	1.34

　　根据这一方法测算出1997—2009年榆林市农户资金需求量总规模是405.82亿元，实际上这一时期农业贷款的规模达到542.61亿元，基本上已经能够满足农业的资金需求。由于该测算方法未包含农村企业的资金需求情况，因此资金满足率超过1。榆林农村正规金融的满足度呈现出明显的阶段性：第一阶段是农村正规金融满足率极低阶段（1999年以前），榆林经济发展水平落后，涉农贷款规模较小，资金满足率不足10%。第二阶段是农村正规金融满足率不断提高阶段（1999年之后），农村正规金融满足率出现大幅度的提高，2005年之后农村资金供给的负缺口情况得到改善。虽然榆林农村正规金融发展的区域差异在不断扩大，但从整体而言，农村正规金融满足率不断得到提高，能够满足农村经济主体日益增长的金融需求，因此榆林农村正规金融发展的区域差异不断扩大具有一定的合理性，一定时期内应该允许其存在。

表 6-10　　　　　1997—2009 年渭南农村正规金融满足度情况　　　单位：亿元

指标\年份	经济金融相关系数	农业产值	资金需求量	实际资金供给量	资金缺口	资金满足率
1997	1.18	36.56	43.12	21.42	-21.70	0.50
1998	1.13	38.37	43.23	19.88	-23.35	0.46
1999	1.17	38.46	45.12	21.00	-24.12	0.47
2000	0.96	37.43	35.95	28.16	-7.79	0.78
2001	1.05	39.45	41.39	31.23	-10.16	0.75
2002	1.11	41.55	46.15	33.94	-12.21	0.74
2003	1.07	44.34	47.32	37.02	-10.30	0.78
2004	1.20	52.96	63.31	41.93	-21.38	0.66
2005	1.14	56.77	65.00	46.91	-18.09	0.72
2006	1.23	63.13	77.62	41.80	-35.82	0.54
2007	1.06	80.19	85.03	47.82	-37.21	0.56
2008	0.96	96.26	92.35	49.10	-43.25	0.53
2009	1.23	100.55	123.23	68.23	-55.00	0.55
合计	—	—	808.82	488.44	-320.38	0.62

　　根据这一方法测算出 1997—2009 年渭南农户资金需求量总规模达到 808.82 亿元，实际上这一时期农业贷款的实际规模仅 488.44 亿元，难以满足农业的资金需求。随着西部大开发政策的实施，渭南地区涉农贷款较 2000 年之前有所增加，2000—2004 年连续 5 年正规金融的资金满足率达到 70% 以上，但之后这一比重开始下降，资金缺口不断增大，2009 年资金缺口规模已达 55 亿元，正规金融机构的资金满足率也下降到 55%。前面的分析显示，渭南农村正规金融发展呈现出明显的区域收敛特征，但对于日益增长的农村金融需求，农村正规金融机构无法给予满足。由此可见，农村正规金融发展的区域收敛并不意味着区域金融已进入良性发展阶段，有可能是农村正规金融发展低水平均衡状态的体现。

表 6-11　　　　　1997—2009 年商洛农村正规金融满足度情况　　　单位：亿元

指标\年份	经济金融相关系数	农业产值	资金需求量	实际资金供给量	资金缺口	资金满足率
1997	0.80	13.07	10.48	8.45	-2.03	0.81
1998	0.77	16.1	12.46	9.29	-3.17	0.75

年份 \ 指标	经济金融相关系数	农业产值	资金需求量	实际资金供给量	资金缺口	资金满足率
1999	0.72	16.07	11.55	9.51	-2.04	0.82
2000	0.72	16.66	12.08	9.72	-2.36	0.80
2001	0.91	17.29	15.80	9.82	-5.98	0.62
2002	0.87	17.29	15.12	17.43	2.31	1.15
2003	1.08	20.31	21.97	15.00	-6.97	0.68
2004	1.14	22.92	26.09	20.63	-5.46	0.79
2005	1.17	24.61	28.85	24.27	-4.58	0.84
2006	1.29	28.31	36.49	22.59	-13.90	0.62
2007	1.28	33.87	43.24	27.01	-16.23	0.62
2008	1.24	44.58	55.37	33.90	-21.47	0.61
2009	1.26	46.65	58.68	78.53	19.85	1.34
合计	—	—	348.16	286.14	-62.01	0.80

测算结果显示1997—2009年商洛农户资金需求量总规模是348.16亿元，实际上这一期间农业贷款实际规模仅286.14亿元，尚不能满足农业资金的需求，但与渭南地区略有不同的是，渭南地区资金缺口问题一直未得到改善，而商洛地区2009年资金缺口开始转为正向，且农村正规金融的满足率整体高于渭南地区。当然2005—2008年商洛正规金融的满足率和缺口资金不断增大，2009年资金供给超出资金需求。商洛地区1997—2003年虽然出现收敛特征，但2004年之后农村正规金融发展区域差异的异化现象可能会比较明显，但可以预测这并不影响农村金融需求满足程度的提高。

从以上对榆林、渭南和商洛农村正规金融满足度的判断结果来看，欠发达地区农村正规金融区域差异的收敛可能并非益事，出现收敛特征的渭南农村地区资金长期处于负缺口状态，而且2005年之后资金满足率呈现下降趋势，而区域差异不断扩大的榆林地区，农村正规金融发展的满足率则不断得以提高。

6.2.2 农村正规金融与农村经济格兰杰因果检验

农村正规金融发展与农村经济增长的协调问题，实际上是农村正规金融是否促进农村经济增长，农村经济增长是否促进农村正规金融机构数量增加、服务水平和运作效率提高，即二者是否存在正向关系的问题。对陕西省农村金融与农村经济间的关系进行判断的结果显示农村正规金融短期内能够促进农村经济发展，长期则会阻碍农村经济增长，二者间协调关系尚未形成。基于这一事实，利用面板数据的格兰杰因果检验，对农村正规金融发展与农村经济增长互为因果、相互促进的关系是否形成和改善进行检验。同时，为了与收敛性检验保持一致，运用格兰杰因果检验分别对陕西整体、榆林、渭南和商洛 1997—2009 年、1997—2003 年和 2004—2009年三个时期农村正规金融发展和农村经济增长的关系进行分析，以期揭示农村金融发展与农村经济增长的协调程度。

6.2.2.1 检验方法

关于格兰杰因果关系检验在面板数据的应用，雷良桃等（2007）、林晓羽（2010）对研究假设、模型和检验方法等方面进行了系统总结。面板数据格兰杰因果检验虽然是建立在时序数据格兰检验的基础上，但与时序数据的检验有所不同，其基本假设有：（1）同质无因果关系；（2）同质因果关系；（3）异质因果关系；（4）异质无因果关系等四种（Hurlin and Venet，2001，2003；转引自林晓羽，2010），基于这四种关系构建了基于固定效应的面板数据格兰杰检验模型

$$y_{i,t} = \alpha_i + \sum_{k=1}^{K} \gamma_i^{(k)} y_{i,t-k} + \sum_{k=1}^{K} \beta_i^{(k)} x_{i,t-k} + \varepsilon_{i,t} \qquad (6-1)$$

其中，$y_{i,t}$ 为因变量，$y_{i,t-k}$ 为其滞后变量，$x_{i,t-k}$ 为自变量的滞后变量，K 为滞后阶数，$\varepsilon_{i,t}$ 是误差项，满足独立同分布的条件。$X_{i,t}$ 和 $Y_{i,t}$ 序列的协方差是平稳的，即该序列必须满足平稳性条件。如果变量 x 是变量 y 的原因，那么 x 会先于 y 变化，因此如果 x 的滞后期能够显著提高对 y 的预测，则 x 是 y 的格兰杰原因。

揭示农村金融发展与农村经济增长的协调程度，选取农户人均纯收入来衡量农村经济发展水平，农村金融相关比率来表示农村金融发展水平，构建格兰杰因果检验方程如下

$$\ln PR_{it} = C_0 + \sum_{k=1}^{k} \gamma_i^{(k)} y_{i,t-k} + \sum_{i=1}^{k} \alpha_i^{(k)} FIR_{i,t-k} + v_{it} \qquad (6-2)$$

$$FIR_{it} = C_0 + \sum_{k=1}^{k} \kappa_i^{(k)} y_{i,t-k} + \sum_{i=1}^{k} \beta_i^{(k)} FIR_{i,t-k} + \varepsilon_{it} \qquad (6-3)$$

如果 α 等于零，那么农村金融发展不能推动农村经济增长，如果显著

不为零，则农村金融发展是农村经济增长全部或者部分的因，同理 k 等于零，农村经济增长不能促进农村金融发展，而显著不为零，则农村经济增长是农村金融发展全部或者部分的因。

6.2.2.2 格兰杰因果检验结果及解释

首先对陕西省整体农村金融与农村经济间的因果关系进行检验，其次对具有明显扩散特征的榆林、明显收敛特征的渭南地区以及存在阶段性收敛的商洛地区分别进行检验，对不同区域呈现扩散或者收敛特征下农村经济金融发展是否协调逐一进行论证，为陕西农村经济金融发展均衡战略的制定提供理论依据。

1. 陕西整体格兰杰因果检验结果及解释

格兰杰因果检验的前提条件是序列必须满足同阶单整，运用 LLC 检验（2002）、IPS 检验（2003）、ADF 检验（1999）、PP 检验（2001）等四种方法进行单位根检验，以同时通过检验为标准，来增强检验结果的可靠性。对陕西整体不同阶段各变量的检验结果显示，各变量的水平值未通过检验，但其一阶差分在不同的水平下是显著的，因此各变量是一阶单整的，可以进行格兰杰因果检验，如表 6 – 12 所示。

表 6 – 12　　　　　　陕西省不同阶段各指标单位根检验结果

阶段	指标	LLC	IPS	Chi – square	
				ADF – Fisher	PP – Fisher
1997—2009 年	FIR_{it}	− 1.6257 *	0.0715	6.3774	4.6542
	$D（FIR_{it}）$	− 3.5619 ***	− 3.5490 ***	21.7767 ***	28.5129 ***
	$\ln PR_{it}$	0.7229	0.8659	2.0311	5.3631
	$D（\ln PR_{it}）$	− 10.6125 ***	− 7.3856 ***	37.0759 ***	33.5384 ***
1997—2003 年	FIR_{it}	− 1.2781	0.2755	3.6445	3.8105
	$D（FIR_{it}）$	− 5.4576 ***	− 1.6422 *	14.4623 **	15.3439 **
	$\ln PR_{it}$	5.2430		0.1602	0.0618
	$D（\ln PR_{it}）$	− 2.9546 ***		18.0057 ***	22.5747 ***
2004—2009 年	FIR_{it}	0.6140	—	2.0742	1.8586
	$D（FIR_{it}）$	− 2.6633 ***	—	11.0499 *	11.0499 *
	$\ln PR_{it}$	9.6099	—	0.0092	0.0100
	$D（\ln PR_{it}）$	− 2.41097 ***	—	10.9503 *	10.9503 *

根据模型的设定形式，选取固定效应模型对方程（6 – 2）和方程（6 – 3）进行回归，回归结果如表 6 – 13 所示。

表 6-13　　陕西整体农村金融与农村经济格兰杰因果检验结果

方程	变量	1997—2009 年		1997—2003 年		2004—2009 年	
		系数	T 检验值	系数	T 检验值	系数	T 检验值
方程 (6-2)	常数项	-0.8033 ***	-2.8287	1.7721	1.2152	-1.2000 **	-2.5686
	γ	1.1170 ***	26.9998	0.7483 ***	3.6003	1.1626	1.2573
	α	0.3731 ***	2.8783	0.0893 **	2.6946	0.0612 ***	18.2058
	R^2	0.9760		0.8775		0.9778	
	F 统计值	315.3428 ***		17.9098 ***		110.2654 ***	
方程 (6-3)	常数项	-6.6861 **	-2.6683	0.1758	0.9785	-7.0273 *	-1.8956
	k	1.1108 ***	3.0537	0.1770	0.8492	1.2087 **	2.3998
	β	0.0321	1.5002	0.1744	0.2560	-0.0271	-0.0656
	R^2	0.9768		0.9782		0.9778	
	F 统计值	263.0440 ***		111.9825 ***		110.1253 ***	

表 6-13 的结果显示，1997—2009 年陕西农村经济与农村金融间仅存在单向促进关系，即农村金融发展能够推动农村经济增长，但反过来，农村经济增长不能促进农村正规金融发展。这一结果与陕西农村金融与经济关系整体判断的结果一致：农村正规金融发展促进了农村相关产业的发展，进一步推动了农村经济增长，但农村经济的增长效应并未体现在金融方面，没有带来农村存贷款的增加，不能激发出农村经济主体的资金需求，农村金融制度诱致性变迁的条件还不成熟。

1997—2003 年和 2004—2009 年分阶段的实证结果也是相同的，二者仅存在单向促进关系，协调关系尚未形成。虽然 σ 收敛显示陕西整体是存在收敛特征的，但 β 收敛显示陕西整体农村金融区域差异的收敛特征并不存在，实际上农村正规金融发展与农村经济在这一时期因果关系并未发生变化，因此可以推断陕西农村正规金融区域差异在未来的一段时间内继续存在并不会影响农村金融对农村经济的作用。

为了进一步验证考察农村正规金融发展区域差异的存在是否影响农村正规金融与农村经济关系协调度，以扩散特征显著的榆林、收敛特征明显的渭南以及存在阶段性收敛的商洛为例进一步加以分析。

2. 榆林格兰杰因果检验及解释

格兰杰因果检验的前提条件是序列必须满足同阶单整，对榆林不同阶段各变量进行单位根检验，检验结果如表 6-14 所示。检验结果显示各变量的水平值均未通过检验，其一阶差分在不同的水平下是显著的，因此各变量是一阶单整的，因此可以进行格兰杰因果检验。

表 6 – 14　　　　　　　　榆林不同阶段各指标单位根检验结果

阶段	指标	LLC	IPS	Chi – square	
				ADF – Fisher	PP – Fisher
1997—2009 年	FIR_{it}	– 4. 9488 ***	– 3. 2306 ***	52. 5138 ***	43. 1782 ***
	$\ln PR_{it}$	– 9. 5445 ***	– 6. 2874 ***	81. 3453 ***	93. 1974 ***
1997—2003 年	FIR_{it}	– 3. 4836 ***	– 0. 67838	28. 9032	30. 5834
	$D（FIR_{it}）$	– 9. 9143 ***	– 2. 7544 ***	51. 4204 ***	53. 7764 ***
	$\ln PR_{it}$	– 3. 46360	– 0. 13381	23. 2874	27. 9812
	$D（\ln PR_{it}）$	– 10. 9556 ***	– 3. 2349 ***	56. 5681 ***	71. 7349 ***
2004—2009 年	FIR_{it}	– 1. 5300 *	0. 6112	19. 6199	23. 5238
	$D（FIR_{it}）$	– 8. 1411 ***	– 2. 7788 ***	40. 1967 **	44. 5455 ***
	$\ln PR_{it}$	– 6. 7665 ***	0. 6522	12. 8585	31. 6197
	$D（\ln PR_{it}）$	– 51. 5568 ***	– 12. 8918 ***	63. 6364 ***	76. 6663 ***

根据模型的设定形式，选取固定效应模型对方程（6－2）和方程（6－3）进行回归，回归结果如表 6－15 所示。

表 6 – 15　　　　　榆林农村金融与农村经济格兰杰因果检验结果

方程	变量	1997—2009 年		1997—2003 年		2004—2009 年	
		系数	T 检验值	系数	T 检验值	系数	T 检验值
方程（6 – 2）	常数项	0. 4667	1. 0938	4. 3309 ***	4. 8869	3. 1324 ***	2. 8941
	γ	0. 9461 ***	16. 0456	0. 3730 ***	2. 9294	0. 6088 ***	4. 2642
	α	0. 0203 *	1. 7451	0. 0208 *	1. 9527	0. 0229	0. 6947
	R^2	0. 7312		0. 7568		0. 4946	
	F 值	27. 1964 ***		13. 8839 ***		3. 4635 ***	
方程（6 – 3）	常数项	– 0. 6619 **	– 0. 2750	– 2. 8710	– 0. 3137	1. 7769	0. 4984
	k	0. 2249	0. 6762	0. 7351	0. 5590	0. 0263	0. 0548
	β	0. 7381 ***	11. 2365	0. 2846 ***	2. 5897	0. 4795 ***	5. 1885
	R^2	0. 8740		0. 7926		0. 9830	
	F 值	69. 3756 ***		17. 0533 ***		151. 6309 ***	

根据表 6－15 的结果，1997—2009 年榆林农村金融与农村经济二者互为因果，能够相互促进，农村正规金融与农村经济区域间良性互动已经显

现，这与陕西农村正规金融与农村经济间关系整体的检验结果是不同的。

　　分阶段来看，1997—2003 年榆林农村经济与农村金融互为因果，农村经济与农村金融间的协调关系已经呈现；2004—2009 年榆林这一结果有所变化，二者的关系呈现出明显的农村经济拉动农村金融发展特征。帕特里克（1966）认为欠发达国家金融发展与经济增长存在两个阶段：第一个阶段是金融供给阶段，在经济发展的早期阶段，金融机构和相关金融服务的发展和供给领先于农村需求，金融发展推动经济增长；第二个阶段是经济引导阶段，当经济发展到一定阶段，经济主体会产生新的金融需求，推动金融发展，表现为经济引导金融发展。依照这一推论，榆林可能已经进入经济引导农村金融发展的阶段。由此可见，尽管榆林农村金融区域差异表现出显著的扩散特征，但并未制约其金融发展。但是，榆林农村金融进入经济带动模式，实际上是农村正规金融机构自身发展先天不足的体现。这一点在支农绩效区域差异分析时有所体现，农村正规金融机构对农村经济的贡献率相对最低，进一步暴露出资源型地区农村经济发展与农村金融发展对资源经济的依赖程度偏高，那么长期来看，如果农村金融内部动力作用不能发挥，金融也有可能会陷入"资源诅咒"的困境。

　　3. 渭南格兰杰因果检验及解释

　　格兰杰因果检验的前提条件是序列必须满足同阶单整，对渭南不同阶段各变量进行单位根检验，检验结果如表 6－16 所示。检验结果显示各变量的水平值均未通过检验，其一阶差分在不同的水平下是显著的，因此各变量是一阶单整的，因此可以进行格兰杰因果检验。

表 6－16　　　　　　　　渭南不同阶段各指标单位根检验结果

阶段	指标	LLC	IPS	Chi－square	
				ADF－Fisher	PP－Fisher
1997—2009 年	FIR_{it}	－ 5. 2818 ***	－ 3. 3506 ***	48. 5220 ***	51. 7213 ***
	$\ln PR_{it}$	－ 9. 2824 ***	－ 3. 5322 ***	47. 4727 ***	78. 4304 ***
1997—2003 年	FIR_{it}	－ 13. 5365 ***	－ 2. 9532 ***	42. 3854 ***	41. 8782 ***
	$\ln PR_{it}$	－ 5. 5783 ***	－ 1. 4421 *	33. 9452 **	57. 8706 ***
2004—2009 年	FIR_{it}	－ 4. 2930 ***	－ 0. 8281	27. 7938	30. 4120
	$D（FIR_{it}）$	－ 6. 85964 ***	－ 2. 1654 **	33. 1300 *	33. 1412 *
	$\ln PR_{it}$	2. 6274	3. 3828	9. 16556	12. 6131
	$D（\ln PR_{it}）$	－ 13. 2179 ***	－ 3. 7642 ***	42. 3419 ***	57. 0195 ***

根据模型的设定形式，选取固定效应模型对方程（6－2）和方程（6－3）进行估计，回归结果如表6－17所示。

表6－17　　　　　渭南农村金融与农村经济格兰杰因果检验结果

方程	变量	1997—2009 年		1997—2003 年		2004—2009 年	
		系数	T 检验值	系数	T 检验值	系数	T 检验值
方程 （6－2）	常数项	－ 0. 8913 ***	－ 2. 7585	－ 3. 6046	－ 1. 8076	1. 3020	1. 2903
	γ	1. 12513 ***	25. 8400	0. 5686 **	2. 0654	0. 8733 ***	7. 3259
	α	0. 0846 *	1. 7361	0. 1745 **	1. 9231	－ 0. 2732	－ 1. 2055
	R^2	0. 8818		0. 7852		0. 7327	
	F 值	73. 9589 ***		16. 1423		9. 5931 ***	
方程 （6－3）	常数项	0. 0377	0. 0978	3. 7700 ***	5. 0001	－ 1. 2448	－ 1. 3299
	k	0. 0460	0. 8862	0. 4867 ***	4. 6804	0. 2399 **	2. 0981
	β	0. 4010 ***	6. 8936	－ 0. 0322	－ 0. 8579	0. 0574	0. 3091
	R^2	0. 8740		0. 7926		0. 9463	
	F 值	69. 3756 ***		17. 0533 ***		45. 5677 ***	

表6－17的检验结果显示，1997—2009年渭南农村正规金融与农村经济的关系与陕西整体一样，仅存在单向促进关系，农村经济并不能带动农村金融发展，这一结果在欠发达地区十分普遍。但是整体上对二者关系的判断并不能解释农村正规金融区域差异的收敛特征是不适合渭南现阶段农村经济发展，还需要分阶段考虑农村金融与农村经济的关系是否改善。

分阶段来看，1997—2003年渭南农村经济与农村金融是单向关系，即农村金融可以推动农村经济增长，但农村经济增长却不能推动农村金融发展；2004—2009年渭南市农村经济与农村金融间则不存在因果关系，这应该是农村金融发展的一种倒退，渭南市的农村金融发展可能正面临恶化，也进一步验证欠发达地区农村金融发展出现收敛并非益事，也可能是农村金融发展严重滞后于农村经济，无法支持农村经济增长所出现的金融规模的收缩现象，是农村正规金融发展低水平均衡状态的一种呈现。

4. 商洛格兰杰因果检验及解释

格兰杰因果检验的前提条件是各变量必须满足同阶单整，对商洛不同阶段各变量进行单位根检验，如表6－18所示。检验结果显示1997—2009年阶段不是同阶单整的，可以运用农户收入水平的一阶差分项建立方程。

1997—2003 年阶段各变量的水平值通过检验，2004—2009 年阶段水平值未通过检验，其一阶差分在不同的水平下是显著的，因此各变量是一阶单整的，两个阶段可以直接进行格兰杰因果检验。

表 6 - 18 商洛不同阶段各指标单位根检验结果

阶段	指标	LLC	IPS	Chi - square	
				ADF - Fisher	PP - Fisher
1997—2009 年	FIR_{it}	- 6.0129 ***	- 4.4602 ***	49.2275 ***	51.5606 ***
	$\ln PR_{it}$	6.4121	7.5975	0.0899	0.0536
	$D(\ln PR_{it})$	- 2.6939 ***	- 1.75568 **	23.1508 *	21.6922 *
1997—2003 年	FIR_{it}	- 9.1237 ***	- 2.8851 ***	40.0120 ***	40.6341 ***
	$\ln PR_{it}$	- 7.9939 ***	- 2.4494 ***	31.214 ***	64.8344 ***
2004—2009 年	FIR_{it}	- 3.6691 ***	- 0.8830	19.9659	24.8847 **
	$D(FIR_{it})$	- 5.5145 ***	- 2.45796 ***	24.5392 **	26.1179 **
	$\ln PR_{it}$	7.6191	5.0938	0.1925	0.0189
	$D(\ln PR_{it})$	- 8.5548 ***	- 2.7376 ***	23.6180 ***	23.9357 **

根据模型的设定形式，选取固定效应模型对方程（6 - 2）和方程（6 - 3）进行估计，回归结果如表 6 - 19 所示。

表 6 - 19 商洛农村金融与农村经济格兰杰因果检验结果

方程	变量	1997—2009 年		1997—2003 年		2004—2009 年	
		系数	T 检验值	系数	T 检验值	系数	T 检验值
方程 (6-2)	常数项	- 0.0176	- 0.2908	2.5706 ***	4.7500	- 1.7582 ***	0.0007
	γ	0.7260 ***	2.241	0.2434	1.5051	1.2525 ***	0.0000
	α	0.9831 ***	17.7324	0.0023	0.0602	0.0368	0.1554
	R^2	0.8159		0.7369		0.9256	
	F 值	164.0034 ***		54.6147 ***		199.1385 ***	
方程 (6-3)	常数项	0.0605 ***	2.7000	4.2430 ***	2.9180	- 1.3328	- 0.7986
	k	0.1880	1.5702	- 0.5796 ***	- 2.7815	0.1758	0.7901
	β	0.0340	1.6583	0.8144 ***	9.7180	1.0709 ***	11.9365
	R^2	0.0712		0.8368		0.8169	
	F 值	2.8362 ***		38.4453 ***		71.3658 ***	

表 6 - 19 的结果显示，商洛 1997—2009 年农村金融与经济间存在单向

促进关系，农村金融发展能够推动农村经济增长，但反过来农村经济的增长却未能带来农村正规金融存贷业务的增加。分阶段来看，1997—2003 年商洛农村经济与农村金融间存在单向关系，农村正规金融存贷业务的增加未能推动农村经济增长，反过来农村经济的增长会制约农村正规金融的发展，这与第 4 章分析商洛农村金融发展区域差异原因的结果一致。商洛农户收入结构中，工资性收入占比较大，劳动力在外出转移过程中的价值转移导致大量资金未回流当地或者是在农村金融体系外运转，因此外出务工虽然能够推动农户纯收入的提高，但无益于农村正规金融水平的提高。2004—2009 年商洛农村经济与农村金融不存在因果关系，农村经济虽然不能促进农村金融发展，但是农村经济也将不再制约农村金融发展，与此同时，农村正规金融仍不能推动农村经济发展，意味着商洛农村正规金融发展水平相对较低。

6.3 本章小结

通过建立农村正规金融区域差异合理性的评价指标，对陕西各地区农村正规金融发展的区域差异进行评价，结果如表 6 - 20 所示。

表 6 - 20   农村正规金融发展合理性评价结果

考核指标	差异趋势	1997—2009 年	1997—2003 年	2004—2009 年	合理性评价
金融需求	收敛	不能	不能	不能	不合理
满足度	扩大	能够	能够	能够	合理
农村金融与	收敛	金融推动经济	金融推动经济	无因果	合理
农村经济 匹配性	扩大	互为因果	互为因果	经济带动金融	阶段合理

农村正规金融发展区域差异具有明显扩散特征的榆林，对日益增长的资金需求的满足度不断提高，而且区域经济与金融间的关系也已经开始互动，进入了经济拉动金融发展的阶段。但区域差异呈现出收敛特征十分明显的渭南地区不仅资金缺口巨大，且资金满足率下降，1997—2009 年整体和 1997—2003 年分阶段的结果均显示农村正规金融对农村经济具有单向促进关系，2004—2009 年农村正规金融发展与农村经济格兰杰因果检验结果显示二者不存在任何关系，农村金融发展出现倒退的迹象。商洛地区农村正规金融发展能够促进农村经济增长，但分阶段结果却显示出过于依赖工

资性收入的地区农村经济增长会制约农村正规金融发展，2004—2009 年之后这一现象有所改变，但是农村正规金融的推动作用尚未发挥。

由此可见，现阶段陕西农村正规金融发展区域间差异的存在是合理的，区域差异的扩大并未阻碍农村金融需求满足程度的提高和农村经济增长，但欠发达地区农村正规金融呈现收敛特征，制约了农村金融需求满足度的提高和农村经济增长。值得注意的是，虽然榆林地区现阶段农村正规金融能够满足农村经济发展的资金需求，但榆林农村正规金融发展在 2004 年之后呈现出明显的经济拉动模式特征，金融发展的内部动力作用仍然不足，意味着榆林如果不能进一步提高农村正规金融机构效率，提高农村正规金融的绩效，农业产业化发展步伐缓慢，那么榆林农村正规金融发展未来可能会陷入"资源诅咒"困境。

7 基于农户视角的融资绩效区域差异分析

选定具有典型特征的地区为样本，对欠发达地区农村金融发展的区域差异问题探讨时，由于局限于数据可得性，对于选择的样本地区非正规金融需求分析未有所涉猎，如果研究仅仅开展至此，明显是存在较大缺憾的。因此根据研究问题的特点，将研究的视角进一步扩大一些，先从国家层面对农户融资行为的区域差异进行简单的分析，然后从国家和陕西两个层面对从正规金融途径和非正规金融渠道获得的资金收益进行比较，一方面为了弥补因数据问题难以对农村金融发展全面衡量所导致的不足，另一方面也可以为下一步的研究提供新的研究思路。

7.1 农户融资行为的区域差异分析

当前金融体制改革的关键性问题是在如何保持现有体制稳定的前提下，引入新的博弈主体，改变现有博弈格局，构建一个充分考虑金融需求者需求的农村内生金融体制（张杰，2007），以往农村金融改革绩效不显著，关键就是撇开了农户（李锐，2004）。因此，必须要全方位围绕资金需求者——农户，由资金需求的起点来设计农村金融体制，有效满足农户资金需求，才能构成合理有效的农村内生金融体制。

农户作为独立的经济单元，集生产和消费于一体，农户家庭金融可以视为"资本—投资—收入—消费（或者投资）"这一循环往复的过程（谢琼，2009），其金融行为可以界定为生产和消费中储蓄、投资和融资等与资金流动有关的一系列活动，这一系列金融活动是与农户收入紧密有关的。狭义的农村金融主要指的是农村资金流动，从农户家庭金融行为来了解农户家庭资金流动过程，分析其投资、消费的行为特点，明确农户真实的资金需求情况，对于建立农村内生性金融体制，缓解农村金融抑制和正规金融信贷约束具有重要意义。

农户家庭储蓄的目的一是投资增值，二是出于预防性动机[①]，应付未来的各种风险，实现家庭生活稳定，效用最大。根据预防性储蓄理论[②]，由于居民家庭未来收入的不确定，居民会选择牺牲当期消费来预防未来消费的不稳定。居民的这种储蓄行为不仅会影响我国货币政策（谢平，1993a，b），而且会进一步影响到居民消费行为（孙凤，2001）。在现代金融保险制度缺失和非正规保险制度安排替代下，农户防卫性储蓄的比重占到 26.3%（曹和平，2002）。影响农户储蓄的因素除了防御性动机外，收入水平、流动性约束、家庭非农生产、消费能力、固定资产投资、区域文化差异等要素也是影响农户储蓄的主要因素（万广华等，2003；桂又华等，2006）。

杨凌、陈学彬（2006）通过建立家庭生命周期消费储蓄优化模拟模型，分析了居民家庭生命周期不同阶段各类家庭的消费储蓄行为，结果显示信贷约束对家庭消费路径和家庭新生阶段、中间阶段消费水平产生影响，居民增加教育投资，会减少当期消费。李锐、项海容（2006）构建两期生命周期模型对农户生产经营性投资、住房建设和储蓄存款行为进行分析，认为农户生产经营性投资对承包面积和地理位置的反应敏感；住房建设投资对通货膨胀率和期望真实利率反应非常敏感，但对名义利率的反应不敏感；农户储蓄存款对期望真实利率、名义利率、通货膨胀率和非农收入反应都非常敏感，出现这一现象的重要原因在于农户缺乏可供选择的投资工具。阮锋儿、罗剑朝（2006）将消费、生产性投资与农户收入和正规金融借贷之间的关系作出分析，分阶段结果显示：1979—1989 年农户从正规金融借贷对农户消费和生产性投资的影响要大于农户纯收入，1990—2002 年正规金融借贷和农户纯收入对农户消费和生产性投资的作用都更大。谢琼（2009）将农户储蓄、投资和借贷纳入统一分析框架，构建联立方程，对农户家庭储蓄行为及其变动关系进行了分析，认为当期消费倾向偏高，为 0.92，存款利率提高会改变农户储蓄方式，即减少持有现金。

已有对于农户家庭金融行为的研究，多是对农户储蓄、投资和融资行

---

① 曹和平（2002）对江苏 100 个农户样本 1995—1999 年的家庭储蓄结果分析的结果显示：现代金融保险制度缺失，导致了农户储蓄具有明显的防卫性机制，其中防卫性储蓄的比重占到 26.3%。

② Leland（1998）首次对预防性储蓄进行了分析，他定义预防性储蓄为由未来不确定性收入而引起的额外储蓄。文献从龙志和，周浩明（2000）的研究中析出。

为分开研究，集中于在居民储蓄和农户借贷行为两个方面，将农户的储蓄、投资和借贷纳入统一分析框架内进行研究，还相对较少，而且在研究时均未考虑区域差异的问题。我国经济发展区域不均衡，农户经济文化地域性特征明显，对农户金融行为开展研究，不考虑区域差异性显然是不适宜的。因此研究在借鉴和修正谢琼（2009）农户金融行为分析的逻辑基础上，基于农户两生命周期模型，对东中西部地区农户金融行为加以分析，并对影响农户家庭金融行为背后深层次的原因作出探讨。

7.1.1 理论分析模型及数据来源

7.1.1.1 两生命周期假设下农户金融行为分析

家庭世代交替是经济社会赖以生息、延续和发展的基本机制（武康平，2006）。基于戴蒙德生命周期模型，分析两生命周期假设下的农户金融行为。

现假设：（1）同一区域农户家庭是同质的；（2）家庭成员效用一致，效用最大化以物质条件最大化为目标；（3）人的经济生命周期分为两期，不仅考虑当前的效用，还要考虑子女效用的最大化。

完善的农村社会保障机制尚未建立，青壮期的农户必须承担起赡养父母和抚育子女的双重责任，再加上农户缺乏稳定的收入流，青壮期的农户遗留给子女的财富主要是生产资料、住房和存款，现金形式的财富很少。长久以来，住房是中国农户生活条件改善的重要依据，在资金充裕情况下，农户的首项支出就是住房，因此将家庭投资分为生产投资和住房投资两项。因此初始期（第一代）t，家庭效用主要是来自于对日常品消费 C_t 和住房消费 H_t（李锐，2006），农户存款是通过信用社、邮政储蓄以及其他正式金融机构，且通过这些途径流出农村地区。因此初始期农户没有上代人的遗产，农户的当期收入主要是用于日常消费品 C_t，农业生产性固定资产支出 ST_t，新建房 H_t 和农户存款 S_t，效用函数可以表示为 $U_t = U（C_t，K_t，H_t，S_t）$。第二个时期 $t+1$（第二代），典型农户家庭消费 C_{t+1}，住房存量 H_{t+1}，以及为下一代留下的遗产 I_{t+1}。初始期的 H_t，ST_t，S_t 都是上一代人留给当代人，当代人要考虑的即是增加这些存量，以实现子女效用最大化，因此当代人当期的最大效用，通过当期消费和上一代留下的遗产得到满足。上一代遗留遗产的 I 效用折现，折现率为 ρ，那么农户当期最大效

用函数可以表示如下

$$\mathrm{Max}U_{t+1} = U_1(C_{t+1}) + U_2(H_{t+1}) + \frac{1}{1+\rho}V(I_t)$$

$$s.\,t.\,Y_t = C_t + K_t + H_t + ST_t$$

$$I_t + Y_{t+1} = C_{t+1} + K_{t+1} + H_{t+1} + ST_{t+1}$$

$$I_t = H_t + ST_t + K_t$$

$$I_{t+1} = H_{t+1} + ST_{t+1} + K_{t+1}$$

$$i = I_{t+1} - I_t$$

$$h = H_{t+1} - H_t$$

$$s = ST_{t+1} - ST_t$$

$$Y_{t+1} = Y(K_{t+1}, L)$$

基于上述表达式，可通过构建拉氏函数，在反复假设之下，能够分别求出农户日常消费函数、住房需求函数、生产性投资函数以及储蓄函数。为了不为繁复的数理推算所累，研究采纳谢琼（2009）的做法，函数形式以隐函数体现。农户消费主要是农户日常生活消费支出、依照农户家庭消费、投资和储蓄的关系，构建第 i 地区第 j 个农户消费、投资和储蓄方程如下

$$C_{ij} = f_{ij}(Y, C(-1), L_1) + \mu_{1t} \qquad （消费方程）$$

$$K_{ij} = g_{ij}(Y, ST(-1), L_2) + \mu_{2t} \qquad （生产性投资方程）$$

$$H_{ij} = h_{ij}(Y, S(-1), HH(-1)) + \mu_{3t} \qquad （住房投资方程）$$

$$S_{ij} = S_{ij}(Y, S(-1), rd) + \mu_{4t} \qquad （储蓄方程）$$

$$Y_{ij} = C_{ij} + K_{ij} + S_{ij} + H_{ij} + L_1 + L_2 \qquad （收入均衡方程）$$

$$ST_{ij} = ST(-1)_{ij} + K_{ij} \qquad （资本存量恒等方程）$$

消费方程表示家庭生活消费支出，包括家庭食品、衣着、燃料及生活服务和文化服务支出等，不包含住房支出在内。根据莫迪利安尼与布伦贝生命周期消费理论分析，消费者总效用是当前和未来总消费的函数，消费会受到现期收入、预期收入、初始时的资产和个人年龄等因素的影响。由于农户缺乏稳定的资金来源，其预期收入很难估计，且农户收入偏低，一般上年留存现金较少，因此农户预期收入和上期收入（相当于初始资产）对农户当前消费影响较小，主要考虑当期家庭收入（Y）的影响。此外，居民生活消费支出还可能会受到上期消费的影响，因为如果以往消费支出

很高，那么当前也会保持一个较高的消费水平，现期生活性借款作为单独变量列出。

家庭生产投资方程，不仅取决于家庭收入、家庭上期资本存量，即固定资产投资原值滞后一期，还取决于获得生产性借款数量，其中生产性投资 K 等于家庭费用支出和购买固定性投资之和。H 为家庭住房投资函数，即当年新建房屋面积，当期住房投资不仅与家庭收入和上期储蓄有关，也会与已拥有房屋价值有关。储蓄方程假设当期的储蓄与当期收入有关，也会与上期储蓄有关，如果以往农户偏好储蓄，那么当期农户也会尽可能增加储蓄；家庭收支平衡方程是表示家庭纯收入等于消费投资和储蓄之和，资金存量恒等式表示当期的资产存量是上期资产存量和当期投资量之和。

7.1.1.2 数据来源

农户生活消费支出、家庭总收入、经营费用支出、购买生产性投资支出、生产性固定资产投资原值、年末房屋价值、新建房屋价值以及家庭存款余额、生活性借款和生产性借款数据指标由 1995—2009 年《全国农村固定观察点调查数据汇编》和 2004—2010 年《中国农村住户调查年鉴》整理，样本时间选定为 1995—2009 年。

7.1.2 模型估计及结果解释

7.1.2.1 变量的描述性分析结果

从 1995—2009 年各变量的均值来看，首先东部地区农户家庭收入、生活消费支出和住房投资与中西部农户差异越来越大，中西部地区间差异不断缩小。东部地区农户户均纯收入高出全国平均水平 7 319.97 元，高出中西部地区每户 11 000 余元，中西部之间农户收入基本趋同。此外，家庭收入决定家庭支出，因此农户生活消费支出和农户住房投资也呈现出同样的特征，东部地区农户生活消费支出是中西部地区的 1.6 倍，新建住房花费分别是中西部农户的 1.68 倍和 1.59 倍，而中西部地区农户的住房投资和生活消费支出差异较小。

其次，东部地区农户收入远高于中西部地区，生产性投资绝对值分别高出中西部地区 3 914.69 元/户和 3 092.3 元/户。随着西部大开发战略的实施，西部地区农业种植结构不断调整，相比较仍然是传统农区中部地区，生产投资仅高出 1 000 元/户。

最后是农户存贷行为区域差异显著。东部农户存款是中部地区农户的
3.1 倍，是西部地区农户的 4.85 倍，农户储蓄率平均为 59.6%，远高于中
西部地区的 31.9% 和 19.6%，表现出更强烈的储蓄意愿。此外，农户生活
性借贷需求强烈，用于生活消费支出的比重占 52.5%，东部地区农户借款
用于生活消费支出的比重为 53%，与全国平均水平一致，西部地区这一比
重为 45.19%，中部地区为 56.48%。进一步分析，东部地区农户从正规金
融获得的借贷不断增加，1995 年农户这一比重仅占 22.76%，2009 年已超
过 40%，中部地区从正规金融渠道获得资金占 1/3 左右，西部地区农户则
占 50% 左右，进一步验证了农村正规金融获得资金主要是用于满足生产性
需要，非正规金融则主要是满足农户生活性消费借贷。

表 7 – 1　　　　　东中西部地区 1995—2009 年农户生活消费支出、
　　　　　　　　生产住房投资和存贷均值比较　　　　　单位：元

	收入	消费支出	生活性借贷	生产投资	生产性借贷	住房投资	储蓄
全国	22 804.3	10 400.3	777.95	6 942.02	703.67	1 504.95	9 720.74
东部	30 124.3	13 507.8	980.12	9 283.28	870.32	2 021.11	17 960.69
中部	18 169.4	8 474.78	710.04	5 368.59	547.21	1 206.16	5 792.37
西部	18 918.8	8 595.28	588.73	6 190.98	714.14	1 267.67	3 698.62

7.1.2.2　估计方法及估计结果分析

对联立方程系统估计，首先要对联立方程系统进行识别。对方程组内
各随机方程进行阶条件和秩条件的识别判断，结果显示该联立方程系统是
可以识别的。在对联立方程系统进行估计时，鉴于系统估计方法的参数估
计量具有良好的统计特性，优于单方程估计方法。此外，在系统估计方法
中，相较于传统的计量估计方法，GMM 方法允许随机扰动项存在异方差和
序列相关，参数估计结果较其他参数估计方法更稳健，因此研究采用 GMM
方法进行系统估计。GMM 方法是基于模型实际参数满足一定矩条件所形成
的一种参数估计方法，即将准则函数定义为工具变量和扰动项的相关函
数，令其最小化求得参数估计值。

运用 EViews6.0 对东中西部数据样本对联立方程组分别进行估计，估
计结果如表 7 – 2 所示。

表 7 - 2　　对全国、东、中、西部各方程 GMM 系统估计结果

方程	变量	东部	中部	西部
消费方程	常数项	1064.48 **	115.5902	-783.8056
	收入	0.3847 ***	0.3542 ***	0.1609 ***
	消费支出	0.0435	0.0979	0.8846 ***
	生活性借贷	0.0680 **	1.3460	-1.1263
	R^2	0.9884	0.9922	0.9899
	DW	1.2095	1.1947	2.6143
生产投资方程	常数项	111.0144	1555.14 ***	225.2233
	上期生产性固定资产原值	0.1912	-0.3414 ***	0.5507 *
	收入	0.2334 ***	0.3039 ***	0.1163
	生产性借贷	1.2100 ***	0.0824	0.5242
	R^2	0.8743	0.9207	0.9071
	DW	3.1659	3.1134	1.7876
住房投资方程	常数项	-243887.1 ***	-2092.308 ***	137.9246
	上期储蓄	-14.3607 ***	0.4147 ***	0.2662
	收入	9.3907 ***	0.2249 ***	-0.0440
	上期住房投资	6.4798 ***	-0.0913 ***	0.068 **
	R^2	1.0000	1.0000	0.7413
	DW	2.7641	2.1185	0.8988
储蓄方程	收入	0.0573	0.0405	0.188 **
	上期储蓄	0.994 ***	1.0505 ***	0.0493
	R^2	0.9499	0.9127	0.85
	DW	2.0647	2.8670	2.387

1. 生活消费支出方程。居民消费方程拟合程度很高，居民收入、上期消费支出和生活借贷指标 99% 地解释了当期居民消费支出。首先从居民自发消费项来看，与收入水平趋势一致，东部地区居民户均消费 1 064.48 元，中西部地区截距项不显著。居民消费倾向呈现出东中西部依次递减的趋势，东部地区居民消费倾向高出全国平均水平近 3 个百分点，中部地区与全国平均水平差异不大，西部地区居民消费倾向低于全国平均水平 20 个百分点。因此，提高农户收入是扩大内需的根本出发点。其次居民生活消费支出存在"棘轮效应"，即居民消费支出具有一定惯性，"棘轮效应"在

西部地区非常明显，当前消费会受到上期消费支出的影响为88.46%。各回归方程中收入和上期消费支出的系数大小，不难推断出中部与东部地区居民消费支出差距原因在于其收入水平的差异，而中西部地区居民消费支出的差异体现在影响因素上的差异，中部地区受收入影响较大，西部地区受以往消费习惯影响更大。此外，居民生活性借贷在东部地区作用显著，借贷增加，居民消费支出会有所增加，对中西部消费支出影响不显著，意味着东部地区增加农户借贷，就有利于刺激农户增加消费，中西部地区农户借贷具有较大的突发性和不确定性，借贷主要是用于结婚、子女上学、生病等方面的支出。

2. 生产投资方程。上期固定性资产原值、农户收入和生产性借贷很好地解释了农户生产投资，但各变量对农户生产投资影响的重要程度呈现出明显的区域性特征。在东部地区，影响农户生产性投资的主要因素是收入和生产性借款，东部生产性投资倾向是23.34%，高出全国平均水平5.3个百分点。中部地区农户自发投资为1 555.14元/户，生产性投资倾向高出全国平均水平12.36个百分点，但生产性投资固定资产存在明显的负向效应，即上期拥有固定性资产1个单位，本期生产性投资就会减少0.34个单位。在西部地区，农户生产性投资存在一定的"棘轮效应"，即上期投资越多，农户当期也会进一步增加投资，但农户收入不是影响农户增加投资的显著性因素。

3. 住房投资方程。农户收入和储蓄增加，会增加农户改善住房条件的需求，另外住房具有一定的稳定性和可继承性，农户上期投资之后就会减少当期投资。但由于各区域农户消费观念的差异，理论推测与实证分析结果并不完全一致。东部地区农户住房投资受农户收入影响较大，受已有存款和住房投资的影响不明显。中部地区农户对住房投资需求符合理论推断，当存款和预期收入增加，住房花费就会增加，且上期房屋投资增加，当期住房投资会减少。西部农户住房投资主要依据上期存款，上期住房投资增加，当期就会减少，但现期收入会制约农户改善住房条件的愿望。

4. 储蓄方程。从变量系数看，东部和中部地区农户储蓄倾向主要是受储蓄习惯影响强烈，受收入影响不大，而西部地区农户主要是受农户收入影响，储蓄倾向为0.188，进一步分析住房投资方程，不难看出，东部地区农户储蓄并非为了住房等费用较大投资，而主要是为了保值增值，可以大胆推测，东部地区农户自有资金充裕，但是由于缺乏良好的投资工具，大量资金只能以存款形式保有，可能是农村资金流出的主要途径。而中部地区农户储蓄的目的则可能是为了住房等大规模的投资。

7.1.2.3 主要研究结论

从以上分析来看，东中西部农户金融行为存有一定的共性，即对储蓄和住房投资的热衷。但也存在明显的区域差异：一是经济金融总量绝对值的差异，二是影响各地区农户消费、投资和储蓄的因素不同。

1. 东部沿海地区农户收入、消费和住房投资遥遥领先，西部大开发成效初现，中部塌陷日益明显，西部农户收入与中部差距不断缩小。

2. 东中西部居民消费倾向依次递减，居民消费支出存在"棘轮效应"，西部地区尤为明显。中部与东部农户消费支出的差距在于收入水平存在差异，而西部与东部农户消费支出的差距不仅受收入差距影响，还受以往消费习惯影响。

3. 收入和生产性借贷是决定东部农户生产投资的主要因素，中部农户生产投资不仅受收入影响，还受到上期固定性资产投资的负向影响；西部地区农户生产性投资存在"棘轮效应"。

4. 东部地区农户住房投资主要依赖预期收入，西部地区农户消费保守，已有存款是决定其住房投资的主要因素，中部地区农户对预期收入、存款均有所依赖。

5. 东中部地区农户存款受长期节约的生活习惯影响很大，西部地区农户受收入影响大。西部农户家庭金融行为受过去影响过大，还处于储蓄—收入—投资低层次循环的怪圈，且东部农户储蓄目的更多是为了增值保值，中部地区农户可能是为了建房等家庭大规模支出。

根据以上分析，基于农户视角来缩小农村金融发展区域差距，首先应提高农户收入，缩小区域差异，这也是扩大内需的根本出发点，分析结果显示农户家庭收入、消费、投资总量区域差异巨大。农户的一系列金融行为对收入十分敏感，要减小农户金融行为区域差异，首要任务是减小农户收入的区域差异，制定差别化的经济发展战略。随着西部大开发战略的推进，西部农户收入与中部地区农户收入基本趋同，中部地区主要是粮食种植区，长期农产品价格管制，农户收入增长缓慢，因此在继续发展东部地区和西部大开发战略实施的同时，一方面要加快粮食主产区农田水利等基础设施建设，加大对粮食主产区的资金支持，提高农产品产量；另一方面要加快建立农产品批发市场，推进农产品价格市场化，适时对农产品实施价格保护，提高中西部地区农户家庭经营收入。此外，农村潜在消费市场庞大，提高农户收入，增加农户消费，是扩大内需的根本出发点，相应的医疗、养老等农村社会保障机制也要配套完善。

其次，创新金融产品，引源截流，保障农村经济发展所需资金。研究结果表明，我国农村金融市场不发达，社会保障制度不完善的背景下，缺乏有效的投资工具和社会保障机制，农户储蓄意愿强烈，收入除了用于改善生活和住房条件外，更多的是存入金融机构，获得利息收入或者预防未来风险。而金融机构为获得更高资金报酬率，将农户储蓄以贷款形式转移出农村地区，在农村地区产生"抽水机"的作用，导致农村资金匮乏，制约当地经济发展。尤其是在中西部地区，农户收入水平较低，农户资金存入银行，换取极低的利息回报，而储蓄资金最终被金融机构转出农村地区，使得农村地区资金缺失，制约了农村经济发展和农户收入水平提高。因此要保障农村发展的资金问题，关键途径是引源截流。所谓"引源"，即培育区域性主导产业，发展具有较高回报率项目，挖掘新的经济增长动力，吸引外部资金投入农村地区；"截流"即将农户闲置资金留在农村，用于当地农村经济发展，建立完善的农村金融体制，形成储蓄在当地转化为投资的良好机制，加快金融产品创新，为农户提供多样化投资工具是"截流"实现的前提条件。

最后，培育区域主导产业，形成"收入—储蓄—投资"良性互动。研究结果显示，我国农户，尤其是中西部地区农户，其消费、投资、储蓄存在明显的"棘轮效应"，长期以来农户收入水平较低，"收入—储蓄—投资"良性互动尚未形成，储蓄、投资受过去影响过大，还处于"上期收入—上期储蓄—上期投资"低层次循环，造成这一现象的主要原因在于农户收入水平低，可投资项目少，资金再利用水平。因此，培育区域主导产业，吸引农户闲置资金投资，提高农户资金利用率，进一步提高农户收入，增加储蓄和投资，打破"储蓄—收入—投资"低层次循环的怪圈。

7.2 基于全国数据的农户融资绩效区域差异分析

发展中国家二元信贷的现象非常普遍（霍夫和斯蒂格利茨，1981），正规金融和非正规金融共存且互动（普兰纳布·巴德汉等，2002）。农户在不能从正规金融获取所需资金情况下，会选择从非正规金融的途径获得资金（巴勒特，1997；卡克，1998）。发展中国家大部分的农民很难从正规金融获取贷款，能获取贷款的农户非洲占5%左右，亚洲和拉丁美洲可能仅有15%，且正规金融资金大多是提供给了少数大的生产者，大致80%的借款仅贷给5%的贷款者（普里斯克凯、亚当斯·唐纳德，1987）。

当前，我国农村正规金融和非正规金融也表现出相互平行的二元市场结构①（麦金农，1973）。首先，涵盖商业性金融、政策性金融和合作性金融的农村正规金融体系日趋完善，成为农村资金的重要来源，在农村经济发展中不可或缺。但由于商业性农村金融机构追求利益最大化，涉农业务不断萎缩；政策性银行主要对粮棉油等农产品市场进行调节，不直接对农户和农村企业提供资金支持；改革后的农村信用社也逐步向商业化方向转变，尽管受限于国家政策规定，不得不以服务"三农"为宗旨，但严格的贷款程序和贷款担保的要求，实质上仍将大部分的农村资金需求者拒之门外。实际上，农村信用社作为政府外生供给的一种金融制度，始终游离于政策性与商业化之间，背负着双重职能，最终总在地方政府和内部人控制双重压力下难以为继（张杰，2007）。农村正规金融的供给不足，为农村非正规金融的存在和发展提供了广阔的空间。虽然被政府强烈管制，非正规金融仍在夹缝中茁壮成长，合会等不同类型的民间金融组织不断衍生，关系借贷等民间借贷依旧活跃，仍然是农户获得资金支持的主要途径。根据有关调查结果显示，非正规途径获取资金占到了农户融资规模的70%以上（何广文，1999；温铁军，2001）。

农村金融改革的终极目标是满足农村各经济主体不同的资金需求，进一步推动农村经济发展和社会进步。面对同样的农村市场，外部强制进入的正规金融和内生的非正规金融在信息甄别、资金成本以及风险偏好等方面均存有差异，制定出的信贷决策也各不相同。那么在现行农村金融市场条件下，农村正规金融和非正规金融两种不同的资金供给方式是否提高了农户收入？在经济金融发展并不均衡的东中西部地区，其绩效是否相同？

---

① 胡世华（2007）认为农村正规金融与农村非正规金融可能存在平行和垂直两种关系。在国内，农村非正规金融绝大多数形式都处于非法地位，难以成为农村正规金融和农村资金需求者的中介，因此本文假设二者只存平行关系。

这一系列问题都是现阶段农村金融改革必须要考虑的关键性因素。

已有研究显示非正规金融绩效在经济发达的东部地区的作用远远大于经济欠发达的西部农村地区（朱守银等，2003），原因在于经济发达地区非正规金融渠道获得的资金主要用于工商业投资，用在生活以及非正常用途的比例较小，而传统的农业种植区以及经济欠发达地区，非正规渠道融资多是用于平滑家庭消费，其中非正常支出比重有增加趋势（温铁军，2001）。这些研究为进一步分析农户融资绩效提供了一定的基础，但对正规金融绩效未作出相应分析，因此研究不同区域内外生性金融（正规金融）和内生性金融（非正规金融）哪一种资金供给方式能更好地提高农户收入，明确当前农村资金供给绩效，能够为农村金融改革中如何实施差别化的区域金融政策，多途径多渠道提高农村金融覆盖率，满足不同区域农户资金需求，提供可借鉴的建议。

7.2.1 理论分析框架、模型设定及数据来源

7.2.1.1 理论分析框架

假定农村正规金融与非正规金融之间是平行关系，即存在替代和竞争关系（姜旭朝，1995）。在平行关系下，政府为了预防潜在金融风险，会通过提供大量廉价贷款的方式，限制非正规金融市场发展，试图将农村非正规金融挤出市场。但发达国家和发展中国家的经验已表明，将非正规金融完全挤出市场是不可能的。

借鉴胡世华（2007）的农户经济行为分析模型，对农户借贷行为进行分析。假设在某一村庄①，农户②有正规金融机构和非正规金融部门两种借款途径，N 个农户（假定农户同质）有贷款需求，资金需求量为 k。假设正规金融某一时期（通常为一年）发放贷款总量为 K③，贷款利率为既定的 r，非正规金融途径可以满足农户所有的资金需求，贷款利率为 i。本研究只考虑两种情况，农户从正规金融或非正规金融途径借款，二者取

---

① 假设限定在村庄范围，正规金融难以掌握借款人全部信息，在信息不完全的情况下要求借款人提供一定的担保，在国家限制利率的情况下，不能贷款给所有的申请者。而非正规金融拥有完全信息，可以根据市场需求和借款人的情况来自由制定利率，而且能够给任何申请者提供信贷。

② 参照胡世华（2007）的界定，将从事农业经营和非农项目经营的全部称之为农户。

③ 正规金融发放贷款总量 K 在不同区域大小不同。

其一。

由于信息不对称，正规金融在无法对农户还款能力作出准确判断的情况下，会要求借款人提供担保抵押，担保抵押价值为 g。假定可以从正规金融获得贷款的农户为 n，对于获得正规金融贷款的农户而言，获得的名义借款总量为 $k = K/n$。农户获得资金支持后，项目可能面临失败，不能到期偿还借款，项目成功的概率 ρ 主要取决于农户个人能力 a，其努力程度主要取决于农户个体特征 (D)，如年龄，学历等要素，即 $\rho = \rho(a)$，$0 \leq \rho \leq 1$，$a = a(D)$。此外，农户如果不进行项目投资而从事其他工作的收益为 W。

仅从正规金融途径获得贷款的农户经济收益可以表示为

$$Y_1(K) = \begin{cases} \rho(a) \times [P \times Q(k) - (1+r) \times k] - W & 0 < \rho(a) \leq 1 \\ -W - g & \rho(a) = 0 \end{cases}$$

$$s.t. \ Y_1 \geq W; \ k = K/n \ ; \ 0 \leq \rho \leq 1 \qquad (7-1)$$

其中，P 为产品销售价格。那么项目没有完全失败的情况下，从正规金融获得贷款的农户收益最大化的一阶条件为：$Y_1'(k) = (1+r)/P$。

不愿提供担保或者不能提供担保的农户选择非正规金融途径，非正规金融对贷款农户信息掌握较为清楚，无须提供担保。项目同样可能面临失败，农户是同质的，项目成功的概率 ρ 主要取决于农户个人能力 a，$\rho = \rho(a)$，$0 \leq \rho \leq 1$。这种类型农户收益可以表示为

$$Y_2(K) = \begin{cases} \rho(a) \times [P \times Q(k) - (1+r) \times k] - W & 0 < \rho(a) \leq 1 \\ -W & \rho(a) = 0 \end{cases} \qquad (7-2)$$

从非正规金融获得贷款的农户收益最大化的一阶条件为：$Y_2'(k) = (1+i)/P$。

通过上述分析，r，i 和 P 均大于零，农户收入是关于资金 k 的增函数，因此可以假设：借贷资金与农户收入是正向关系，正规金融和非正规金融都能够提高农户收入。资金是影响农户扩大生产规模，进行投资的重要因素。借贷资金对农户平滑家庭消费，优化消费结构，提高农户收入和福利的作用毋庸置疑，无论是非正规金融和正规金融的借款，都能促进农户收入增加。

进一步分析，农户收入高，能够提供抵押品 g 的可能性就大，那么正规金融就会更愿意为其提供贷款。因此东部地区农户收入高，农村金融市

场相对发达，那么东部地区农户获得正规金融的支持力度应该会大于中西部地区。考虑到国家政策性因素，西部地区是国家重点扶持区域，正规金融对西部地区农户信贷支持度也会较大，因此可以推断，西部正规金融信贷额度 K 会大于中部地区，中部地区大多数省份是粮食主产区，产粮区资金获取的难度要比其他地区大得多（李锐，2004），因此可以假定：农村正规金融对中部支持力度要小于东西部地区。

7.2.1.2 模型设定

为了研究不同区域农户正规金融和非正规金融借贷的绩效，构建模型如下

$$Y_{it} = C + \alpha_1 B_{it} + \alpha_2 F_{it} + \varepsilon_{it} \qquad (7-3)$$

其中，Y 表示农村居民人均纯收入，B_{it} 和 F_{it} 分别表示第 i 个区域农户 t 年从正规金融途径和非正规途径获得资金，$i = 1$，2，3，分别表示东部、中部、西部，$t = 1995$，…，2009。为了克服变量之间存在自相关的问题，对（7-3）式两边同时取对数，建立回归方程如下

$$\ln Y_{it} = C + \alpha_1 \ln B_{it} + \alpha_2 \ln F_{it} + \varepsilon_t \qquad (7-4)$$

根据模型来看，以东中西部地区农户正规金融和民间借贷额的对数作为解释变量，这一时期农户人均纯收入的对数作为被解释变量，考察不同区域正规金融与民间金融对农户收入的贡献大小。

7.2.1.3 数据来源

东中西部农户借款金额数据主要是来自农业部农村经济研究中心固定观察点，由于资料有限，样本时间为1995—2009年。农户人均纯收入指标根据1996—2010年《中国统计年鉴》，对各省纯收入运用简单加权平均方法计算而得。三大区域的划分按照既有标准，东部地区包括北京、天津、河北、上海、江苏、浙江、福建、山东、广东和海南；中部地区包括山西、辽宁、吉林、黑龙江、安徽、江西、河南、湖北和湖南；西部地区包括内蒙古、广西、四川、重庆、贵州、云南、西藏、陕西、甘肃、青海、宁夏和新疆。

7.2.2 模型估计结果及分析

7.2.2.1 数据描述性分析

1995—2009年农户人均纯收入平稳增长。由于各区域基数和增速不

同，东部地区与中西部地区农户纯收入差距不断拉大（1995 年农户纯收入东、中差距为 816.47 元/人，东西的差距 889.2 元/人，2009 年东中、东西农户纯收入差距分别为 2 171.47 元/人，3 044.3 元/人），中西部地区的人均纯收入差距自 2004 年也开始增大（见图 7 – 1）。

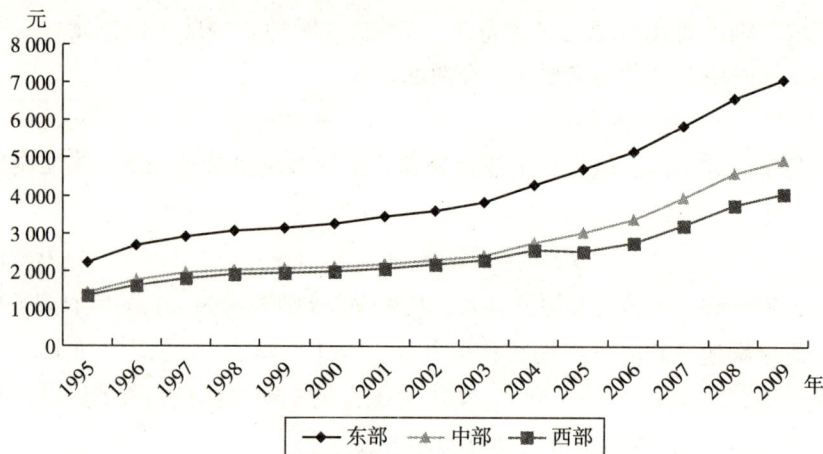

图 7 – 1 1995—2009 年东中西部农户纯收入情况

　　农户借贷方面呈现以下几个特点：（1）非正规金融是农户借贷的主要渠道，1995 年农户从非正规渠道借贷资金比重为 67.75%，2004 年以后该比重有所下降，但非正规金融仍是农户获得信贷资金的主要渠道。其中，民间借贷中无息借贷比重较大，且有增加态势。（2）区域间农户借贷差额大。1995—2008 年东部地区农户人均借贷额高于中西部地区，中西部地区差异与收入基本一致，差异并不大。但随着西部大开发的推进，国家对西部支持力度加大以及西部农业种植结构的调整，西部农户借贷额稳步增长，2009 年农户累计借贷金额与东部地区农户的累计借贷资金额基本持平。（3）农户资金借贷途径存在显著区域差异。1995—2009 年东部地区农户正规金融借贷比重偏低，均值为 27.97%，2004 年之后正规金融借贷比重开始增加，2009 年已超过 40%。中部地区农户借款途径主要是非正规金融借贷，尤其是亲戚朋友间的无息借款，正规金融借贷比重基本徘徊在 1/3 左右。中部地区农户正规金融途径借贷资金低于其他地区，是受制于正规金融资金供给有限，抑或是对正规金融资金需求低，仍需进一步加以探讨①。而西部地区农户对两种借款途径的偏好不明显，资金借贷比重一直相差不大。

表 7 - 3 1995—2009 年东中西部农户累计借贷额及正规金融借贷比重

单位：元/户，%

年份	东部	正规金融借贷比重	中部	正规金融借贷比重	西部	正规金融借贷比重
1995	1 485. 83	22. 76	881. 31	31. 70	718. 79	51. 34
1996	1 697. 11	25. 51	1 036. 44	27. 64	997. 68	41. 44
1997	1 479. 65	16. 42	1 156. 93	29. 67	894. 14	50. 95
1998	1 725. 91	16. 54	1 084. 03	22. 46	1 074. 14	46. 53
1999	1 973. 60	25. 20	1 121. 69	21. 91	1 101. 13	46. 33
2000	2 013. 54	27. 20	1 070. 83	21. 52	1 248. 06	45. 64
2001	2 187. 32	28. 32	961. 89	17. 96	1 326. 13	45. 58
2002	1 781. 66	19. 31	1 179. 57	23. 93	1 314. 42	41. 25
2003	1 756. 52	19. 31	1 410. 02	26. 89	1 314. 43	41. 25
2004	1 643. 55	34. 25	1 412. 93	33. 37	1 738. 82	40. 51
2005	2 003. 30	31. 09	1 480. 80	35. 82	1 653. 10	43. 66
2006	2 092. 10	29. 62	1 718. 70	41. 64	1 470. 10	42. 42
2007	1 878. 10	34. 45	1 592. 10	33. 43	1 459. 00	56. 24
2008	2 705. 65	47. 79	1 663. 01	35. 75	1 928. 23	40. 37
2009	2 791. 07	41. 85	1 806. 44	26. 38	2 619. 10	40. 29
均值	1 947. 66	27. 97	1 305. 11	28. 67	1 390. 48	44. 92

7.2.2.2 实证分析过程

1. 模型形式设定

面板数据建立模型时，由于数据包含了个体、指标、时间三个维度的信息，如果对模型形式设定不正确，估计结果就会和模拟的经济效果相去甚远。面板数据模型形式主要有联合回归模型（模型中个体影响相同且没

---

① 李锐认为，产粮区资金获取的难度比其他地区要大得多，按照统计中部地区，大多省份是粮食主产区，因此资金获取的难度会大于其他地区，农户借贷资金额度和渠道变化不大，是否与农户自身需求有关，仍需进一步加以探讨。

有结构变化），变截距模型（个体之间存在影响但没有结构的变化），以及变系数模型（个体间影响不同且存在结构变化）三种。模型形式的确定，可采用协方差分析方法进行检验。

协方差分析检验假设如下：

H_0：式（7-4）的解释变量系数对所有截面成员是相同的；

H_1：式（7-4）的解释变量系数和截距项对所有截面成员都是相同的；

检验统计量符合相应自由度下的 F 分布，即

$$F_1 = \frac{(S_3 - S_1)/(N-1)(K+1)}{S_1/[NT - N(K+1)]} \sim F[(N-1)(K+1), NT - N(K+1)]$$

$$F_0 = \frac{(S_2 - S_1)/(N-1)K}{S_1/[(N-1)K]} \sim F[(N-1)(K+1), (N-1)K]$$

其中，S_3、S_2、S_1 分别为联合回归模型、变截距模型及变系数模型的残差平方和，N 为截面个数，K 为非常数解释变量个数，T 为样本时间序列观测时期数。运用 EViews6.0 对式（7-4）分别进行三种模型的估计，得到方程的检验值（如表7-4所示）。根据公式进行计算，结果显示：H_1 假设下的统计量 $F_1 = 4.8382 > F_{0.01}$（6，36）$=3.3507$，在 1% 的显著水平上拒绝 H_1，该面板数据模型不符合变截距模型；H_0 假设下的统计量 $F_0 = 3.6705 > F_{0.05}$（4，36）$=2.6335$，在 5% 的显著水平拒绝 H_0，说明该面板数据也不符合联合回归模型的形式，因此可以推断出式（7-4）应设定为变系数模型形式。

表7-4　　　　　　　　　三种类型模型回归结果

	联合回归模型	变截距模型	变系数模型
R^2	0.7804	0.828863	0.8784
F 值	74.6356 ***	48.43268 ***	32.51850 ***
残差平方和	1.5544	1.2114	0.8605

注：***，**，*分别表示在1%，5%，10%的显著水平上通过检验。

由于个体影响的差异，变系数模型有固定效应变系数模型和随机效应变系数模型两种。是采用固定效应还是随机效应，可采用 Hausman 检验进行检验。对式（7-4）固定效应变系数和随机效应变系数模型估计的结果显示，两种模型估计量没有实际的差异。但由于研究关注的是不同截面个体变量间的差异，采用固定效应的变系数模型更便于解释结果（Baltagi，

2005）。因此，最终确定采用固定效应变系数模型对式（7-4）进行估计，估计结果如表7-5所示。

表7-5   **Hausman 检验结果**

		χ^2统计值	自由度	Prob.
随机效应		0.000000	6	1.0000
变量	Fixed	Random	Var（Diff.）	Prob.
B_1	0.5799	0.5738	0.0000	0.2968
B_2	0.2986	0.3125	0.0001	0.2090
B_3	0.9174	0.9301	0.0019	0.7678
F_1	0.0587	0.2856	0.0473	0.2968
F_2	1.3938	1.2760	0.0088	0.2090
F_3	0.1126	0.1098	0.0001	0.7678

2. 实证结果解释

由于误差项存在自相关，采用GLS方法对式（7-4）进行分析，结果如表7-6所示。

表7-6   **固定效应变系数模型估计结果**

变量	系数	标准差	T 统计值	P 值
常数项	0.1399	1.2321	0.1135	0.9102
B_1	0.5889	0.0730	8.0669	0.0000
B_2	0.3312	0.1080	3.0652	0.0041
B_3	0.8020	0.0873	9.1881	0.0000
F_1	0.2402	0.5581	0.4304	0.6695
F_2	1.4669	0.1525	9.6164	0.0000
F_3	0.1557	0.0934	1.6675	0.1041
固定效应（截面）				
东部	2.7294			
中部	-4.1899			
西部	1.4604			
R^2	0.9205	F 值		52.12 ***
调整后的 R^2	0.9029	D. W. 统计值		1.5915

根据模型估计结果，$R^2 = 0.9205$，F = 52.12，在1%的显著水平上通

过检验，说明模型回归结果较好，农户借款指标能够很好地解释农户收入增长。

表7-5的估计结果显示：(1) 东中西部地区正规金融（B）和非正规金融（F）变量的系数均为正，说明农户借入资金对收入具有正向影响。借贷对于农户作用十分重要，不仅能够平滑农户消费，使农户优化消费结构，更为重要的是能为农户扩大再生产提供保障，为投资新领域和采用新技术提供资金支持，推动农业生产发展，进一步能提高农户收入和福利水平。正规金融资本雄厚，拥有规范组织机构和运行机制，但由于农户居住分散，不能掌握充分的农户信息，产生交易成本太高的问题。非正规金融虽然能够充分了解农户信息，但缺乏规范组织管理，且具有明显区域性。实证结果显示出正规金融和非正规金融所提供资金都能够提高农户收入，因此对于农户而言，最为重要的是能否获得资金支持，至于从何种途径获得贷款，借贷成本的高低，并不是影响农户借贷收益的主要因素。因此农村金融改革需要进一步放开农村金融市场，鼓励非正规金融发展，引导民间金融与正规金融的适度合作。

（2）正规金融在西部地区贡献率最高，东部次之，中部最低。正规金融在西部的贡献率为0.802，东部为0.5889，而中部仅为0.3312。这与1995—2009年三大区域正规金融借款的绝对值吻合，正规金融在西部地区年均贷款额为614.02元/户，东部地区年均570.72元/户，中部地区仅385.58元/户。中部地区以湖南和江西为例，2003年从银行和农信社等正规金融途径得到贷款的农户分别为218户和120户，分别占被调查农户的5.9%和4.9%，远低于中国银监会发布的正规金融对农户的覆盖率达到32%的全国平均水平（转引自黄祖辉等，2009）。随着改革开放和西部大开发政策的实施，农村正规金融在国家政策导向下向东西部地区倾斜，中部地区多数省份为粮食种植区，多年来正规金融对中部一直支持不足，这不仅与国家宏观政策引导有关，也与农业主导产业关联颇大。中部地区大多数省份以粮食种植为主，人口众多，农户耕地种植面积小，长期以来农产品价格尤其是粮食价格偏低，农户种粮收益远低于种植果园、蔬菜等其他农作物，农户投资积极性不高，生产投资由非生产性收入加以弥补即可，对农业生产性资金需求相对较少；另一方面，正规金融的趋利性导致其不愿投资生产收益低的粮食种植业，在需求疲软和供给不力的双重作用下，中部地区正规金融对农户作用偏低，导致中部地区农户收入与东部地区相差越来越大。因此，正规金融信贷的区域差异是导致东中部农户收入差距不断拉大的原因之一。

（3）非正规金融在中部地区作用远高于东西部地区。非正规渠道对农户收入提高作用显著，贡献率为1.47，远高于东西部地区。1995—2009年中部农户非正规借贷比重为70%，受制于经济发展水平，农村非正规金融市场借贷形式简单，主要以友情借贷为主。但在非正规金融比重同样很大的东部地区，作用并不显著。原因应该与东西部地区农户借贷资金对农户扩大生产的重要程度有关，中部农户收入有限，加上正规金融借贷长期"吝啬"，农户间相互周转的小额资金成为影响农户收入提高的重要因素，但是东部地区农户收入水平高，非正规借贷资金不是影响农户收入的主要因素①，在非正规金融借贷比重同样很大的中、东部地区，作用差异很大。非正规金融在西部作用不显著，证实了温铁军（2001）研究结论，西部不发达地区农户主要是其将资金用于平滑生活消费支出，而非用于生产支出。

根据以上分析可以看到，农户不同渠道融资都能够提高收入，但是呈现出明显的区域差异。基于这一研究结论，要提高农户收入，必须要增加农户借贷资金，提高金融覆盖面，加快农村金融改革，因地制宜，采取区域化、差异化的金融发展政策，满足不同区域不同层次农户的资金需求。

7.3 基于陕西数据的农户融资渠道绩效比较研究

目前，我国正规金融市场表面上形成了包含合作性、商业性和政策性金融机构在内的农村金融体系，但实质上，政策性银行主要调节农产品流通市场和价格，商业性银行业务逐渐偏离农村金融市场，仅农村信用社、邮政储蓄银行真正服务"三农"。但农村信用社包袱沉重，虽然2003年农村信用社体制改革之后有所改善，内部人控制的问题仍未得到有效解决，邮政储蓄银行深入农村基层的网络布局结构为服务"三农"提供了可能，但由于成立时间较短，支农力量仍然有限。严格的贷款程序和贷款抵押的

---

① 东部地区，农户正规借贷比重小但显著，非正规金融则相反。可能与东部地区农村正规金融利率低，借贷资金成本低，而非正规金融借贷成本高有关，但是还需要进一步探讨和研究，给予证实。

要求，仍将大部分的农村资金需求者拒之门外，正规金融根本无法满足农村日益增长的资金需求，"贷款难，难贷款"已成为制约农村金融发展的"瓶颈"。而正规金融制度的不足，为农村非正式制度的存在和发展提供了有机的土壤。

发展中国家正规金融和非正规金融之间共存且互动。已有研究显示，发展中国家大部分农民很难从正规金融渠道获得贷款，非洲5%左右，亚洲和拉丁美洲可能仅有15%，而且借贷资金大部分提供给少数的大生产者，5%的贷款者使用了大致80%的借款。在中国，非正规途径融资占融资规模的70%以上。

借贷途径和用途之间的关系，国内外学者较为普遍的观点是发展中国家正规信贷主要是满足农户生产性需求，非正规信贷主要是非生产性需求。在许多贫困农村地区，农村正规金融机构信贷存在较为严重的逆向选择问题，即借贷被用于农户看病、小孩上学和支付乡村干部工资等用途。经济发达地区的非正规金融渠道获得资金主要是用于工商业投资，用于生活以及非正常用途的比例则较低，而传统的农业种植区以及经济欠发达地区通过非正规渠道融资的用途较多是用于平滑家庭消费，且用于非正常支出的比例有增加趋势。

面对同样的农村市场，外部强制进入的正规金融和内生的非正规金融在信息甄别、资金成本以及风险偏好等方面都存有差异，在制定信贷决策方面各不相同。对农户而言，信贷绩效与其借款渠道是否有关，哪种金融服务方式的绩效更高？解决这些问题，不仅可以为农村金融发展寻求理论和实证的支持，而且能够解释现阶段农村金融发展中，外生性金融（正规金融）和内生性金融（非正规金融）哪一种服务方式能够更好地服务于农村和农户，为农村金融改革的方向提供建议。

7.3.1 理论框架分析：借贷农户收益最大化条件分析

农户自有资金无法满足生产和生活需要时，就会寻求外源性帮助，与资金过剩者共同构成农村借贷市场。在贫穷国家的农村地区，农村借贷市场的制度结构相当复杂，不仅包含正规制度安排，如商业银行、农村信用社、邮政储蓄以及新型农村金融机构等，还包含非正式金融市场交易行为，例如专业放贷者、亲戚朋友间的非正式贷款等。多种交易制度安排的共存且互动，使得市场交易条件随借款人和贷款人特征的不同而显著不同。

7.3.1.1 完全信息条件下借贷农户收益最大化

假设所有的贷款者和借款者都是风险中立者，即借款的目的不会是为了缓解收入约束，而是用于生产性活动。假定村庄内每个个体的土地面积相等，且投入成本固定，如果项目投资失败，则产出为 0，反之，项目投资成功，单位收益 $R > 1$，项目获得成功的概率为 $\rho(a)$，其中 $0 \leqslant \rho \leqslant 1$，是借贷者的项目努力指数，$\rho(a)$ 严格递增且为凸函数，借贷者项目单位投资成本为 $C(a)$，借贷者项目努力指数 a 主要取决于农户个体特征 (D)，如年龄、学历、信用等要素。如果放贷者所提供的资金总量为 C，借贷资金的利率指数（1 加上利率）为 i（$i \leqslant R$，借贷资金的利率指数是小于单位收益的，否则借贷者不存在借贷资金的利益动机），则借贷市场均衡时，农民与放贷者的均衡收益为

	借贷方	放贷方
成功	$R - i - C(a)$	i
失败	$-C(a)$	C

考虑到机会成本，如果在一个无风险的资本市场，放贷者的资金回报为 Π（$R > \Pi \geqslant 1$），借贷方不从事项目生产，其从事其他行业可获得的回报为 W（$R > W \geqslant 1$），因此借贷者的预期收益可以表示为：$U_1(i, a) = \rho(a)(R - i) - C(a)$，放贷者的预期收益为：$U_2(i, a) = \rho(a)i$，显然借贷市场实现均衡的条件，即

$$\underset{i,a}{Max}\rho(a)(R - i) - c(a) \qquad (7 - 5)$$
$$s.t. \rho(a)i \geqslant \Pi; \rho(a)(R - i) - C(a) \geqslant W$$

在此均衡条件下，借贷者的努力投入 a^* 由 $\rho'(a)R = D'(a)$ 决定，利率 $i^* = \Pi/\rho(a)$，则放贷者利益为 0，借贷者的预期净收益为 $U_1^*(i^*, a^*) = \rho(a^*)(R - i^*) - C(a^*) \geqslant W$。

由此可见，完全信息市场条件下，假设农户总收益、投入成本和放贷者资金回报固定不变，则农户借贷收益主要是取决于贷款成本即利率指数 i，根据 $i = \Pi/\rho(a)$，即取决于农户的努力程度，具体而言，即农户的年龄、学历、信用等要素。

7.3.1.2 不完全信息市场下借贷农户收益最大化的条件

显然，上述模型的假设条件过于简单。实际上，一旦项目失败，放贷

方的收益不可能为零，他会要求借贷者尽其最大可能归还借款，从而使得损失最小。而且在信息不对称的情况下，放贷者对借款者的努力程度无法作出准确判断，即可能存在道德风险。放贷者为了防范道德风险，大多要求借款者提供抵押担保品来实现。假定借贷者提供担保的资产为 I（$I \geqslant R$），一旦项目失败，担保资产 I 归放贷者所有。因此，道德风险存在的借贷市场，借贷农户收益最大的条件为

$$Max_{i,a}\rho(a)(R-i) - (1-\rho(a))I - C(a) \qquad (7-6)$$

$$s.t. \rho(a)(R-i) - [1-\rho(a)]I - C(a) \geqslant W$$

$$\rho(a)i + [1-\rho(a)]I \geqslant \Pi$$

$$\rho(a)(R-i) - [1-\rho(a)]I - C(a) \geqslant \rho(a')(R-i) - [1-\rho(a')]I - C(a')$$

一阶求导，可得 $I^* = i^* = \Pi^*$。抵押担保存在的借贷市场上，借贷者承担了交易中所有的风险，能够激励借贷者投入最大的努力，而放贷者的回报不会受到借贷方努力程度的影响，因此道德风险问题也不复存在。借贷农户的最大收益为 $U_1^*(i^*, a^*) = \rho(a^*)(R) - I - C(a^*)$，由此可见，不完全信息市场条件下，借贷农户收益取决于担保资产价值，而不取决于借贷利率。

但如果借贷者是风险厌恶者，可能会不愿意提供担保来承担借贷市场交易所产生的全部风险。此外，被作为抵押担保的商品较为缺乏，大多农户难以提供有效的担保，因此道德风险问题实际上是难以有效解决的，也进一步说明了在政府干预下的供给型农村金融无法有效满足农村资金需求者的需要。

7.3.1.3 多种交易制度安排下借贷农户收益最大化分析

欠发达地区金融制度的安排往往是正式金融制度和非正式金融制度共存且互动。正式金融制度作为国家政府干预下的产物，对信贷市场的资金需求者难以作出准确的衡量，因此大多要求借贷者提供担保品，在抵押担保产品缺乏的背景下，产生了正规金融制度的借贷配给。

正规金融制度的借贷配给约束为非正式金融制度提供了发展的空间。此外中国乡村社会典型的"圈层结构"即以家庭为核心，以血缘关系为纽带向外延伸，由小家到村邻。由村到镇及县，再依次扩展到地市、省、国家等，每个农户都可以在某个圈层找到自己的位置。家庭内保障的要求也因此赋予每个人为其亲戚朋友提供必要帮助的义务，由此便形成了农村当

中普遍的熟人借贷和友情借贷。农村社会的这种"圈层结构"的存在进一步促使了非正规金融借贷屡禁不止，经久不息。

多种交易制度共存的情况下，考虑不同类型的借贷者：第一类愿意且能够提供担保品，第二类不能提供或不愿提供担保品，第三类只愿意提供部分担保品。大致对应的是仅从正规金融市场借贷的农户、仅从非正规金融市场借贷的农户以及从两种途径均获得贷款的农户。

非正规金融市场借贷以关系借贷为主，信息相对透明，但放贷者的收益不会因为项目失败变为零，借贷者一旦赖账，必然会受到道德惩罚，道德惩罚相当于信用担保，因此第一类和第二类借贷者都符合不完全信息信贷市场的假设。第三类借贷者是正规金融和非正规金融两类市场的合集，对于第三类借贷者而言，最少要满足不完全信息借贷市场的条件，借贷农户的收益可表示为

$$\underset{i,a}{Max} \rho(a)(R - i_1 - i_2) - [1 - \rho(a)]I - D(a) \qquad (7-7)$$

$$s.t. \rho(a)(R - i_1 - i_2) - [1 - \rho(a)]I - D(a) \geqslant W$$

$$\rho(a)i_1 + [1 - \rho(a)]I \geqslant \Pi$$

$$\rho(a)(R - i_1 - i_2) - [1 - \rho(a)]I - D(a) \geqslant$$

$$\rho(a')(R - i_1 - i_2) - [1 - \rho(a')]I - D(a')$$

其中，i_1 是正规金融借贷利率，i_2 为非正规金融借贷利率，对方程一阶求导，均衡条件下，借贷者的努力投入 a^* 由 $\rho'(a)(R_1 + R_2 - i_2) = D'(a)$ 决定，如果资金借贷是关系借贷，名义利率 $i_2 = 0$，则均衡条件与不完全信息下从正规金融借贷均衡条件相同，但借贷同样数额的资金，提供的担保品价值要小于从正规金融借贷。

理论分析结果显示，农户借贷收益与借贷成本无关，主要取决于借贷抵押品价值的大小。同样，抵押价值越大，可获得借贷资金越多，可能产生的收益越大，因此可用于生产的借贷资金数量是决定农户收益的最为重要的因素。非正规途径借贷虽然无须提供实际的抵押担保品，但是乡规民俗的道德规范约束的隐性成本不可忽视。

7.3.2 样本农户借贷行为特征分析

按照优、中、差的原则，样本最终确定 3 个乡镇，每个乡镇内选取 2~3 个村庄。此次共调查 8 个村庄，每个村庄平均完成问卷 32 份，调查农

户样本258户，其中有效问卷256份，问卷有效率为99.2%。调查内容主要涉及2008—2010年农户家庭经济基本情况和借贷情况，对农户收入、支出、借贷来源、用途、规模等情况进行深入细致的调查。

7.3.2.1 农户借贷以非正规借贷为主，尤其偏好亲戚朋友借贷

按照对连续多年农户重复计算的原则对农户2008—2010年借贷笔数和规模进行统计（如表7-7所示）。结果显示，仅从非正规途径融资的88户，占60.69%，仅依赖正规金融渠道贷款的农户数量为39户，占比24.73%，从两种途径同时获得贷款的农户数量为18户，占比为12.41%。显然，农村金融体制改革后正规金融对农户贷款增加显著，2010年正规金融贷款农户比重已占近1/3，农户多途径筹措资金的态势已经显现，但非正规途径仍是农户最主要的融资渠道。

表7-7 农户正规和非正规金融渠道借贷笔数和规模

单位：户，万元,%

指标	2008 年		2009 年		2010 年		合计	
	笔数	金额	笔数	金额	笔数	金额	笔数	金额
正规	8	34.8	15	36.3	16	73.5	39	144.6
金融	(17.78)	(19.42)	(31.11)	(21.27)	(29.63)	(32.7)	(26.9)	(24.73)
非正规	30	90.65	24	111.29	34	128.76	88	330.7
金融	(66.67)	(50.59)	(53.33)	(65.2)	(62.96)	(57.29)	(60.69)	(56.56)
组合	7	53.75	6	23.1	5	22.5	18	109.35
贷款	(15.55)	(29.99)	(15.56)	(13.53)	(7.41)	(10.01)	(12.41)	(18.71)
合计	45	179.2	45	170.69	54	224.76	145	584.65
	(100.00)	(100.00)	(100.00)	(100.00)	(100.00)	(100.00)	(100.00)	(100.00)

注：括号内为所占比重。
资料来源：调查数据整理而得。

7.3.2.2 不同借贷途径的借贷用途分析

把农户贷款用途分为种植业、养殖业、购买农机具、非农产业、子女上学、买房/造房、婚嫁丧娶、看病就医、其他等9个项目。按照生产性用途和生活消费性划分，前四类归为生产性借贷支出，前三项是涉农贷款，第四项为非农贷款，接着四项是生活消费性借贷支出。将调查农户借贷用途按此标准进行归类，结果显示55.42%农户借贷是为了用于平滑生活消费，用途次序分别是房屋投资、子女上学、婚嫁丧娶和看病就医四个方面。生产性借贷支出中，用于农业生产的农户比重为33.13%，非农产业贷款农户为11.45%，从趋势看，生产性投资是农户增收的主要渠道，有能力的农户对生产性资金需求十分迫切，用于平滑消费的资金呈下降趋势。

表7-8　　　　　　　　农户借贷用途与借贷途径关联分析　　　　　单位：笔数

贷款用途			2008年		2009年		2010年		合计	
			正规	非正规	正规	非正规	正规	非正规	正规	非正规
生产性借贷	涉农贷款	种植业	3	2	17	6	7	1	27	9
		养殖业	3	3	—	3	1	2	4	8
		购买农机具	—	—	—	1	3	3	3	4
		合计	6	5	17	10	11	6	34	21
	非农产业贷款		3	4	2	2	3	5	8	11
	合计		9	9	19	12	14	11	42	32
生活借贷	子女上学		3	10	—	5	3	9	6	24
	房屋投资		2	12	1	3	3	10	6	25
	婚丧嫁娶		2	4	1	8	—	3	3	15
	看病就医		2	1	—	1	—	3	2	5
	其他		—	2	—	2	—	2	0	6
	合计		9	29	2	19	6	27	17	75
总计			18	38	21	31	20	38	59	107

资料来源：调查数据整理而得。

　　一般来说，农户的生产性投资为其收入增加提供了可能。对于不同途径获得的资金，农户是用于生产还是消费，正规金融借贷道德风险是否存在，主要取决于农户借贷资金的实际用途。对农户借贷途径和用途进行关联分析，结果显示正规金融途径借贷中，10.24%的农户是用于生活消费，如果排除子女上学贷款是国家助学贷款以及在城市购房的农户数量，用于生活借贷的比重仅为8.47%，即发生道德风险的农户比重为8.47%；非正规金融途径借贷中，30%的农户借贷是用于生产，70%的农户目的是用于平滑生活消费，因此经济欠发达地区非正规渠道融资较多是用于平滑家庭消费。

　　从借贷数量看，农户非正规途径借贷数量是正规途径借贷数量的1.85倍，进一步分析借贷金额与用途间的关系，可以发现非正规金融用于生产性投资的借贷数量与用于消费的资金数量相当，但高出正规金融生产性投资12.1万元，这意味着上述仅考虑借贷农户数量所得出的结论并不可靠。此外，农户非正规途径借贷资金用于生活消费数量是正规金融的4.15倍。毫无疑问，即使在传统农区或者欠发达地区，非正规借贷在农户生产性投资和生活性消费支出都发挥着较正规金融更为重要的作用。在生产性投资上，正规金融和非正规金融的借贷资金具有互补性，即正规金融借贷资金多是投向种植业和购买农机具，而非正规金融借贷资金多流向养殖业和非农产业。

7.3.2.3　不同收入群体的借贷渠道选择分析

农户对不同借贷途径的选择是否会受到其家庭收入的影响，反过来，农户收入水平不同，是否会影响其借贷途径的决策？受调查数据制约，测度农户收入指标为农户人均总收入，对三年内农户借贷渠道和收入之间进行关联分析，结果显示从非正规金融渠道获得借贷的农户的人均总收入分布接近正态分布，较多集中在5 000～30 000元，从正规金融机构获得贷款的农户的人均收入分布接近χ^2分布，较多集中在10 000～30 000元，因此农户非正规金融借贷的目标客户群体较正规金融更为广泛，贷款的满足程度更高，其供给弹性会小于正规金融机构。此外，农户家庭人均总收入集中在10 000～30 000元的中高收入群体，是非正规金融与正规金融共同锚定的客户群体，正规金融借贷对这一群体借贷比重增加最快。因此对中高收入群体的借贷上，正规金融和非正规金融呈现竞争性，正规金融借贷较少顾及低收入和高收入水平的农户。

表7-9　　　　　农户人均总收入与借贷渠道关联分析　　　　单位:%

人均总收入	2008 年		2009 年		2010 年		合计	
	非正规	正规	非正规	正规	非正规	正规	非正规	正规
5 000 元以下	15.38	3.85	16.00	6.00	7.02	3.51	12.58	4.40
5 000～10 000 元	23.08	1.92	22.00	12.00	26.32	3.51	23.90	5.66
10 000～30 000 元	26.92	19.23	14.00	22.00	26.32	26.32	22.64	22.64
30 000 元以上	5.77	3.85	8.00	0.00	7.02	0.00	6.92	1.26
合计	71.15	28.85	60.00	40.00	66.67	33.33	66.04	33.96

资料来源：调查数据整理而得。

7.3.3　模型设定、指标选择与估计分析

7.3.3.1　横截面时间序列模型设定

横截面时间序列数据是包含若干个体在一个时间区间内的样本。不仅具有横截面的数据，还包含时间序列的数据，将具有时间序列和横截面数据同时包含在一个模型内，不仅可以解决样本容量不足的问题，而且能够估算某些难以度量因素对被解释变量的影响，同时也有助于正确理解经济变量间的关系。横截面时间序列数据大致分为两类：一类是独立混合截面数据，主要是不同时点从大样本独立抽取观测值构成的数据序列，另一类是面板数据，即不同时间观测同一主体单元。

独立混合截面数据估计的模型一般形式为

$$Y_{it} = \alpha_0 + \beta_k D_k + \alpha_i X_{it} + \varepsilon_{it} \tag{7-8}$$

其中，i 表示横截面单位数，$i = 1, 2, \cdots, n$；t 表示在 T 时期中任一期的观测，$t = 1, 2, \cdots, T_0$，Y_{it} 是因变量，X_{it} 是自变量集，ε 为误差项。由于总体在不同时期会有不同的分布，可以通过引进虚拟变量的方法，在不同年份设定不同的值，式中 D 表示时间的虚拟变量，k 为虚拟变量的个数，$k = 1, 2, \cdots, t - l$，即其数目应该不多于（$T-1$）个。

7.3.3.2　指标选择

以上理论分析假设借贷资金只用于生产，实际上农户的一部分借贷是为了平滑生活消费，因此要考察农户从正规金融和非正规金融借贷的实际绩效，不仅要考虑其从不同途径的借贷额（B_{it} 和 F_{it}），还必须要考虑其借贷用途（YT_{it}）。此外，农户个体特征要素，如家庭耕种面积和年龄、上学年限等因素不仅是影响项目成功与否的重要因素，也是影响农户收益较为重要的因素，因此需要将农户家庭耕种面积、年龄和文化程度等变量纳入方程。此外，理论分析结果显示借贷利率不影响农户借贷收益，因此模型构建时不引入利率变量。构建模型如下

$$Y_{it} = C + \alpha_1 B_{it} + \alpha_2 F_{it} + \alpha_3 YT_{it} + \alpha_4 GD_{it} + \alpha_5 Age_{it}$$
$$+ \alpha_6 School + \alpha_7 D_1 + \alpha_8 D_2 + \varepsilon_{it} \tag{7-9}$$

其中，$i = 1, 2, \cdots n$，表示调查农户个体，$t = 2008, 2009, 2010$。Y_{it} 表示调查农户人均收入，B_{it} 和 F_{it} 分别表示第 i 个农户 t 年从正规金融途径和非正规金融途径的借贷规模，YT_{it} 为借贷资金的用途（生活性借贷消费 = 0，

种植业 =1，畜牧业 =2，购置农机具 =3，非农产业投入 =4），Age 表示被调查家庭户主的年龄，School 表示被调查家庭户主的文化程度（小学 =1，初中 =2，高中 =3，高中以上 =4），ε_{it} 是随机误差项，$t = 2008$，$D_1 = 1$，反之则等于 0，$t = 2009$，$D_2 = 1$，反之则等于 0。

7.3.3.3 模型估计与分析

1. 模型检验与判断

运用 EViews6.0 对方程（7 - 9）进行估计，首次估计结果显示效果不好，R^2 值较小，多个变量 t 值未通过检验，变量可能存在异方差、序列相关或者多重共线性的问题，需逐步对模型进行检验。

（1）异方差检验

首先利用 Park 检验对模型的异方差问题进行诊断，其基本思路是以残差的平方或者绝对值为解释变量，以模型中某一变量 X 为解释变量，建立模型，对模型进行估计，如果模型显著，则说明原模型存在异方差。构建残差序列与非正规金融借贷金额的方程

$$Reside_i = f(F_i) + \varepsilon_i \qquad (7 - 10)$$

回归结果如表 7 - 10 所示。

表 7 - 10　　　　残差序列与非正规金融借贷的回归结果

变量	系数	标准差	t 检验值	概率
F	2.2004	0.2376	9.2622	0.0000
R^2	0.1036		D. W.	1.9644

根据表 7 - 10 的回归结果，解释变量系数值为零的概率几乎为零，因而拒绝原假设，即首次建立的独立混合截面数据模型存在严重的异方差性。消除模型中存在的异方差性，可利用首次估计模型的误差绝对值的倒数即 1/abs（reside）作为权数，进行加权最小二乘法（WLS）估计。加权平均后的 R^2 和部分变量 t 值改善较大，但个别变量的 t 值仍然不显著，因此需要进一步检验。

（2）序列相关性检验

在序列相关检验中，采用拉格朗日乘数检验方法（LM 检验方法），该方法克服了 D. W. 只能检验一阶自相关的问题，可以对高阶序列相关和模型是否存在被解释变量滞后的问题进行检验。

该方法的前提条件假设是不存在序列相关，通过对随机误差项是否存

在 P 阶序列相关来判断原方程是否存在序列相关，LM 的统计量是服从自由度为 P 的 χ^2 分布，如果 LM 的统计量小于 χ^2 分布的临界值，则序列不存在自相关。滞后两阶的 $LM = nR^2 = 161 \times 0.0038^2 = 0.0023 < \chi^2_{0.01}$ （2） = 9.2，接受原假设，序列间不存在自相关。

虽然变量个别 t 值不显著，但是基于理论模型分析，所选择变量均十分重要，因此模型的多重共线性问题不予考虑，接受消除异方差后的回归结果。

2. 模型估计结果及解释

运用 EViews6.0 进行加权最小二乘法对方程（7-9）估计，结果如表 7-11 所示。

表 7-11　　　　　　　　　　加权最小二乘法的估计结果

变量	系数	标准差	T 值	Prob.
F	0.1559	0.0048	32.1727	0.0000
B	0.1194	0.0052	23.0496	0.0000
YT	1552.669	71.6226	21.6785	0.0000
GD	5.98014	24.4363	0.2447	0.8070
AGE	−21.3186	65.9277	−0.3234	0.7469
$SCHOOL$	6.7898	7.7776	0.873	0.3841
D_1	7378.930	454.3496	16.2407	0.0000
D_2	3603.613	444.1990	8.1126	0.0000
	加权后的统计值			
R^2	0.9842	D. W.	1.4787	
	未加权的统计值			
R^2	0.2555	D. W.	2.0314	

从回归结果来看，消除了异方差后的回归结果较为理想，模型中选取变量98.42%的程度上解释了农户总收益。

首先，正规金融（B）和非正规金融（F）变量的系数均为正，不同借款方式均有利于促进农户增收。实证结果进一步验证了经验性的结论，即资金借贷对农户作用巨大，平滑农户生活消费，使农户能够保持一种连续稳定的生活状态，优化消费结构，更重要的是能够为农户扩大再生产提供必需的资金保障，推动农业产业及其他非农产业发展，提高农户收入和福利，最终推动农村社会发展。

其次，非正规金融途径借贷变量系数高出正规金融借贷2.6个百分点，这一结果显示，欠发达地区或者传统农区农户并未将大部分的非正规途径借贷用于生活消费，而是还用于满足生产性支出，较正规金融发挥的作用更大。这与前面的分析结果一致，农户非正规途径的借贷规模更为庞大，不仅用于子女上学、婚嫁丧娶等生活性支出的比重较大，而且用于生产性资金的数量也是正规金融的1.85倍，实际上，农户更多或者更愿意从非正规金融渠道得到借款，除了典型的乡情、亲情连接的乡村"圈层结构"影响外，更为重要的原因是非正规金融渠道借款手续简便，贷款设计灵活，由于非正规金融的借贷者对农户信息了解较为充分，即使到期无法偿还借款，也会相应地设计出合理的还款机制，以避免形成坏账。而正规金融机构金融产品比较单一，审批时间长，贷款手续繁复，贷款一般要求抵押担保产品，在农村产权不明晰的背景下，多数农户难以提供有效的抵押担保品，这成为正规金融借贷约束、贷款满足率低的重要原因。但是正规金融资金雄厚，组织机制和运行机制规范，能够满足农户较大规模和更大范围的借贷，而非正规借贷资金量则相对有限，且具有明显的区域特征，限制了农户规模较大的借贷。此外，非正规金融借贷资金巨大，资金体制外运行，金融监管部门难以控制，其间蕴含风险难以预测和控制，极易引发区域性融资风险。

再次，借贷资金用途是影响农户收入的另一重要因素。显然，借贷资金用于生活消费，虽有利于保障农户生活的连续稳定，但对农户收入增加并无直接作用。但用于生产性投资，不论是扩大再生产，还是用于非农产业投入，均有利于农户收入的增加。变量系数显示，借贷资金对产业的贡献价值最大的是非农产业，其他排序分别为购置农机具、畜牧业和种植业，这与产业特质是一致的，非农产业周期短，收益高，而传统农业周期相对较长，效益相对较低，因此投入非农产业的收益大于传统种植业。不难推断，农村地区在发展高效种植产业的同时，也会进一步加快非农产业发展，与此同时，农村地区对资金需求也会更加多样化和数量剧增，但在国家政策引导下，正规金融机构将资金主要投向种植业和农机具的购置方面，呈现出资金供给与农户真实的资金需求错位的格局，也违背了产业报酬规律，致使资金使用效率大打折扣。今后正规金融机构如何基于农户需求视角发放涉农贷款，不仅是关系其可持续发展的重要命题，也是关系国家供给型金融解决"三农"问题成效大小的关键所在。

最后，尝试考察农户特征性的要素如农户年龄、文化程度和耕地面积等变量是否会通过影响项目收益而影响收入，但各变量系数均不显著。随着农户收入日益多元化和种植业机械化程度的提高，年龄偏大的农户利用其丰富的种植经验，能够获得理想的收益，因此户主年龄、文化程度等要素并非影响农户收入的主要因素，这一点也间接地反映出农户特征因素不是影响农户努力程度，即有效使用借贷资金的关键性因素，与理论推断不符。

7.4 本章小结

全国和区域的实证结果均显示，农户借贷途径、借贷规模等存在区域差异。农户从不同渠道融资都能够增加收入，非正规金融融资借贷资金作用大于正规金融渠道借贷，二者已形成初步的合作竞争关系。因此，要进一步提高农户收入，推动农村社会发展，提高农户资金需求的满足率，提高资金实际需求的满足率是关键核心所在。而要满足农村地区日益增长的多元化的资金需求，当务之急是加快农村金融改革，对非正规金融适当解禁，与正规金融机构适度合作，建立竞争合作的农村金融体系，全面提高金融覆盖率，推动农村经济进一步的快速发展。但同时要防范大量资金体制外运行所带来的金融风险，建立金融风险预警机制，预防区域性风险演化为系统性金融风险，造成大规模的金融失信，引发区域性的金融危机。

8　实现陕西农村正规金融
发展区域均衡的政策建议

目前，陕西农村正规金融呈现出发展水平"北高南低"、发展速度"陕北领先，陕南随后，关中缓慢"和县域差异"陕北扩大，关中收敛，陕南阶段收敛"的复杂局面。实际上，陕西经济发展相对落后，农村金融市场机制尚不健全，农村金融发展相对滞后，农村正规金融机构之间有效竞争机制尚未形成，正规金融机构活力不强，运行绩效较低，而民间金融极其活跃，农村金融体系外运行规模巨大，大量农村资金通过正规金融机构流出，而与此同时，很多农村经济主体难以获得贷款和便利的金融服务，有效借贷满足率低，空白金融服务乡镇依然存在，金融经济尚未协调发展等农村金融问题依旧突出。在此背景下，为缩小农村金融发展区域差异而遏制个别地区农村金融的快速发展，无异于饮鸩止渴，陕西农村正规金融区域差异呈现出的结果必须是先扩大，等到金融发展到一定程度后，区域差异再不断缩小的过程。在这一过程中，必须要兼顾公平和效率，协调好二者间的关系，在有条件的地方实现农村金融的快速发展，也要适当对落后地区政策上给予倾斜，形成以促进农村经济发展为前提兼顾公平的农村金融发展道路。因此，现阶段农村金融发展区域均衡的重点不是缩小区域间的组织规模、贷款规模等绝对差异，而是要基于农村正规金融供需平衡视角来实现区域间的均衡。

在农村金融发展严重滞后于农村经济，由于缺乏担保品而导致农村金融供需难以有效对接的现实背景下，要实现农村正规金融区域间的均衡，其起点必然是通过建立完善的农村金融市场，提高农村金融的有效供给能力和水平，通过影响决定农村正规金融发展的决定性要素，最终实现农村金融与经济相互协调、共同发展的目标。要给予一定的政策引导，加强区域间和区域内农村金融发展的合作，不仅实现农村正规金融的快速发展，推动农村经济的增长，而且在形成农村经济金融良性循环的过程中不断实现区域内的小均衡，最终实现区域间的大均衡。

8.1 提高农村金融有效供给能力和水平

农村金融市场有效供给不足，体现为当前农村金融市场经济主体对金融产品和服务的需求日益多样，而正规金融体系所提供金融产品相对单一，借贷手续烦琐且具有严格的资金用途限制。与此同时，民间借贷被不断地催生和扩大，致使农村金融市场体制外资金蕴含风险极大，民间金融活跃的主要原因在于农村金融体系不完善，长期垄断下农村正规金融机构缺乏动力，政府对农村金融干预的历史包袱难以化解，严格的金融监管下金融产品和服务创新困难。要有效解决农村金融的有效供给问题，提高农村正规金融效率，即要依托当地金融发展条件，完善农村金融体系，建立合理适度有效竞争的农村金融市场，以此来活跃农村金融市场、提高农村正规金融的运行效率、激发其创新金融产品和服务的潜力。

8.1.1 重塑农村金融服务体系

目前农村需求主体日益呈现出多层次性、多元化的特征，而与此对应的农村正规金融体系尚不健全。从表面看，陕西农村正规金融体系已涵盖商业银行、合作银行和政策性银行在内，实质上商业银行不断偏离其支农方向，政策性银行只能调节农产品流通市场，农村金融市场只有农村信用社来维持。陕西农村信用社长期经营绩效不佳，资本充足率2009年才开始转正，处于垄断地位的农村信用社缺乏效率，发展缓慢，其原因不仅与其体制改革尚未完成，历史包袱难以化解直接相关，而且还与当前农村金融体系缺乏竞争有关。因此，要进一步放开农村金融市场，扩大农村金融机构服务的宽度和深度，建立涵盖商业性金融、合作性金融、政策性金融和区域性金融在内的多元化、多层次的农村金融体系，进一步深化改革农村信用社，增加一定数量的金融机构，丰富农村金融市场。通过重塑农村金融体系，加强不同类型机构的合理有序竞争，提高农村金融的服务水平和质量，推动区域内农村经济发展，合理引导民间金融进入到监管范围内，有效防范金融风险。

首先，要深化农村信用社改革。2003年年底中国银行业监督管理委员会正式批复《陕西省深化农村信用社改革试点实施方案》，陕西省农村信用社改革工作正式启动。改革实施至今，已取得了明显进展：管理机构已全部成立，产权制度改革进展良好。但要建立真正产权明晰、内控严密、服务良好、结构完善的省级管理机制还需要进一步努力。陕西农村信用社改革采用合作制为主体，个别地区采用农村商业银行的模式，这是与陕西经济社会环境相适应的选择。陕西农村经济相对落后，家庭经营性收入仍然是农户的主要收入来源，如果仅仅依赖于商业化的运作模式，必然将大多数中低收入的弱势群体排除在外，而选择合作金融形式，大多数的农户能够通过自愿联合，实现资金互助，获得灵活方便的金融服务。当然，农村信用社的改革是国家强制性制度变迁的成果，在实际运作过程中，合作制并未真正贯彻到位，农村信用社尚未改制成为真正意义上的农村合作金融，因此要进一步深化农村金融体制改革，将农村信用社的管理体制由之前的自上而下的模式转换为自下而上的管理模式，即基层合作金融组织拥有经营决策权，上层管理体制主要是为基层提供便利服务，弥补基层合作金融组织服务的不足。必须要注意的是，必须要提高基层合作金融组织人员的学历和能力，避免因工作能力与任务不匹配，导致金融决策失误，影响经营绩效。

其次是发挥邮政储蓄银行的动力。邮政储蓄凭借其广泛的服务网点，长期以来为农村居民提供便利的存、汇等金融业务，由于特定经济环境的需要，邮政储蓄资金管理比较独特。1990年之后虽然改为以存款形式存入中国人民银行，但其实质性质并未改变，长期在农村发挥着"抽水机"的作用，致使大量农村资金外流，不断加剧农村资金的供需矛盾。邮政储蓄银行虽然从2007年开始在各地普遍成立，但由于缺乏相应的人力资源网络，导致其小额信贷业务开展十分保守，业务发展也较为缓慢，第3章对榆林、渭南和商洛三地区邮储银行存贷业务分析结果显示，三地区2008年才开始开展农业贷款业务，农业贷款占比是下降的，而且贷款余额占存款比重在渭南地区也是下降的，比重还不到其存款额的5%。因此，邮政储蓄银行虽然拥有自主运用资金的权力，但是由于自身业务能力有限，贷款业务开展还处于初级阶段，还需要加强业务体系和人力资源的建设，按照市场化的运作方式，制定明确的发展战略，但是在发展过程中，必须要加强对贷款方向的引导，以防止其为了追求商业利益，而减少对农村市场的借贷。

再次是鼓励发展新型农村金融机构。2006年底，中国银行业监督管理委员会发布的《关于调整放宽农村地区银行业金融机构准入政策，更好支持社会主义新农村建设的若干意见》，允许适当放开农村金融市场，对市场准入的资本范围、注册资本限额、投资人的资格等方面的限制有所放宽，积极支持并引导国内外银行资本、产业资本以及民间资本进入农村地区，以投资、收购或者新设的形式设置各类银行业金融机构。为了更好地服务农村地区，要求具备贷款服务功能的新型银行业金融机构的营业网点必须设在县（市）或者是县（市）以下的乡镇或者行政村。设立必须服务于农村且有严格区域限制的新型农村金融机构，类似于国外的社区银行，能够将区域内的资金持续不断在区域内使用投资，起到有效遏制资金外流的作用。但资本具有逐利性，当本地产业或者项目难以吸收到当地资金时，资金外溢也是必然现象。因此，新型农村金融机构的设立，必须发挥对客户信息和区域内市场熟知的优势，真正发挥服务区域内农村经济主体的功能。

最后是要重构农村政策性金融体系。政策性金融在保障农户收入稳定、保障农村农产品市场价格稳定、农村基础设施建设和改善、农业产业化战略性结构调整等方面都发挥着重要作用，因此，政策性金融要根据政策导向创造条件来引导商业性金融从事能盈利的政策性业务，鼓励商业性金融投资长期或大型项目的融资，建立与商业性金融的合作机制，成为促进农村金融发展的稳固基石。

8.1.2 提升农村金融创新能力

中国人民银行和中国银监会2008年联合发布《关于加快农村金融产品和服务方式创新的意见》，在中部六省和东北三省选取粮食主产区或县域经济发展基础扎实的部分县、市，开展农村金融产品和服务创新试点，促进农村正规金融机构进一步改进和提升农村金融服务，能够积极满足多层次、多元化的金融服务需求，支持和促进社会主义新农村建设。

加快农村金融产品和服务方式创新，促进农村金融区域创新的水平和能力，实际上就是要探索有益的信贷抵押产品，解决农村金融供给滞后于农村金融需求的现状。构建竞争有序的农村金融市场，完善的农村金融体系，从理论上应该能有效解决农村经济主体借贷困难的问题，但长期以来按照商业化模式建立起来的农村金融体系与农村产权间存在严重冲突，农村土地所有权与使用权的长期分离，导致农村经济主体的房屋等自有资产与金融机构贷款抵押品的要求存在根本的矛盾，如果这一矛盾得不到有效解决，那么构建竞争有序的农村金融市场，通过发展新型农村金融机构来解决农村金融难题也只能流于形式。因此，现阶段解决农村金融难题，加快农村金融区域创新，提升农村金融的创新能力，关键在于探索适宜的信贷抵押产品。对金融机构而言，选择建立信用档案过于费时费力，绝非确定目标客户、寻求抵押担保品的良策。2009 年陕西杨凌农村信用社根据信用等级的评定，认为优秀的客户可提供 3 万 ~5 万元的贷款，优良客户是 2 万 ~3 万元，信用一般的客户只能贷 0.8 万 ~1 万元，对于信贷规模较大的农户而言，该贷款额度仍只是杯水车薪，大量的资金还是需要通过亲戚朋友间的互助得到解决。

根据相关法律和农村的现实，房产、农业生产设施、生物资产等评估较为困难（罗剑朝，2005），而且房产和农业生产设施的产权问题需要法律给予界定，生物资产自身风险很大，必须要与农业保险挂钩，防止因禽流感、自然灾害等原因导致生物资产受损、资产贬值，在农业保险发展较为落后的陕西地区，并不具有推广的条件。只有未来农村产权法律给予肯定，农业保险不断发展才具有推广价值。因此短期内，适宜的、具有可推广、普遍性的、长期性的农村可能抵押担保物品即是土地使用权，"增人不增地，减人不减地"的耕地分配制度，保证了家庭耕地使用权的稳定性。因此可以通过设立土地银行，使农民通过土地银行获得资金的方式，促进经营规模的扩大，加快农业产业化步伐（罗剑朝，2005）。

8.1.3　防范农村金融风险

8.1.3.1　提高农村正规金融机构风险防范能力

农村金融市场应该是由多类型、多层次的金融机构所组成的，必须具备高效和竞争性。无论农村地区金融机构的性质、形式和运作模式如何，首要条件是产权明晰、权责分明、机制健全，具有一定的抗风险能力，能够有效防止和化解农村金融市场风险。

完善农村金融机构的治理结构，要建立适合市场经济的公司治理结构，完善股东代表大会、董事会以及监事会制度，明确各职能部门的职权范围，加强分工协作，有效牵制，充分发挥农村金融机构法人治理结构的优势，提高农村金融机构的经营管理水平，加强金融机构的抗风险性。建立完善的农村金融风险预防机制，要成立资产负债管理和风险管理的决策机构，制定相应的工作制度，建立全面的风险考核指标体系，对农村金融机构的信贷风险、流动性风险等进行全面监控，建立快速反应机制，一旦出现突发性风险，启动风险处置预案，积极应对风险。同时积极探索开发成本低、避险性好的新型金融工具，如开发以中长期农业基础设施、农业综合开发贷款等涉农贷款为基础的资产证券化产品和信用衍生产品。

同时，要加强外部监管。依照农村信用社产权制度改革的经验，无论是改制成统一法人的农村信用社还是农村合作银行，都出现过股权过于分散、单个股东所占比例过低的情况，致使单个股东无能力也没有积极性来监督农村金融机构的经营管理，而其内部人控制的格局仍未打破。因此应放松对单个股东持股比例的限制，适当引入大股东，调动股东积极性，发挥外部监督力量的作用。

8.1.3.2 建立农村金融机构重组和退出机制

要降低农村金融市场准入条件，引入多样性的农村金融组织，包括合作金融、商业银行以及其他不同的农村金融组织形式，按照市场规则来发展农村金融市场体系，就必须坚持市场开放有序渐进的原则，不能简单地、全面地、无限制地开放，避免农村金融市场过度竞争或者陷入混乱，与农村金融市场开放的初衷相背离。因此，建立农村金融市场的新秩序，首先要建立完善的进入、重组和退出机制，如果农村金融机构运行绩效不佳，又没有良好的退出机制，不仅会导致农村资金的损失，还会加剧农村区域性金融风险，最终影响农村金融市场的顺利发展。

以农村合作基金会为例，农村合作基金会在20世纪80年代至90年代农村经济转型中发挥着重要作用，但由于基层政府对农村合作基金会过度干预，加上监督机制薄弱，资金投放风险大，经营效益下滑明显，单纯追求资金高收益导致资金投放非农化趋势十分严重，且局部地区出现小规模的挤兑风波。为了防止农村金融风险，国家采用"一刀切"的方式将农村合作基金会强制关闭，农村合作基金会的行政性关闭突然中断了农村大量的信用活动，形成了大量的坏账呆账，基层政府大量负债，最终被转化为农民和乡镇企业的负担，同时造成大量农村资金流出，加剧了农村资金的短缺现象，民间借贷和高利贷现象也进一步加剧，而农村合作基金会的兴衰与国家宏观经济环境和金融政策变化息息相关（温铁军，2007），行政化的退出方式和对金融干预不仅影响金融的正常发展，而且会带来巨大的负面效应。

因此，建立有效的市场退出机制在农村金融市场开放过程中是十分关键的，有针对性地制订农村金融机构的退出法规，通过试点进行验证并不断完善法规，要求新型农村金融机构必须按照公司治理原则来运行，要自担风险、自负盈亏。农村正规金融机构如果运行绩效不佳，甚至资不抵债时，应严格按照市场机制的运作程序，根据相关规定，允许其申请破产、倒闭。但是在正规金融机构退出过程中，必须将农村金融机构的贷款分级管理，按照存款准备金和资本充足率，有步骤地、平稳地开展资产清算和冻结工作，同时也可以将其重组兼并。但无论采用何种形式，都绝不能影响到农村金融秩序的稳定以及存款人的根本利益。当然最根本的还是通过建立存款保险制度等一定的制度约束，以避免农村金融机构破产。

8.1.3.3 合理引导民间金融

在农村正规金融无法满足农村多样化、多层次资金需求的背景下，大量农村资金以亲戚朋友为纽带在金融体制外运行，民间借贷凭借期限短、手续简便等优势，在农村十分普遍，典当、地下钱庄等非正式金融组织十分活跃，渭南大荔县 2006 年民间融资规模已达 4 亿元，2011 年陕西政策研究室对咸阳市农民借贷情况调查显示，非正规途径借贷金额是正规途径借贷资金的 4 倍之多。如此规模巨大的资金长期体制外运行，缺乏必要的法律约束，多属私人交易行为，一旦投资失利，可能会引致社会纠纷，如果是集体性投资，有诱发区域性金融风险的可能。

正常的民间借贷在弥补正规金融供给不足方面发挥着重要作用，因此对正常的民间金融应该合理疏导，允许其自由发展，但也不能放任自流，需要厘清不同类型民间借贷的性质，对互助性的民间借贷，必须给予一定的鼓励，并承认其合理性，确立其合法地位。此外，还需要设立一定的管理或咨询机构，为发生民间借贷的各行为主体提供一定的法律服务，加强风险提示，强化法制观念，为规范民间借贷搭建较为宽松的活动平台，探索对民间借贷的有效监管方式，防止其向高利贷、地下钱庄、非法集资等非法方向转化。

8.1.4 优化农村金融生态环境

8.1.4.1 培育良好的政治经济环境

农村金融的健康发展和良好运行的根本虽然在于农村金融市场，但是如果外部的政治、经济环境十分恶劣，正常的金融发展将会受到较大的影响，其中外部环境中最为重要的包括宏观经济政策的一致稳定和政府的适度干预。首先要确保宏观经济政策具有连贯性和一致性。稳定连贯的宏观经济政策不仅有利于保证宏观经济的稳定运行，而且也有利于农村经济商品化、市场化进程的加快，最终能够实现农村经济快速发展，为农村金融机构的生存和发展创造良好的外部经济环境。其次对金融企业给予政策引导，但绝不能施以行政干预。农村信用社运行绩效不佳，历史包袱沉重的主要原因在于政府对其正常的经营活动干预过多。农村金融机构支农力度控制上，往往是通过控制贷款比重来实现的，实际上这一做法并未改善农村资金的外流现象。

农村金融问题是农村经济、文化和政治等多种问题在金融方面的综合反映，农村金融机构非农偏好的改变，根本上需要农村产业结构调整，承认农村经济主体耕地使用权、房屋等资产的价值，使其具有担保资质。但从短期来看，还是需要外部力量如政府通过财政手段对正规金融机构进行一定的补贴，建立一定的担保机制，引导正规金融机构加大对农村产业的投资，尤其是引导资金投向资金回报率较高但风险较大的养殖业和非农产业，而不仅仅投向种植业和农机具补贴领域，从而促进农业产业化进程的加快，农村产业结构的加速调整，挖掘出农村和农业经济增长的潜力，促使农村经济主体具备自发吸引农村金融机构青睐的能力，也为农村正规金融发展自身的快速发展创造良好的外部环境。

8.1.4.2 树立诚信观念

制约农村金融市场发展的突出问题之一即是由于信息不对称引致的"逆向选择"和"道德风险"。农村金融交易主体十分广泛，具有明显的区域性特征，再加上长期以来对农户和乡镇企业的信用评价缺乏合理的考核体系，导致对其的信用评级工作无从开展。在农村经济主体无力提供合法抵押担保产品的背景下，信用贷款发展迟缓实际上是制约农村金融发展较为重要的原因。因此，在农村推行信用评级，建立农户诚信档案，解决农村正规金融机构和农村经济主体间的信用不对称问题，不仅能够缓解农村经济主体贷款难和农村正规金融难贷款的问题，还能够促进信用贷款业务的快速发展。

农村信用体系的建设是一个长期的工程，必须在法律制度的支持下实现各金融机构间信息的共享。一方面要建立健全法律体系，能够保证正常的信用关系发生并得以存在，农村经济主体的金融活动有法可依、有法必依、违法必究，将一切信用活动纳入法制轨道。另一方面是建立守信的激励机制，让守信用的人享受到好处。建立信用等级制度，良好信用的人能够在贷款时更方便获得贷款，而失信的人不仅要受到法律制度的惩罚，还要受到社会无形的谴责，即一旦失信，就难以生存，被淘汰出市场。

8.2 调控农村正规金融发展决定要素

实证结果显示，陕西农村正规金融发展区域差异的扩大和收敛都是金融发展过程中的必然体现，只要与其当前的经济发展水平相适应，不断满足经济主体的金融服务需求，就具有一定的合理性。因此，对农村正规金融发展区域差异的调控，并不是绝对的，但是也不能仅依赖经济标准简单衡量，从而忽略区域间的公平问题，可以采用两种方式，一种方式由陕西省制定统一的农村金融发展政策，由区域政府部门和金融部门负责进行落实，实现农村金融发展的区域协调和均衡；另一种方式即是由各个区域政府自发地根据区域内的资源和市场条件，制定有针对性的农村金融发展战略，促进落后地区农村金融实现跨越式发展。根据李敬（2007）分析认为，前者主要侧重外部资源和外部能力，采用统一的标准和条件，能给予各地金融发展平等的机会，能考虑更大范围内的区域金融协调问题，但大一统的规划难以考虑到区域特色，难以真正落实；后者能够充分考虑区域内经济资源条件的特色，但问题在于各区域为了实现区域内农村金融的快速发展，可能会忽略国家利益，导致整体收益受损。因此要调控陕西农村金融发展的区域差异，不仅要考虑到整体的均衡发展，还要考虑到各个地区的特色，依托其优势资源，来实现区域内农村金融的协调发展。要根据决定农村金融发展区域差异的要素，制定有差别的农村金融发展政策，促进农村金融的快速发展。

8.2.1　调节农村金融发展固有要素条件的差异

第 4 章的分解结果显示,陕西农村金融发展区域差异的形成主要是由区域内耕地、劳动力等固有要素的差异造成的。根据国家"分步走"的发展战略,陕西位于国家西部大开发战略的区域范围内,虽然获得了扶持,但受制于区域内经济条件有限,农村金融并未得到较大发展,外部环境也并未得到有效的改善,发展水平仍然很低。农村金融发展区域差异的拉大主要还是体现在区域内资源的差距,陕北地区经济基础差,其经济跨越式发展的完成完全得益于国家西部大开发时期资源的开发,自然资源的区域差异是难以调和的,这也是导致陕西农村正规金融发展呈现异化态势的主要原因。因此要形成陕西区域间和区域内农村金融的均衡发展,必须要构建跨时公平的动态金融发展协调机制,兼顾落后地区农村金融经济发展,给予落后地区政策倾斜,加强区域间的金融合作,建立相对发达地区对落后地区的反哺机制,拉动落后地区的农村金融发展,同时要配套实施有差别的农村金融政策。

实际上,除了自然资源的差异,耕地、劳动力对农村金融发展的区域差异形成也具有重要贡献,发展适合区域内土地条件的有特色的农产品,注重特色产品的质量安全,打造区域农产品品牌,能够在提升农业价值的同时,降低因耕地数量所产生的农村金融发展区域差异。同时要加大区域内的项目投资,吸引劳动力在区域内就业创业,改善区域内的用工制度,增加用工数量,减少劳动力要素对区域农村金融发展差异的影响,也有利于农村金融发展区域平衡的建立。

8.2.2　加快农村经济的区域均衡

农村金融发展能够推动农村经济增长,反过来陕西农村金融发展区域差异的形成,区域经济发展差异也是重要原因,因此,长期来看,发展农村金融,实现农村金融区域平衡的重点在于发展农村经济。各区域要因地制宜,发展特色突出、具有一定市场竞争力的区域性林农特产业作为重要发展领域,例如渭南市积极支持秦岭北麓柿子、花椒、核桃产业带建设。同时要坚持以市场为导向,以企业为主体,以产品为核心,充分发挥好农业产业化龙头企业在发展区域性特色产业中的辐射和带动作用,提高产业聚集度，促进各地具有比较优势的自然和生物资源通过产业化发展，延长产业链，增加附加值，提高农民收入水平。坚持加快产业集群发展，推动县域工业化和城镇化进程，促进以农产品加工、现代服务业、为大工业配套、开发优势资源为重点的县域产业集群的形成和发展。加大对小城镇路、电、水、气、通信等基础设施建设和县域社会事业发展的信贷投入，积极支持具有一定规模的农产品批发市场和为"三农"服务的日用百货、农业生产资料配送中心建设，加快城镇化建设进程，从而推动农村经济的快速发展，缩小区域农村经济发展差距，实现农村金融的区域协调发展。

8.2.3　加快区域间教育水平的均衡

教育是决定劳动力素质的重要要素，经济条件相对发达地区，如榆林和渭南地区，教育投入对农村金融发展区域差异的形成作用显著。实际上，长期以来，陕西农村经济发展落后，区域内高等教育水平十分发达，但是基础教育一直受经济水平影响，教育支付能力弱，教育经费不足，再加上山岭地区和高原地区自然条件差，农民无法承担教育费用的问题相对突出，导致区域间的教育投入相差较大，区域间教育质量和水平十分不平衡。

国家提出的"由地方政府负责、分级管理、以县为主"的农村教育投入体制将农民和乡镇政府对义务教育的财政责任转移到县级政府，由县级政府统筹教育资金，这一体制改革虽然解决了农村义务教育的主要矛盾，但是根本性的矛盾仍未解决，大部分县级财政紧张，导致用于农村义务教育的资金比重十分小，而中央财政的投入更是杯水车薪，致使农村义务教育资金来源仍旧缺乏保障。因此，农村义务教育的投入应该转由中央和省级财政承担，而非财政紧缩的县级财政负担，从而保障农村义务教育投入，缩小区域间基础教育的差异。此外，要大力发展职业教育，我国对职业教育不够重视，尤其是西部地区，职业教育的水平较低，农民再培训课程较少，应重视区域内农民的职业技能培训，缩小主要劳动力的区域差异，进一步缩小区域农村金融发展差异。

8.2.4　实现农村商品和金融交易效率的区域均衡

农村商品交易效率和金融交易效率对农村金融发展区域差异的产生具

有重要作用。因此，要优化农村商品市场和金融市场的交易效率，降低市场交易成本，提高交易效率，来推进农村金融的快速发展。

首先，陕西"十二五"及今后的发展规划中，提出要进一步发展"村村通"工程，要保证各区域交通、通信、网络等基础设施必须投入到位，促进区域信息畅通，完善农村地区的基础设施。其次是加快完善农村交易市场，要建立完备的农村商品市场、农产品市场、农资交易市场等，这不仅有利于区域内农产品的销售，还能够及时获得市场信息。再次是要加强市场法制建设，随着社会分工和社会活动范围的不断扩大，违约等情况屡见不鲜，为保障商品与金融交易的平台能够建立并持续发展，提高市场交易效率，市场法制建设是十分必要的。最后是加强经济主体的金融意识，培育金融人格。农村非正规金融组织在陕西十分普遍，其经营方式灵活，是潜在的重要金融创新主体，但长期处于金融监管范围内，必须要加强对农村经济主体的交易，培养其在金融市场的行为准则，避免普通群众受到不法分子利用，以非法集资的形式聚集大量资金，危害农村金融市场秩序。

8.3 促进陕西农村金融与农村经济协调发展

已有研究表明，金融与经济间的关系应是相互影响、相互促进的。陕西的研究结果显示出农村经济主体对金融服务的潜在需求十分巨大，农村金融对农村经济的作用还未充分发挥，农村金融体系效率低下的问题依然突出。陕西经济与金融之间协同互动的关系尚未形成，主要表现为：农村经济主体金融需求难以得到满足，农村金融发展滞后于农村经济需要，与此同时，农村金融发展主要依赖政府外部力量的推动完成的，基于经济系统动力的作用相对较小，即农村金融缺乏农村经济的支撑。农村金融与经济难以互动，难以形成可持续发展经济金融发展道路，不仅会致使农村金融发展缓慢，政府推动成本过高，还会影响促进农村经济作用的发挥。农村金融与农村经济所谓的协调发展，是在农村金融与农村实体经济系统内部组成要素、结构和总量分别相适应的基础上，实现农村经济与农村金融互动共生，协同发展的系统研究过程（熊德平，2009）。在这一系统演化过程中，必须要充分考虑经济金融系统的各方主体及其相互联系，通过市场"看不见的手"和政府"看得见的手"充分调动各主体的积极性，确保各经济主体间目标一致。

首先农村金融与经济市场方面，要充分利用市场运作原则，形成完善的、相对独立的农村金融经济市场，市场内各要素能够按照市场交易成本自动结合，促进金融经济主体实现自我发展，这一过程中，必须要考虑到市场制度的问题，即所有要素的市场运行必须在法律和道德规制的范围内，按照合理的市场规则运行，以防止农村经济金融主体为了各自的利益，进行违法经营，扰乱市场秩序，危害社会发展。当前陕西农村非正规金融活动十分活跃，在无政府管制下，似乎形成了农村经济主体与金融主体的自主结合，但这完全依赖于血缘、地缘，地域性特征十分明显，难以进行区域间的交易合作。

其次是发挥政府的调控作用。按照市场规则来运行农村金融市场和经济市场，政府的主要功能就在于解决市场失灵的问题，如农村道路、信息、市场场所等公共品或准公共品的提供。根据经济目标的需要，运用经济和行政的手段给予一定的引导，但是绝不能过度干预，经济政策或产业政策的制定必须要反复论证，不能由单独部门完成，避免经济政策或者产业政策受主要领导一时热情作用，而与市场经济和社会条件实际不符，浪费大量的人力、物力、财力，不仅影响农村经济的发展，还导致农村金融发展受阻。因此在政府调控过程中，必须要优化政府的治理结构，对政府部门和政府人员的行为进行规范，要加强分层治理结构的建立，使县、市、省的经济目标相对一致，减少委托代理的层次，提高政府决策部门的治理能力（熊德平，2009）。

最后是充分发挥农村社会经济组织的力量。基层村组织、农民专业合作组织等多类型的农村社会经济组织根植于农村地区，组织的负责人对区域内的各经济主体信息掌握十分详尽，如果农村金融发展的模式发展为"农村正规金融组织＋农村社会经济组织"，不仅可以避免正规金融机构无法获取到借贷者的信息而逆向选择，还可以获悉借贷者的真实借贷需求，避免道德风险问题，而且正规金融机构的资金实力较强，覆盖范围广，能够实现区域间的资金信息流通，对于农村金融市场的快速有序发展十分重要。与此同时，农民专业合作组织或者基层组织作为农村改革深化过程中的新生事物，能够有效地联结农户、商品和农资市场，有利于解决农户销售困难以及方便获取市场信息，在促进农民增收、农业增效以及农业经济发展方面发挥着重要作用。自2003年开始，陕西省依托建立农民专业合作组织试点的契机，由财政部、农业部和省财政厅设立专项资金，扶持发展优势的农民专业合作社，截至2011年底，陕西省农民专业合作社达13 479家，合作社成员数达到75.6万户，占全省农户数的10.5%，积极带动区域产业发展。因此，发挥农民专业合作组织的优势，同时引导农村资金投资和政府产业发展方向。由此可见，陕西农村经济与金融的协调，形成以农民专业合作组织为纽带，狭义范围内联结农户和市场，推动产业发展，促进农民增收，在更广的范围内联结资金和政府，不仅可以有效解决农村正规金融机构资金投放，促进农村经济发展，也是政府能够运用经济手段给予扶持的。形成"农村金融市场＋农民专业合作组织＋政府"的协调发展模式，不仅能够推动农村经济金融的快速发展，还有利于农村经济与金融的互动共生，协同发展。

8.4 本章小结

现阶段陕西农村正规金融发展区域差异呈现异化特征，但在欠发达地区这一现象是正常的，也是合理的，区域间正规金融区域差异的收敛是农村正规金融发展低水平均衡的体现，无益于农村经济增长。整体而言，陕西农村正规金融发展水平较低，现阶段的主要任务是在提高农村正规金融发展水平的前提下，以实现区域内的农村正规金融供需主体的均衡。需要进一步放开农村金融市场门槛，建立多层次、有竞争性的农村正规金融体系，以探索适宜的、具有可推广、易复制特征的农村担保产品为主要手段，实现农村正规供给主体与农村金融需求主体有效对接，通过调控决定农村正规金融发展区域差异的要素，最终形成农村金融与农村经济的协调发展，实现农村供需主体的均衡，但是这一均衡必须是动态连续的均衡，是在系统内部动力和外部动力的共同作用下，不断打破农村金融市场旧的均衡，不断以满足日益增长的金融需求为主要任务，以推动农村经济增长为根本目的来形成新的均衡，最终在实现区域内"小均衡"的过程中实现区域间的"大均衡"。

9 结 论

本书通过选取具有典型区域特征的欠发达地区——陕西农村正规金融发展的区域差异为对象，运用实地调查和典型调查的方法，获得了十分翔实的数据资料，为本书的完成奠定了基础。

从区域间和县域内两个层面对陕西农村正规金融发展区域差异的表现、原因、变动趋势以及合理性等方面进行分析，主要形成以下研究结论：

1. 提出基于农村金融需求视角的农村金融发展观。以农村经济主体金融需求为出发点，构建了决定农村金融发展要素的理论框架，认为农村金融发展是在系统内要素（农村经济主体的金融需求、农村正规金融供给主体产品和服务供给能力、创新能力）不断演化和外部动力（农村经济发展水平、政府行为以及农村金融生态环境）的推动下，系统不断发展演化的过程。基于这些要素衍生出决定农村金融发展区域差异的理论模型，认为农村金融发展区域差异是外生机制（制度要素和区域固有要素等）和内生机制（农村经济水平和创新能力）共同作用的结果。

2. 构建涵盖数量和质量的农村正规金融衡量指标体系，运用统计分析方法、基尼系数、对数离差均值和泰尔指数对陕西农村正规金融区域间（各市间）和区域内（县域间）绝对差异和相对差异进行分析，结果显示陕西农村正规金融发展水平相对较低，但农村正规金融区域差异开始异化，形成了发展规模和发展水平从北到南依次下降，发展速度"两头高、中间低"的格局。农村正规金融发展区域差异分解结果显示，区域差异80%以上是由县域间差异引起的。此外，陕西农村正规金融支农绩效的区域特征十分明显，渭南最高，榆林最低，充分暴露出资源发展型地区经济转型过程中的薄弱环节，社会资本未能获得最优配置。

3. 以农村金融发展决定方程为基础，运用夏普里值分解方法对陕西农村正规金融发展总体和县域间区域差异的原因进行了分解，结果显示区域固有要素，尤其是劳动力资源和土地资源的差异是造成农村正规金融发展区域差异最为重要的原因，这一结论进一步验证了决定区域经济发展差异的要素同样决定农村金融发展的区域差异，即金融发展的区域差异取决于经济系统内生要素的差异。

4. 陕西正规金融发展区域差异呈现"U"形特征，短期内区域差异会呈加速异化，在区域固有要素、经济、教育、创新能力以及政策干预等要素作用下，长期可能会出现趋同现象。收敛性检验结果显示，陕西整体不具有收敛性，榆林呈现出扩散状态，商洛地区存在阶段收敛特征，渭南不论整体还是分阶段都呈现收敛特征。

5. 基于陕西农村经济金融发展相对落后的背景，从农村经济主体金融需求的满足度以及与农村经济增长的匹配性等角度对陕西农村正规金融发展区域差异存在的合理性进行判断，通过对不同地区满足度的测算和格兰杰因果检验分析，认为现阶段陕西农村正规金融发展区域差异不断扩大是农村经济金融发展过程中的正常现象，具有一定的合理性。农村正规金融发展区域差异扩大的地区，区域差异并未影响到农村正规金融发展满足日益增长的农业金融需求，也未出现制约农村经济增长的现象；相反在出现收敛特征的渭南地区，不仅难以满足日益增长的金融需求，而且农村正规金融发展对经济增长的作用也具有一定的阶段性，由此判断出欠发达地区农村正规金融发展出现收敛应该是农村正规金融发展低水平均衡的体现，并不利于农村经济增长和农村金融发展。值得注意的是，现阶段榆林地区农村正规金融发展开始呈现经济拉动特征，对资源依赖程度较大，农业产业发展相对迟缓，长期来看，如果涉农产业化和产业结构调整长期滞后，可能会不利于农村正规金融的长期发展。

6. 从全国和区域的微观层次数据分析显示，农户借贷途径、借贷规模等存在区域差异，非正规金融在借贷方面具有独特优势，二者初步形成合作竞争关系。

7. 基于以上研究结论，本书提出现阶段欠发达农村正规金融的区域均衡应该以提高农村正规金融发展水平为出发点，从区域固有要素、发展特色经济、加大教育投入、优化市场环境等角度协调农村经济发展，实现区域间（县域间）农村金融主体供需均衡。

由于时间和精力有限，本书仍然存在一定的不足。对陕西农村正规金融支农绩效区域差异的原因并未采用定量方法进行分析，有待进一步研究。

参考文献

[1] 艾洪德等. 我国区域金融发展与区域经济增长关系的实证研究 [J]. 财经问题研究, 2004 (7): 26~32.

[2] 安翔. 我国农村金融发展与农村经济增长的相关分析 [J]. 经济问题, 2005 (10): 49~51.

[3] 巴曙松. 转轨经济中的非均衡区域金融格局与中国金融运行 [J]. 改革与战略, 1998 (4): 21~27.

[4] 查奇芬, 王亚娜. 金融发展与经济增长区域差异研究 [J]. 商业研究, 2009 (4): 179~182.

[5] 陈刚等. 我国金融发展与经济增长关系的区域差异分析——兼论分税制改革对金融发展与经济增长关系的影响 [J]. 金融论坛, 2006 (7): 17~22.

[6] 陈亮, 杨静. 中国区域金融发展问题的研究进展与评述 [J]. 经济学动态, 2005 (8): 30~42.

[7] 陈灵, 徐云松. 西部大开发中的金融支持与区域经济增长——基于西部地区省际面板数据的经验分析 [J]. 贵州大学学报 (社会科学版), 2011 (9): 39~47.

[8] 陈时兴. 农村地方金融结构、地方政府行为与支农绩效 [J]. 数量技术经济研究, 2009 (3): 81~90, 105.

[9] 陈锡文. 资源配置与中国农村发展 [J]. 中国农村经济, 2004 (1): 23~35.

[10] 辞海编辑委员会. 辞海 [M]. 上海: 上海辞书出版社, 1980: 8.

[11] 邓淇中, 张晟嘉. 区域金融发展规模、结构、效率与经济增长关系的动态分析 [J]. 统计与信息论坛, 2012 (1): 43~48.

[12] 邓向荣等. 金融开放背景下我国区域金融发展的收敛性与差异分析——基于参数和非参数的估计 [J]. 现代财经, 2012 (1): 27~35.

[13] 邓向荣, 杨彩丽. 极化理论视角下我国金融发展的区域比较

〔J〕．金融研究，2011（3）：86～96．

　　〔14〕丁忠民．中国农村金融市场成长机制与模式研究〔D〕．重庆：西南大学，2008．

　　〔15〕杜博等．区域金融发展和经济增长差异的互动研究——以甘肃省为例〔J〕．改革与战略，2009（3）：115～117．

　　〔16〕杜育红，孙志军．中国欠发达地区的教育、收入与劳动力市场经历——基于内蒙古赤峰市城镇地区的研究〔J〕．管理世界，2003（9）：68～88．

　　〔17〕范学俊．金融体系与经济增长：来自中国的实证检验〔J〕．金融研究，2006（3）：57～66．

　　〔18〕高波．陕北资源富集地区经济发展的金融支持研究〔D〕．西北农林科技大学，2008．

　　〔19〕高波，罗剑朝．资源富集地区经济发展的金融策略——基于榆林、延安和鄂尔多斯三市的实证分析〔J〕．金融研究，2008（9）：198～206．

　　〔20〕高铁梅．计量经济分析方法与建模：EViews 应用及实例〔M〕．北京：清华大学出版社，2006：319～332．

　　〔21〕高沛星，王修华．中国农村金融排斥的区域差异与影响因素——基于省际数据的实证分析〔J〕．农业经济问题，2011（4）：93～102．

　　〔22〕高新才，李阳．我国农村金融发展的区域差异与政策分析〔J〕．现代经济探讨，2008（3）：45～48．

　　〔23〕古学彬等．广东区域金融发展差异研究——基于珠三角与粤西地区比较〔J〕．南方金融，2009（4）：63～65．

　　〔24〕郭金龙，王宏伟．中国区域间资本流动与区域经济差距研究〔J〕．管理世界，2003（7）：34～41．

　　〔25〕韩俊才等．金融发展与经济增长的关系——基于中国东、中、西部六省市的实证分析〔J〕．统计与决策，2006（5）：78～81．

　　〔26〕何广文等．把握农村金融需求特点、完善农村金融体系〔J〕．中国金融，2003（11）：14～16．

　　〔27〕胡鞍钢，邹平．社会与发展：中国社会发展地区差距研究〔M〕．杭州：浙江人民出版社，2000：79～81．

　　〔28〕胡文莲．陕西金融支持"三农"发展研究〔D〕．西北农林科技

大学，2009.

［29］胡世华．农村非正规金融发展问题研究［D］．重庆：西南大学，2007.

［30］黄桂良．广东区域金融发展差异的度量与分析［J］．南方金融，2009（12）：87～90.

［31］黄砚玲等．中国区域金融发展收敛性的空间经济计量研究——来自浙江省67个县市区［J］．上海经济研究，2010（4）：65～71.

［32］黄祖辉等．贫困地区农户正规信贷市场低参与程度的经验解释［J］．经济研究，2009（4）：116～128.

［33］金雪军，田霖．金融地理学视角下区域金融成长差异的案例研究［J］．河南师范大学学报（哲学社会科学版），2004（2）：35～42.

［34］金雪军，田霖．我国区域金融成长差异的态势：1978—2003年［J］．经济理论与经济管理，2004（8）：25～29.

［35］雷蒙德·W. 戈德史密斯．周硕等译．金融结构与金融发展［M］．上海：上海三联书店，上海人民出版社，1996：23～35.

［36］黎翠梅．农村金融发展对农村经济增长影响的区域差异分析——基于东、中、西部地区面板数据的实证研究［J］．湘潭大学学报，2009（5）：75～79.

［37］李刚．农村金融深化对农村经济增长的相关性分析［J］．财经科学，2005（4）：123～128.

［38］李江，冯涛．转轨时期金融组织成长与经济绩效的关联性——区域差异的考察与分析［J］．数量经济技术经济研究，2004（10）：15～18.

［39］李敬．中国区域金融发展差异研究［D］．重庆：重庆大学，2007.

［40］李敬等．中国区域金融发展差异的解释——基于劳动分工理论与Shapley值分解方法［J］．经济研究，2007（5）：42～54.

［41］李敬，冉光和．中国区域金融发展差异调控：模型、范式与政策［J］．开发研究，2008（2）：26～30.

［42］李克．中国区域经济适度差距及系统优化研究［J］．北京大学学报（哲学社会科学版），2001（5）：120～124.

［43］李林等．金融集聚对区域经济增长溢出作用的空间计量分析

[J]．金融研究，2011（5）：113~123.

[44] 李锐，李宁辉．农户借贷行为及其福利效果分析［J］．经济研究，2004（12）：96~104.

[45] 李喜梅．基于分形理论的中国农村金融区域差异考察［J］．求索，2009（9）：62~63.

[46] 李一芝，李艳芳．农村财政金融［M］．北京：中国金融出版社，2004：125.

[47] 李钊，王舒健．金融聚集理论与中国区域金融发展差异的聚类分析［J］．金融理论与实践，2009（2）：40~44.

[48] 梁琪，滕建州．中国宏观经济和金融总量结构变化及因果关系研究［J］．经济研究，2006（1）：72~78.

[49] 梁宇峰．资本流动与东西部差距［J］．上海经济研究，1997（11）：28~31.

[50] 林毅夫．金融改革与农村经济发展［J］．北京大学经济研究中心讨论稿，2003：35~55.

[51] 刘鸿儒．简明金融词典［M］．北京：改革出版社，1996：32.

[52] 刘仁武．构建多层次的农村金融体系［J］．金融论坛，2006（1）：37.

[53] 刘亦文，胡宗义．区域金融资源差异对经济发展的影响［J］．经济地理，2010（4）：624~627.

[54] 刘有全．我国农村金融体系研究［D］．西北农林科技大学，2008.

[55] 龙超，张金昌．我国区域金融发展的收敛性差异分析［J］．统计与决策，2010（22）：115~117.

[56] 楼裕胜．农村金融与非正规金融对农村经济增长影响的比较研究［J］．中南大学学报，2009（4）：235~241.

[57] 陆文喜，李国平．中国区域金融发展的收敛性分析［J］．数量经济技术经济研究，2004（2）：125~128.

[58] 罗伯特·莫顿．欧阳颖等译．金融学［M］．北京：中国人民大学出版社，2000：4.

[59] 罗剑朝．中国农地金融制度研究［M］．北京：中国农业出版

社，2005：3.

［60］罗纳德·麦金农，陈昕，卢骢译．经济发展中的货币与资本［M］．上海：上海三联书店，1997.

［61］马艳秀．我国农村区域经济发展差异影响因子探析［J］．中国县镇企业会计，2010（11）：14～19.

［62］迈克尔·迪屈奇．王铁生译．交易成本经济学：关于公司的新的意义［M］．北京：经济科学出版社，1999：21.

［63］麦勇．自由化进程中的中国区域金融比较研究［M］．北京：中国经济出版社，2005：12～17.

［64］米建国，李建伟．金融发展与经济增长关系实证分析［J］．管理世界，2002（4）：15～23.

［65］木佳．农村金融体制改革应立足为农［N］．中华工商时报，2004－3－11.

［66］潘峰．论适度差距［J］．理论探索，1996（4）：12～16.

［67］潘文卿，张伟．中国资本配置效率与金融发展相关性研究［J］．管理世界，2003（8）：45～56.

［68］冉光和等．农村金融与农村经济发展不协调的制度分析［J］．经济体制改革，2006（3）：17～23.

［69］冉光和等．中国金融发展与经济增长关系的区域差异——基于东部和西部面板数据的检验和分析［J］．中国软科学，2006（2）：102～110.

［70］冉光和，张金鑫．农村金融发展与农村经济增长的实证研究——以山东为例［J］．农业经济问题，2008（6）：47～51.

［71］任红艳．中国城镇居民收入差距适度性研究［D］．北京：首都经贸大学，2006.

［72］陕西财政厅，陕西农业厅．陕西省关于财政支持农民专业合作经济组织发展的意见．http：//www.ccfc.zju.edu.cn/a/zhengcefagui/2010/0310/469.html［2012－03－05］.

［73］陕西省农村信用社联合社，西北农林科技大学农村金融研究所［J］．陕西省农村合作金融机构中长期发展规划研究（2009—2020年）2009：17.

［74］审计署．重塑农村义务教育投入体制的几点思考审计署网站．
http：//finance. sina. com. cn［2011－02－19］.

［75］宋金奇．金融发展差异与我国经济增长区域非对称性［J］．工业技术经济，2009（4）：129～132.

［76］孙国锋，高艳春．金融发展对经济增长作用的区域差异——来自苏南、苏中、苏北的实证分析［J］．商业研究，2007（8）：111～114.

［77］谈儒勇．中国金融发展和经济增长关系的实证研究［J］．经济研究，1999（10）：53～61.

［78］谭力铭，曹建珍．我国农村金融发展区域差异及其收敛性分析［J］．企业家天地（理论版），2011（6）：60～61.

［79］谭政勋．居民储蓄存款变化影响因素分析［J］．商业时代，2006（18）：70～71.

［80］唐旭．货币资金流动与区域经济发展［D］．北京：中国人民银行研究生部，1995.

［81］陶应虎．农村居民收入区域差异及其影响因素研究——以江苏省为例［D］．南京：南京农业大学，2008.

［82］田菁．中国区域金融发展：差异、特点及政策研究［J］．财经问题研究，2011（2）：64～70.

［83］田霖．中国区域金融成长差异——基于金融地理学视角［M］．北京：经济科学出版社，2006：213.

［84］外国农业金融编写组．外国农业金融［M］．北京：中国金融出版社，1988：18.

［85］万广华．解释中国农村区域间的收入不平等：一种基于回归方程的分解方法［J］．经济研究，2004（8）：75～86.

［86］万广华等．全球化与地区间收入差距：来自中国的证据［J］．中国社会科学，2005（3）：78～86.

［87］王景武．金融发展与经济增长：基于中国区域金融发展的实证分析［J］．财贸经济，2005（10）：23～26.

［88］王景武．中国区域金融发展与政府行为：理论与实证［M］．北京：中国金融出版社，2007：114.

［89］王磊玲，罗剑朝．农村金融支农效率研究——以陕西为例［J］.

世界农业（学术版），2009（5）：27~28.

[90] 王磊玲，罗剑朝. 农户借贷需求调查与分析：以陕西省为例 [J]. 开发研究，2012（1）：77-81.

[91] 王小鲁，樊纲. 中国地区差距的变动趋势和影响因素 [J]. 经济研究，2004（1）：49~58.

[92] 王旭红. 我国农村金融发展与农村经济增长关系研究 [D]. 长沙：湖南大学，2007.

[93] 汪兴隆. 货币资金区域配置失衡的考察及其调整 [J]. 财经研究，2000（6）：34~39.

[94] 魏后凯，陈栋生. 中西部地区工业化战略与政策研究 [J]. 经济研究参考，2000（2）：21~29.

[95] 温铁军. 农村合作基金会的兴衰史（1984—1999）[J]. 中国老区建设，2009（9）：17~19.

[96] 温铁军. 农户信用与民间借贷研究：农户信用与民间借贷课题主报告. http：//www. zgmjjdw. com/ho/liuchen＿detail. asp？newsid = 20257&sort = 20 [2011-10-22].

[97] 伍海华. 金融区域二元结构及发展对策 [J]. 经济理论与经济管理，2002（4）：15~21.

[98] 吴雨，刘琳. 项俊波：农村金融面临四大问题. http：//news. xinhuanet. com/fortune/2010/05/30/c＿12158999. htm [2010-06-26].

[99] 谢平. 中国金融资产结构分析 [J]. 经济研究，1992（11）：19~27.

[100] 谢平，徐忠. 公共财政、金融支农与农村金融改革——基于贵州省及其样本县的调查分析 [J]. 经济研究，2006（4）：106~113.

[101] 熊德平. 农村金融与农村金融发展基于交易视角的概念重构 [J]. 宁波大学学报（人文科学版），2007（2）：5~11.

[102] 熊德平. 农村金融与农村经济协调发展研究 [M]. 北京：社会科学文献出版社，2009：66~80.

[103] 休·T. 帕特里克. 郭大力，王亚南译. 欠发达国家的金融发展和经济增长 [M]. 北京：商务印书馆，1966：87.

［104］亚当·斯密. 郭大力，王亚南译. 国民财富的性质和原因的研究［M］. 北京：商务印书馆，1972：135.

［105］严武军. 中国区域金融发展水平差异分析［J］. 云南财经大学学报，2011（4）：69～72.

［106］杨帆，马艳红. 农村经济增长中正规金融支持的效果分析［J］. 农业经济问题，2009（7）：54～58.

［107］杨国中，李木祥. 我国信贷资金的非均衡流动与差异性金融政策实施的研究［J］. 金融研究，2004（9）：72～84.

［108］杨胜刚，朱红. 中部塌陷、金融弱化与中部崛起的金融支持［J］. 经济研究，2007（5）：55～67，77.

［109］科斯，阿尔钦，诺斯. 刘守英等译，财产权利与制度变迁——产权学派与新制约学派译文集［M］. 上海：上海人民出版社，1994：23～27.

［110］姚耀军. 非正规金融发展的区域差异及其经济增长效应［J］. 财经研究，2009（12）：129～139.

［111］衣明卉. 农户正规融资需求满足度及其影响因素研究［D］. 西北农林科技大学，2011.

［112］易纲. 中国金融资产结构分析及政策含义［J］. 经济研究，1996（12）：24～29.

［113］殷德生，肖顺喜. 体制转轨中的区域金融研究［M］. 上海：学林出版社，2000：27.

［114］尹宗成，丁日佳. 中国区域金融发展水平与区域经济差异的协整检验［J］. 广东金融学院学报，2008（5）：92～99.

［115］元莉华. 陕西2011年底合作社达13479家. http：//www. ccfc. zju. edu. cn/a/shujucaiji/20120105/8882. html［2012 - 03 - 10］.

［116］约翰伊特韦尔等. 新帕尔格雷夫经济学大辞典第2卷［M］. 第三版次. 北京：经济科学出版社，1992：34.

［117］曾国平等. 财政农业支出、农村金融发展与中国农村经济增长的VAR动态效应分析［J］. 统计与决策，2009（10）：112～114.

［118］曾康霖. 要注重研究区域金融［J］. 财经科学，1995（4）：25～34.

［119］张杰. 中国的高货化之谜［J］. 经济研究，2006（6）：18～27.

［120］张杰.中国农村金融制度调整的绩效：金融需求视角［M］.北京：中国人民大学出版社，2007：2～9.

［121］张俊生，曾亚敏.社会资本与区域金融发展——基于中国省际数据的实证研究［J］.财经研究，2005（4）：17～27.

［122］张珂等.中国金融发展与经济增长阈效应研究——来自中国各省市平行数据的经验证据［J］.上海经济，2009（10）：11～16.

［123］赵伟，马瑞永.中国区域金融发展的收敛性、成因及政策建议［J］.中国软科学，2006（2）：94～101.

［124］赵志君.金融资产总量、结构与经济增长［J］.管理世界，2001（3）：78～89.

［125］郑长德.当代西方区域金融研究的演进及其对我国区域金融研究的启示［J］.西南民族大学学报（人文社科版），2005（11）：151～158.

［126］郑长德.中国金融发展地区差异的泰尔指数分解及其形成因素分析［J］.财经理论与实践，2008（7）：7～12.

［127］中国人民银行西安分行货币政策分析小组.2011区域金融运行报告，2011（2）：10.

［128］周波.金融发展与和经济增长：来自中国的实证检验［J］.财经问题研究，2007（2）：47～53.

［129］周才云.农村金融发展与农村经济增长关系的统计检验［J］.统计与决策，2010（15）：125～127.

［130］周立.中国各地区金融发展与经济增长（1978—2002）［M］.北京：清华大学出版社，2004：32.

［131］周立，胡鞍钢.中国金融发展的地区差距分析：1978—1999［J］.清华大学学报（哲学社会科学版），2002（2）：60～74.

［132］周立，王子明.中国各地区金融发展与经济增长实证分析：1978—2000［J］.金融研究，2002（10）：1～3.

［133］周孟亮.我国区域金融差异下货币政策传导机制效应研究［D］.广州：暨南大学，2006.

［134］朱新天，詹静.关于区域经济与区域金融问题的探讨［J］.金融研究，1993（9）：12～25.

［135］邹帆，李明贤．农村金融学［M］．北京：中国农业出版社，2006：2．

［136］桂又华，贾健，徐展峰．农村居民储蓄模型实证研究［J］．金融研究，2006（5）：121～129．

［137］贺莎莎．农户借贷行为及其影响因素分析——以湖南省花岩溪村为例［J］．中国农村观察，2008（1）：39～50．

［138］黄祖辉，刘西川，程恩江．中国农户的信贷需求生产性抑或消费性——方法比较与实证分析［J］．管理世界，2007（3）：73～80．

［139］李锐，项海容．基于两期生命周期模型的农户金融行为的计量分析［J］．管理世界，2006（9）：33～37．

［140］张杰．中国农村金融制度调整的绩效：金融需求视角［M］．北京：中国人民大学出版社，2007．

［141］谢琼．农村金融：体制突破与机制改进［D］．武汉：华中农业大学，2009．

［142］朱守银，张照新，张海阳，汪承先．中国农村金融市场供给和需求——以传统农区为例［J］．管理世界，2003（4）：88～95．

［143］谢平．中国个人储蓄行为分析（上）［J］．金融研究，1993（8）：23～27．

［144］谢平．中国个人储蓄行为分析（下）［J］．金融研究，1993（9）：17～24，11．

［145］曹和平．制度缺失与储蓄替代——中国农户防卫性储蓄机制的行为发现与理论检验［J］．北京大学学报（哲学社会科学版），2002（9）：10～16．

［146］龙志和，周浩明．中国城镇居民预防性储蓄实证研究［J］．经济研究，2000（11）：33～38．

［147］李扬，殷剑峰．中国高储蓄率问题探究——1992—2003年中国资金流量表的分析［J］．经济研究，2007（6）：14～26．

［148］阮锋儿，罗剑朝．农户消费、生产性投资与正规金融借贷关系及实证研究［J］．农业技术经济，2006（5）：21～27．

［149］孙凤．预防性储蓄理论与中国居民消费行为［J］．南开经济研究，2001（1）：53～58．

［150］万广华，史清华，汤树梅．转型经济中农户储蓄行为：中国农村的实证研究［J］．经济研究，2003（5）：3～12.

［151］王弟海，龚六堂．增长经济中的消费和储蓄——兼论中国高储蓄率的原因［J］．金融研究，2007（12）：1～16.

［152］王小鲁．收入差距过大：储蓄过度消费不足的内在原因［J］．开放导报，2007（5）：17～21.

［153］熊学萍，阮红新，易法海．农户金融行为、融资需求及其融资制度需求指向研究——基于湖北省天门市的农户调查［J］．金融研究，2007（8）：167～181.

［154］杨凌，陈学彬．我国居民家庭生命周期消费储蓄行为动态模拟研究［J］．复旦学报（社会科学版），2006（6）：14～21.

［155］钟笑寒，汤荔．农村金融机构收缩的经济影响：对中国的实证研究［J］，经济评论，2005（1）：107～115.

［156］韩俊等．中国农村金融调查［M］．上海：上海远东出版社，2007.

［157］何广文．从农村居民资金借贷行为看农村金融抑制与金融深化［J］．中国农村经济，1999（10）：42～48.

［158］李锐，李宁辉．农户借贷行为及其福利效果分析［J］．经济研究，2004（12）：96～104.

［159］周立，王子明．中国各地区金融发展与经济增长实证分析：1978—2000［J］．金融研究，2002（10）：1～13.

［160］冉光和，李敬，熊德平，温涛．中国金融发展与经济增长关系的区域差异［J］．中国软科学，2006（2）：102～110.

［161］艾洪德等．我国区域金融发展与区域经济增长关系的实证研究［J］．财经问题研究，2004（7）：26～32.

［162］张珂，严丹，傅勇．中国金融发展与经济增长阈效应研究——来自中国各省市平行数据的经验证据［J］．上海经济，2009（10）：11～16.

［163］杨胜刚，朱红．中部塌陷、金融弱化与中部崛起的金融支持［J］．经济研究，2007（5）：55～67，77.

［164］陈时兴．农村地方金融结构、地方政府行为与支农绩效［J］．数量技术经济研究，2009（3）：81～90，105.

［165］温铁军. 农户信用与民间借贷研究: 农户信用与民间借贷课题主报告 ［EB/OL］. 中经网 50 人论坛, 2001 - 06 - 07.

［166］李锐, 项海容. 基于两期生命周期模型的农户金融行为的计量分析 ［J］. 管理世界, 2006 (9).

［167］Acs, Z., Audretsch, D., Braunerhjelm, P. and Carlsson, B. 2004. The Missing Link: the Knowledge Filter and Entrepreneurship in Endogenous Growth. CEPR Discussion Paper: 4783.

［168］Arestis, P., Demetriades, P.. 1999. Financial development and economic growth: assessing the evidence. Economic Journal, 107: 783 - 799.

［169］Atje, R., Jovanovic, B. 1997. Stock market and development. European Economic Review, 37: 623 - 640.

［170］Badi H. Baltagi. 2005. Econometrics. New York: Springer Heidelberg Dordrech: 32.

［171］Barro, Robert J., Sala - I - Martin, Xavier.. 1992. Convergence. Journal of Political Economy, Vol. 100: 223 - 251.

［172］Bartelsmann, E, S. Scarpetta and Schivardi, F. 2005. Comparative Analysis of Firm Demographics and Survival: Micro - level Evidence for the OECD countries. Industrial and Corporate Change, Vol. 14, 365 - 391.

［173］Bencivenga, V. R., B. D. Smith. 1991. Financial Intermediation and Endogenous Growth. Review of Economic Studies, 58: 195 - 209.

［174］Bernanke, B. and A. Blinder. 1988. Credit, money, and aggregate demand. American Economic Review Papers and Proceedings , 78: 435 - 439.

［175］Binder, John J. and David T. Brown. 1991. Bank Rates of Return and Entry Restrictions, 1 - 869 - 1914. The Journal of Economic History, Vol. 51: 47 - 66.

［176］Blinder, Alan S. 1973. Wage Discrimination: Reduced form and Structural Estimates. Journal of Human Resources, 8: 436 - 455.

［177］Bodenhorn, Howard, and Hugh Rockoff. 1992. Regional Interest Rates in 137 Antebellum America. In Strategic factors in nineteenth century American Economic History: A Volume to Honor Robert W. Fogel, eds. Claudia Goldin and Hugh Rockoff. Chicago and London: University of Chicago Press, A

National Bureau of Economic Research Conference Report, 159 – 187.

[178] Bodenhorn, Howard. 1992. Capital Mobility and Financial Integration in Antebellum America. The Journal of Economic History, Vol. 52 (3): 585 – 610.

[179] Boucher Steve, Guirkinger Catherine . Risk, wealth and sectoral choice in rural credit market. Volume 89, Number 4, Nov. 2007, pp. 991 – 1004.

[180] Bourguignon, etal. 2001. Fast development with a stable Income Distribution: Taiwan, 1979 – 1994. Review of Income and wealth, 47: 139 – 163.

[181] Breitung, L. 1999. The Local Power of Some Unit Root Tests for Panel Data. Discussion Paper. Humboldt University Berlin: 25.

[182] Carlino, G. and R. DeFina. 1998. The differential regional effects of monetary policy", Review of Economics and Statistics, 80: 18 – 27.

[183] Carlino, G. and R. DeFina. 1999. The differential regional effects of monetary policy: Evidence from the U. S. Journal of Regional Science, 25 – 39.

[184] Carty, Lea V. 1996. Regional Interest Rate Premia in the American Railroad Bond Market from 1876 to 1890. Explorations in Economic History, 33: 440 – 458.

[185] Chase Econometric Associates INC. 1981. Rural impact of monetary policy. Agricultural Economic Research, 33: 1 – 11.

[186] Chen, B. L. , Lin, J. , Yang, X. . 1999. Empirical evidence for sequential divergence and convergence of per capita income. Discussion paper. Department of Economics, Monash University: 45.

[187] Cheng, W. , 1999. Division of labor, money and economic progress. Review of Development Economics, 3: 354 – 367.

[189] Cheng, W. , Liu, M. , Yang, X. . 2000. A Ricardo model with endogenous comparative advantage and endogenoustrade policy regime. Economic Record, 76: 172 – 182.

[190] Cheng, W. 1998. Specialization and the emergence and the value of money. Increasing Returns and Economic Analysis. Macmillan, London, 2: 71 – 89.

[191] Cheung, YW, and K. S. Lai. 1993. Finite Sample Sizes of Johansen's

Likelihood Ratio Tests for Cointegration, Oxford Bulletin of Economics and Statistics, 55: 313 – 32.

[192] Choi, I.. 2001. Unit Root Tests for Panel Data. Journal of International Money and Finance, 20: 249 – 272.

[193] Cingano, F. and Schivardi, F. 2004. Identifying the Sources of Local Productivity Growth, Journal of the European Economic Association, 2: 720 – 742.

[194] Clarida, R. , J. Gali, M. Gertler. 2000. Monetary Policy rules and macroeconomic stability: Evidence and some theory. Quarterly Journal of Economics, 115: 147 – 180.

[195] Clark, William, and Charlie Turner. 1985. International Trade and the Evolution of the American Capital Market, 18881911. The Journal of Economic History, Vol. 45, No. 2: 405 – 410.

[196] Darrat, A.. 1999. Are financial deepening and economic causally related? Another look at the evidence. International Economic Journal, 13: 19 – 35.

[197] Davis, E. P.. 1990. International financial centers – An industrial analysis. Discussion Paper, Bank of England: 106.

[198] De Gregorio. 1996. Borrow constraints, human capital accumulation, and growth. Journal of Monetary Economics, 37: 49 – 71.

[199] Deaton, Angus. 1997. The Analysis of Household Surveys. Johns Hopkins University Press: 315.

[200] Dencirgue Kunt , V. M. 2002. "Funding Growth in Bank – Based and Market Based Financial Systems: Evidence from Firm Level Data", World Bank Working Paper: 122.

[201] Dimitris K.. Christopoulos, Efthymios G. Tsionas. 2004. Financial development and economic growth: evidence from panel unit root and cointegration tests. Journal of Development Economics. 73, 55 – 74.

[202] DiNardo, John, Fortin, Nicole M. , Lemieux, Thomas. 1996. Labour Market Institutions and the Distribution of Wages, 1973 – 1992: A Semiparametric Approach. Econometrica, 64: 1001 – 1044.

［203］ Dixit, A. K. and J. E. Stiglitz. 1977. Monopolistic Competition and Optimum Product Diversity, American Economic Review, 67: 297 – 308.

［204］ Du, J.. 2003. Endogenous, efficient long – run cyclical unemployment, endogenous long – run growth, and division of labor. Review of Development Economics, 7: 266 – 278.

［205］ Dutta, B. , Mutuswami, S. . 1997. Stable networks. Journal of Economic Theory, 76: 322 – 344.

［206］ E. S. Shaw, John G. Gurley. 1960. Money in a Theory of Finance. Washington, D: Brookings Institution: 23.

［207］ E. S. Shaw. 1973. Financial Deepening in Economic Development. NewYork: Oxford University Press: 35.

［208］ Engle, R. F. and Granger, C. W. J. . 1987. Cointegration and Error Correction: Represetation. European Economic Review, 45: 665 – 679.

［209］ F. N. Okurut, et al. 2005. Credit Demand and Credit Rationing in the Informal Financial Sector in Uganda. South African Journal of Economics, 73: 31 – 45.

［210］ Fama, E. and French, K. 2001. Disappearing Dividends: Changing Firm Characteristics or Lower Propensity to Pay. Journal of Financial Economics, 60: 3 – 43.

［211］ Felix Rioja, Neven Valev. 2004. Does One Size Fit All? A Reexamination of the Finance and Growth Relationship. Journal of Development Economics, 74 (2): 429 – 447.

［212］ Fishkind, H. H. 1977. The regional impact of monetary policy: an economic simulation study of Indiana (1958 – 1973). Journal of Regional Science, 17: 77 – 88.

［213］ Gehrig, T. 2000. Cities and the Geography of Financial Centers. Cambridge University Press: 74 – 59.

［214］ Ghate, P. Informal Finance: Some Findings from Asia. Oxford University Press, Oxford. 1992.

［215］ Heckman, J. 2003. China's Investment in Human Capital. Economic Development and Cultural Change, 51: 795 – 804.

［216］Hugh Rockoff. 2004. Moetary Policy and Regional Interest Rates in the United States: 1880 – 2002. Nber Working Paper: w10924.

［217］Kabore Samuel Tambi . Effectiveness of credit targeting the poor: the case of rural microenterprises in Burkina Faso. Candian Journal of Development Studies – Revue Canadienne D Etudes Du Development. Volume 29 , Number Sp. Iss. SI, 2009 , pp. 215 – 233 .

［218］Katherine A. Samolyk. 1991. A regional perspective on the credit view. Economic Performance, Federal Reserve bank of Cleveland, 11: 27 – 38.

［219］Kellee S. Tsai. 2004. Imperfect Substitutes: The Local Political E-conomy of Informal Finance and Microfinance in Rural China and Indian. World Development, 9: 1487 – 1507.

［220］Magda Bianco, et al. 1997. Financial systems across developed eco-nomic: convergence or path dependence? Research in Economics, 51: 303 – 331.

［221］Michael Aliber. Informal finance in the Information Economy: Pro-moting Decent Work among the Working Poor. International Labour Office Work-ing Paper on the Informal Economy, 2002. www. ilo. org/pubilc/english/employ-ment/infeco/download/wp14. pdf.

［222］Moore and Joanne M. Hill. 1982. Intrerregional Arbitrage and the Sup-ply of Loanable Funds. Journal of Regional Science, Vol. 22, No. 4: 499 – 512.

［223］Patrick, H. T. 1966. Financial Development and Economic Growth in Underdeveloped Countries. Economic Development and Cultural Change, 14: 179 – 189.

［224］Pham Bao Duong, Yoichi Izumida. 2002. Rural Development Fi-nance in Vietnam: A Microeconometric Analysis of Household Surveys. World Development, 30 (2): 319 – 335.

［225］Ronald McKinnon. Money and Capital in Economic Development. Washington, D. C. : The Brookings Institution, 1973.

［226］Stiglitz J. , Weiss A. Credit Rationing in markets with Imperfect In-formation. American Economic Review, 1981, 71 (3): 393 – 419.

［227］Victor Murinde, Judaagung, Andy Mullineux. 2004. Patterns of cor-porate financing and financial system convergence in Europe. Review of International Economics, 12 (4): 693 – 705.

［228］ Yang, X. 1999. The Division of Labor, Investment, and Capital. Metroeconomica, 20: 301 – 324.

［229］ Zhao, Y.. 1997. Migration and Returns to Rural Education in China. American Journal of Agricultural Economics, 79: 1278 – 1287.

致　谢

本书是在我博士论文的基础上修改完成的，并获教育部 2011 年度"长江学者和创新团队发展计划"创新团队项目（项目名称：西部地区农村金融市场配置效率、供求均衡与产权抵押融资模式研究，2012.1—2014.12，项目编号：IRT1176）等资助得以出版。

时光如白驹过隙，十年光阴恍如昨日。2002 年踏上杨凌这片土地，如今博士研究生生活已终结，十年的学习生涯也已落幕。回想十年间，有过欢乐，有过悲伤，有所收获，也有所失去，向所有认识的人，衷心地说一句：谢谢！

首先要感谢的是导师罗剑朝教授，罗老师对学术孜孜以求、锐意创新的研究精神以及敏锐智慧的学术眼光，一直激励与鞭策着我，使我受益良多。六年来，在罗老师的悉心指导下，我从一个学术上懵懂的稚儿一点点成长到如今在农村金融领域有所悟的学术新人，从第一次缺乏新意的习作到十余万字的博士论文，每一次的进步都凝聚着罗老师的辛勤汗水。在研究道路上，我会谨记牢记罗老师"没有不好的题目，只有没下到的工夫"的训导，用实际行动践行"思路决定出路，眼界决定境界，高度决定气度"的格言，尝试探寻"那人就在灯火阑珊处"的惊喜，用实际的行动来回报老师的栽培。

调研过程中，中国人民银行西安分行、渭南市中心支行、商洛市中心支行的领导和老师们提供的无私帮助，在此表示衷心的感谢，还有很多很多的朋友，虽不能一一点到，但是他们所给予的点点滴滴的帮助，都已留存心底，再次表示感谢。

最后要感谢我的家人对我这么多年来的关怀与支持，我成绩的取得与他们的支持和鼓励是分不开的，是他们的无私奉献和默默支持使得我实现在学习生涯上无尽的追求，父母之恩大于天，今后我会用我的行动去报答他们。